MIEUX VAUT MOURIR DEBOUT QUE VIVRE À GENOUX

DU MÊME AUTEUR

Chez le même éditeur

On ne meurt qu'une fois et c'est pour si longtemps : les derniers jours des grands hommes, Paris, 2013

Chez d'autres éditeurs

L'instinct de vie, Le Cherche-Midi, Paris, 2017

Toujours là, toujours prêt, Le Cherche-Midi, Paris, 2015

On ne vit qu'une fois, Le Cherche-Midi, Paris, 2014

Urgences, si vous saviez... Chroniques du SAMU, Le Cherche-Midi, Paris, 2012

Histoire d'urgences, volume 2, Le Cherche-Midi, Paris, 2010

J'aime pas la retraite, Hoëbeke, Paris, 2008

Urgences pour l'hôpital, Le Cherche-Midi, Paris, 2008

Histoires d'urgences, Le Cherche-Midi, Paris, 2007

Urgentiste, Fayard, 2004

PATRICK PELLOUX

MIEUX VAUT MOURIR DEBOUT QUE VIVRE À GENOUX

Les derniers jours des grands hommes

Robert
Laffont

ISBN 978-2-221-14127-4
Dépôt légal : novembre 2019

PRÉAMBULE

Donnez-moi un cimetière et je vous en fais un livre. C'est un peu l'idée qui a germé dans mon esprit pour mener à bien ce travail avec humour, sérieux, dérision, rigueur, poésie et avant tout la volonté de vous faire voyager tranquillement dans le temps. L'envie de comprendre la mort de ces personnages illustres et de ranimer les souvenirs collectifs comme individuels de ces personnalités qui ont marqué leur époque et souvent bien au-delà.

Ainsi, en 2013, je m'attelai à la suite d'*On ne meurt qu'une fois et c'est pour si longtemps*, mon premier livre consacré aux derniers jours des grands hommes. Après les attentats de 2015, ma tête avait par moment la capacité d'un poisson rouge, sans l'odeur, mais il ne faut jamais renoncer à un projet. Il ne faut jamais rien lâcher de ses objectifs de travail. Alors, avec le temps, j'ai remonté la pente de la concentration. Merci pour votre patience et votre fidélité. Le travail est là : des heures en bibliothèque, de livres et d'articles lus, des émissions et des podcasts écoutés, des recherches, des rencontres, des feuillets jetés, des découragements, des doutes, des enthousiasmes… Ces quelques centaines de grammes de papier entre vos mains incarnent mon temps passé à écrire pour vous. L'écriture est une solitude, mais jamais un regret.

Je dois vous l'avouer, je ne sais pas comment faire un livre ! Cette alchimie étonnante qui, de mes idées de départ, fait grandir l'ouvrage sur l'ordinateur tel un établi. Je suis un ouvrier du livre qui rabote le bois qui fera le papier, chapitre après chapitre, pour bâtir l'ouvrage. Des jours entiers ce fut la noirceur de la page blanche, les doutes, l'errance à la table, l'abattement du montagnard pendant son ascension qui pense le sommet inatteignable. Tenir. Il faut tenir le travail, quel qu'il soit. Et puis il y a ces autres jours où les phrases, les idées s'enchaînent !

Ce serait si simple si on avait une recette, comme les grands chefs. Prenez un kilogramme de bonnes idées, ajoutez trois-quarts de litre de grammaire, sept cents gramme de vocabulaire frais, trois cuillères à soupe de ponctuation, ouvrez délicatement un dictionnaire des synonymes pour faire croire que c'est de la littérature, pétrissez longtemps, très longtemps… mais, secret du chef, en fait, vous ne savez jamais quand le livre est fini. C'est là tout le savoir-faire de la directrice littéraire qui telle la patronne du restaurant dit : « Ça suffit, lâche le manuscrit ! » Alors le livre est prêt ! Il ne m'appartient plus, il est à vous, lecteurs, qui le ressentez à votre manière.

C'est un peu comme les artistes qui attendent avant tout le verdict du public plus que celui des critiques.

Le titre est inspiré d'une phrase prononcée par mon ami Charb, « Je préfère mourir debout que de vivre à genoux », et que j'utilise avec l'autorisation de ses parents ; phrase qu'il avait lui-même reprise à Emiliano Zapata, révolutionnaire mexicain du début du XXe siècle. Mais aussi à Dolores Ibárruri, membre du Parti communiste espagnol, dans son discours lors du rassemblement des républicains espagnols le 8 septembre 1936 au Vél d'Hiv' à Paris. Et encore à Germaine Tillion, anthropologue, résistante, dans *Le Verfügbar aux Enfers*, son opérette sur l'expérience concentrationnaire de Ravensbrück. C'est une phrase puissante, qui souligne la volonté, la persévérance contre l'oppression. C'est une phrase de résistance et d'engagement absolu. Charb est mort debout, sans perdre ses lunettes auxquelles il tenait tant – détail absurde mais qui l'aurait fait marrer.

Tous les « grands hommes » de ce livre sont différents mais toutes et tous ont montré du courage, de la vaillance, de l'engagement, politique ou artistique. Ce n'est pas un livre d'Histoire ni une thèse universitaire, je n'en ai pas la prétention : c'est un livre d'histoires, celles de la fin de vie de ces femmes et de ces hommes qui nous sont devenus familiers, avec un regard médical. Je ne suis pas historien, et je rends hommage à cette profession si essentielle pour la Vérité et notre Histoire. Ainsi, en tant que médecin, je me suis avant tout penché sur le corps de mes illustres patients : il s'agit d'abord d'écouter ce corps, puis d'interpréter, en se remettant dans le contexte médico-psycho-social de chaque époque, avant de proposer des hypothèses, ou de réaffirmer des étiologies, à propos de ces morts. L'Histoire a inscrit leur vie dans la mémoire collective mais leur agonie est tout sauf un détail : la mort d'un être en dit toujours long sur son existence. Les chroniques qui suivent sont romancées, avec des pointes d'humour. Je préfère prévenir, car nous vivons des temps iniques et méchants… le sempiternel principe de précaution, qui a tendance à prendre les gens pour des cons, soit dit en passant ! Je ne vais pas mettre de l'écriture inclusive pour vous dire quand vous devez sourire ou rire… Le livre est à vous, riez quand vous voulez ! Pointes d'humour ne veut pas dire se moquer : au contraire, je le vois comme un hommage, pour marquer nos mémoires de la joie de retrouver ces personnages, de ne pas les oublier. La plupart ont eu des vies complexes, chargées de poids politique, religieux, artistique. Le rire est un signe de bonne santé, de philosophie. Les extrêmes politiques comme religieux n'ont jamais d'humour. J'ai tellement ri grâce à Bourvil et De Funès que je ne pouvais pas les oublier, sortes de Laurel et Hardy français, de Buster Keaton et Chaplin, indémodables, dont le talent reste éternel.

Écrire sur la mort de ces personnages n'est pas sans conséquences. Confidence de « making of » qui illustre bien ça : plus je travaillais sur Marie-Antoinette et plus je parlais d'elle, je me suis même demandé si je ne tournais pas royaliste ! Bien sûr sa mort se résume en une phrase, mais analyser tout le processus, les chocs psycho-traumatiques de cette femme, de cette mère, m'a passionné. Grandeur et décadence sont l'apanage du pouvoir. Je suis resté une journée au petit Trianon à Versailles pour tenter de comprendre, de sentir. Je pensais Marie-Antoinette, je rêvais Marie-Antoinette… Ça a fini par m'inquiéter. Je m'en suis ouvert à Évelyne Lever, grande historienne et spécialiste de la reine. « C'est normal de tomber amoureux de Marie-Antoinette, m'a-t-elle répondu, ça veut dire que vous possédez le sujet ! » Dire que je suis devenu Sioux en étudiant Sitting Bull serait exagéré, mais il se passe quelque chose avec chaque personnage, comme si se pencher sur leur fin faisait ressentir les mystères de leur vie. Il y a une intimité, une proximité à analyser leurs maux, leurs maladies, leurs blessures, leurs derniers instants. Et parfois il arrive que cette analyse médicale éclaire l'histoire.

Les personnages qui composent ce volume sont variés car il m'a plu de vous emmener dans différentes sociétés, dans différentes périodes historiques pour analyser au plus près la vérité sur leur mort. La classification des chroniques est chronologique afin de vous faire voyager dans le temps et de vous dire juste un instant : la chance que nous avons de vivre au XXIe siècle avec les progrès de la science, de la médecine, et les progrès sociaux. Combien d'entre nous serions déjà décédés si nous avions vécu au Moyen Âge, sous la Révolution, pendant la Commune, une guerre… Alors profitons du temps présent. Nous avons une chance inouïe dans l'histoire de l'humanité.

De la même manière que, dans le premier tome, j'avais écrit sur la mort de Jésus, j'aborde cette fois-ci la mort du Prophète. L'islam, comme toute religion, peut accepter des regards critiques, des études littéraires et historiques et que des non croyants lisent et analysent ses textes. Ça n'a rien de blasphématoire, c'est juste examiner les faits et les hypothèses en fonction des sources disponibles, qui peuvent évoluer avec le temps et le travail des historiens et des archéologues.

Je tiens à remercier les Éditions Robert Laffont pour leur indéfectible patience, et aussi les personnels de la Bibliothèque nationale François Mitterrand, mes relecteurs, plus particulièrement Gérard Mordillat, François Morel, Sylvie Coma, Maud Santini, Bruno Nicolini, Patrick Mille, Christian Chevalier, Stéphane de Bourgies, Agnès B., et surtout les correcteurs qu'on ne remercie jamais assez.

Le temps des livres n'est pas un temps comme les autres, il se distille, se prépare, et la lecture nécessite une concentration bien différente de l'état hypnotique que provoquent les réseaux sociaux. La relation entre mes idées, mes doigts, l'ordinateur puis vos yeux sur ce livre est un lien sacré et mystérieux.

Alors, chaussés de vos lunettes ou pas, installez-vous dans un bon un fauteuil, à la campagne comme à la ville, sur terre sur mer ou dans les airs, ce livre se plaît partout. Pas besoin de le recharger, ne cherchez pas, y a pas de batterie ! Ce livre est fidèle comme un chat, un chien, et ne partira pas sans vous, mais il est très convivial et accepte d'aller faire un tour dans les mains de vos amis.

Merci du fond du cœur et ne lâchons rien de nos valeurs communes de la République !

Allez, zou, laissons parler les morts…

MAHOMET

La mort d'un prophète

Médine, le lundi 8 juin 632 du calendrier chrétien et le lundi 13 rabi' premier de la onzième année de l'hégire. L'état de santé de Mahomet s'est profondément détérioré en douze jours. Dans cette ville d'Arabie saoudite, le prophète de l'islam agonise. Il fait très chaud dans la petite maison en terre d'Aïcha, sa femme préférée, dont les fenêtres étroites ne parviennent pas à préserver la fraîcheur. Mahomet est étendu sur sa couche. Dans une chambre voisine, tous ses proches, ses compagnons, ses femmes, sont accablés.

Tout au long de sa vie, le Prophète a bénéficié d'un relativement bon état de santé : il aimait les femmes, les parfums et les nourritures célébrés dans le Coran. Il était gourmand de viande, de miel et de délices sucrés. On rapporte qu'un jour il aurait mangé un demi-mouton en un repas !

Néanmoins, on retrouve dans les textes certaines pathologies, plus ou moins décrites. Mahomet souffrait de céphalées qui auraient pu être liées, en regard de son surpoids, à de l'hypertension artérielle. Le vendredi 17, Ramadan de l'an 2 de l'hégire (mars 624 de l'ère chrétienne), lors de la bataille de Badr évoquée dans le Coran – « Dieu vous a cependant secourus à Badr, alors que vous étiez humiliés » (III, 122) –, Mahomet, selon certaines sources, aurait été victime d'une syncope, mais cela n'est significatif d'aucune maladie spécifique. Sa phobie des orages et des nuages laisse supposer que le Prophète n'avait peut-être pas une si grande confiance que cela vis-à-vis du ciel et des astres. Il n'aimait pas non plus les bruits du vent et institua la prière du vent pour les conjurer. Le son de la flûte le gênait également. Ce n'est pas pour autant que l'on peut soupçonner une forme d'épilepsie, comme certains textes l'évoquent.

Son agonie a débuté vers le 26 mai 682. Mahomet a une très forte fièvre. Il implore Dieu de le rappeler auprès de lui tant les douleurs diffuses sont atroces : « Mon Dieu, assiste-moi dans les affres de la mort. »

Le Prophète vit sa souffrance comme une purification. Il dit à Aïcha : « La souffrance fait tomber les péchés comme tombent les feuilles des arbres. » Sa femme l'entend également murmurer « approche-toi de moi, Gabriel ! ». Le prophète affirmait que « l'ange Gabriel avait coutume d'apparaître une fois par an avec le Coran et que cette année il avait fait deux apparitions… je ne le reverrai plus ». Est-ce une prémonition de sa mort prochaine ?

Mahomet réclame à son cousin et son gendre, Ali, de lui apporter un cartilage (une omoplate de chameau) afin de consigner par écrit les règles concernant la prière, les esclaves, les impôts… Ce testament a-t-il été retranscrit ou mémorisé par Ali ? Détenait-il le texte caché dans le fourreau de son épée ? Un texte que personne ne peut lire sous peine d'être « maudit » ! Toutes les hypothèses circulent, alimentant la dispute constante entre sunnites et chiites depuis des siècles. L'enjeu est de savoir qui doit hériter du pouvoir du Prophète : sa famille ou ses compagnons ? Il est intéressant de remarquer qu'au début du christianisme, une dispute de même nature existe entre les compagnons de Jésus (dont Pierre est la figure majeure) et sa famille sous l'autorité de Jacques. Le testament de Mahomet reste un écrit légendaire qui n'a jamais été vu par quiconque et a, de fait, suscité les interprétations les plus fantaisistes et emballé les imaginations les plus cruelles. Chacun a pu s'en emparer à sa guise, tantôt pour s'en prendre aux juifs, tantôt aux chrétiens, unanimement à tous les ennemis de l'islam, à tous les mécréants, les apostats, qu'il faut non seulement chasser d'Arabie mais combattre, voire exterminer.

Il n'empêche que tout au long de son agonie, le Prophète n'a cessé d'énoncer ses idées politiques, ses commandements spirituels, de régler les rituels et d'affermir sa communauté comme une et indivisible. Ses compagnons pleuraient en entendant ses mots tout en le voyant dépérir. Aïcha lui tenait la main et épongeait sa sueur tellement il avait de la fièvre.

Dans les hadiths, le surnaturel est à l'œuvre quand l'ange Gabriel annonce à Mahomet : « Azrael, l'ange de la mort, est là devant ta porte. Il attend ta permission pour entrer. – Qu'il entre », aurait répondu Mahomet. Azrael, lui, dit : « La paix sur l'Envoyé de Dieu ; Allah m'a envoyé pour te demander ce que tu préfères : les trésors du monde ou sa compagnie au paradis ? » Mahomet aurait répondu : « Le Compagnon très haut. » L'ange de la mort se mit alors derrière la tête du Prophète et dit : « Ô âme du Bien, âme de Mahomet fils de Abd-Allâh, quitte ce corps pour aller vers la satisfaction de Dieu et son paradis. »

Autour du mourant, l'atmosphère n'est pas au recueillement. Le Prophète respire très difficilement, il est très fatigué, fébrile, mais cela n'empêche pas ses compagnons de se disputer autour de son lit de douleur. Pourtant, n'enseignait-il pas qu'il « n'est pas bienséant de se disputer en présence du Prophète » ?

Dans la version chiite de ses derniers jours, le Prophète aurait chassé tout le monde en disant : « Je vois que vous me désobéissez alors que je suis encore vivant, que ferez-vous donc quand je serai mort ? » Prémonition de la guerre que sunnites et chiites se livreront après sa mort et qui perdure depuis le VIIe siècle ?

Dans la version sunnite, une femme pleure au pied de son lit et il lui demande : « Pourquoi pleures-tu ? – J'ai peur pour toi, lui répond-elle, et j'ai peur de ce que les gens vont nous faire subir après ta mort. » Mahomet affirme alors : « Vous serez malmenés après moi. » Prophétie à rapprocher de celle de Jésus dans l'Évangile de Matthieu : « Le frère livrera son frère à la mort, et le père son enfant ; les enfants se dresseront contre leurs parents et les feront mourir. Et vous serez haïs de tous à cause de mon nom » (Mt 10, 22).

Le Prophète pressentait qu'après sa mort la querelle de succession serait féroce, même si Allah recommande aux musulmans « de lutter contre leurs divisions même s'ils doivent se battre ». Dans plusieurs passages des hadiths, Mahomet redoute la division de sa communauté : « Je ne crains guère que vous retombiez dans la mécréance après ma mort ; ce que je crains par-dessus tout, c'est la rivalité qui naîtra entre vous à ma mort. »

La tension est palpable entre les personnes rassemblées dans la maison du Prophète. Alors qu'il veut dicter un nouveau texte, Umar, l'un de ses plus proches compagnons, s'y refuse : « Nous avons déjà le Coran. » A-t-il voulu empêcher le Prophète de régler l'ordre de sa succession par écrit ? Nul ne sait. Umar s'en prend alors aux femmes de Mahomet, qu'il accuse de tous les maux, et sans doute de sa maladie. À l'une d'entre elles qui proteste, il intime l'ordre de se taire : « Tais-toi, tu n'as pas de cerveau. » Il faut que le Prophète alors encore conscient emploie ses dernières forces pour le calmer : « Laissez-les tranquilles, elles sont meilleures que vous », et il ajoute : « Vous, vous n'avez pas de rêves » (11, 36).

Le dimanche, la veille de sa mort, ses proches tentent quand même de le soigner en lui donnant du « bois indien », une préparation venue d'Abyssinie – « que celui qui a un mal de gorge l'inhale et que celui qui souffre de pleurésie en mette au coin de sa bouche ». Personne ne sait exactement quelles sont les vertus de ce remède qui se révélera de toute façon, en l'occurrence, totalement inefficace.

Mahomet ne voulait pas de ce bois indien, mais son entourage décide de le forcer à le prendre. Dans un accès de paranoïa, le Prophète exige alors que toutes les personnes présentes en prennent aussi, redoutant un poison. Ses épouses Aïcha, Omm Salama et Maymûna obéissent immédiatement. Puis Mahomet veut qu'on lui dise de quoi il souffre. Une pleurésie, lui répond-on. « Non ! s'insurge le Prophète. Dieu ne peut pas m'infliger cette maladie. » Il réfute le diagnostic, refusant de souffrir d'un mal satanique car à cette époque, cette maladie a cette réputation. Il est probable que la tuberculose faisait des ravages, comme sur toute la planète, mais rien de satanique, seulement l'écologie du bacille de Koch ! La tuberculose a toujours existé (le bacille a même été retrouvé dans les lésions osseuses de momies égyptiennes) et elle sévit toujours aujourd'hui. Mahomet souffrait donc certainement d'une pleurésie tuberculeuse.

Le lundi matin du 8 juin 632, il se sent mieux et se réveille tôt. Entendant l'appel à la prière depuis la mosquée voisine de sa maison, il se lève et observe les croyants en train de prier. Il sourit et va jusqu'à rire. Les prieurs, le voyant, s'interrompent pour le saluer. Puis Mahomet va s'allonger dans les bras d'Aïcha. Son état de santé s'aggrave de nouveau brusquement en fin de matinée. Le Prophète vomit ou tousse et crache plus probablement du sang. Il fait une hémoptysie, qui signe la rupture d'une caverne tuberculeuse pulmonaire avec une hémorragie. Il est en sueur. Aïcha lui caresse la main. « Lâche-moi, lui dit-il. Cette fois ça ne sert à rien. » Là-dessus, il perd connaissance, victime d'un choc septique et d'un syndrome de détresse respiratoire aiguë.

Une question se pose : comment se fait-il que, dans une ville comme Médine, où il y a des médecins, aucun d'entre eux ne se soit trouvé au chevet du Prophète lors de son agonie ? Plus tard, Abû Bakr et Umar, les successeurs de Mahomet, mourront avec des médecins à leur chevet. Pourquoi le Prophète est-il mort sans accompagnement médical ? Mystère.

Selon certains écrits, Mahomet prononce la shahâda, la principale profession de foi de l'islam, « J'atteste qu'il n'y a de Dieu que Dieu... », et meurt. Dans d'autres, Aïcha voit le visage du Prophète devenir serein, les paupières immobiles, les yeux ouverts. Un dernier souffle lui ouvre la bouche, une goutte de salive en sort et sa tête tombe sur la cuisse de la jeune femme. Ses yeux noirs pétillants se ferment et sa main pend dans le petit bassin d'eau posé à côté de son lit.

En cette fin de journée où le soleil se couche sur Médine, le Prophète s'éteint, veillé par Aïcha. Son agonie aura duré douze jours, avec des douleurs intenses, comme l'attestent à la fois les livres de la tradition sunnite et chiite.

D'après ces éléments historiques, quelles peuvent être les hypothèses à propos de ce qui a conduit le Prophète à la mort ?

Il existe deux hypothèses.

Certains écrits évoquent un empoisonnement des années auparavant. Pour se venger de la mort à la guerre de son père et de son frère, la juive Zaynab Bint Al-Hârithde Khaybar aurait empoisonné un plat que Mahomet aurait mangé. Plusieurs hadiths (Ibn Hisham, Bukhari) soutiennent ce point de vue où la magie occupe la première place. Mahomet aurait déjeuné chez cette femme qui aurait empoisonné le plat servi : une épaule de brebis. Un compagnon de Mahomet meurt en effet à table. Mais pas le Prophète, car – la magie intervient là – l'épaule cuisinée lui aurait parlé pour l'avertir de la présence du poison ! Stupéfaite, la juive se serait instantanément convertie à l'islam !

Deux problèmes de l'islam sont donc posés ici : l'antijudaïsme et la relation avec les femmes. Notons que les femmes posent problème à toutes les religions…

S'il y a eu empoisonnement, de quelle nature pourrait alors avoir été le poison utilisé pour tuer le Prophète ? Première hypothèse, le plomb ou l'arsenic, mais à l'époque il n'était pas facile de s'en procurer et l'ignorance était à peu près totale quant à leurs effets à très long terme, notamment létaux. L'emploi de l'un de ces poisons est donc peu probable. Deuxième hypothèse : des plantes comme la belladone ou la ciguë, mais cela nécessite une préparation complexe et ce sont des produits délicats à manipuler. Dans le premier cas, l'intoxication doit être renouvelée, et sur une longue période de temps, pour que la mort ne soit pas brutale mais aussi lente à survenir ; dans le deuxième, la concentration du produit doit être suffisante pour tuer et son effet ne peut durer des années.

L'empoisonnement du Prophète est sujet d'élucubrations depuis des siècles. Parmi des dizaines de récits, certains avancent que, du fait de sa protection divine – « Dieu te protégera contre les hommes » (5, 67) –, Mahomet aurait survécu trois ans à son empoisonnement, ce qui médicalement n'a aucun sens. Introduit par des minéraux ou par des plantes, aucun poison en prise unique n'a d'effet sur trois ans !

Les théories vont se construire au cours des siècles comme ces témoignages recueillis près de deux siècles après sa mort : le Prophète aurait attribué les symptômes de sa maladie à la magie noire des juifs ! Il aurait eu recours à l'exorcisme en lisant les deux dernières sourates du Coran et juste après aurait pratiqué le nafth (ce qui consistait à souffler sur ses mains et se frotter le corps). Ainsi le Prophète est présenté comme un martyr et les juifs accablés par les accusations.

Autre hypothèse, dans d'autres écrits : Mahomet serait mort à la suite d'une courte maladie, la fièvre de Médine, ce qui est compatible avec la tuberculose et semble, là encore, le plus probable.

Si nous partons de l'hypothèse que le Prophète souffrait de la tuberculose, la maladie a couvé et fini par se transformer en pleurésie tuberculeuse avec un syndrome de détresse respiratoire aiguë et un choc septique. Cela pourrait correspondre aux épisodes de fièvres nocturnes si fréquentes dans la tuberculose et qui sont évoquées dans l'histoire du Prophète. Mais surtout, le lundi matin, lorsqu'il fait une très probable hémoptysie, rien ne peut empêcher l'échéance fatale. L'état de santé de Mahomet était très grave.

Ibn Sa'd, fils du principal compagnon de Mahomet dont il est aussi le sabreur (sorte de chef de la police), dit : « Je n'ai jamais vu quelqu'un souffrir d'une fièvre comme celle qui t'accable », et le Prophète de répondre : « Dieu multiplie la souffrance pour multiplier la récompense. »

Outre les questions concernant ses causes, la mort de Mahomet pose un problème théologique : comment le Prophète peut-il mourir alors qu'il est sous la protection d'Allah ? Dieu peut-il abandonner son prophète ? Pour la tradition, la solution sera d'en faire un martyr de la foi. Ibn Mas'ûd, l'un de ses compagnons, dira : « Je jure neuf fois que l'Envoyé d'Allah est mort assassiné et que Dieu a fait de lui un prophète et un martyr. » Mais aucune preuve n'atteste cette déclaration et le débat continue entre les deux branches rivales de l'islam, les sunnites et les chiites : mort naturelle ou assassinat ?

Le Prophète est mort, comment l'annoncer ? Tout le monde est angoissé car Mahomet avait prédit l'apocalypse à sa mort. Le père d'Aïcha, le beau-père de Mahomet, Abû Bakr, arrive d'urgence. Prenant la parole face à la petite foule réunie devant la maison du défunt, il cite le Coran : « Écoutez-moi ! Que ceux qui adorent Mahomet sachent qu'il est mort. Que ceux qui adorent Dieu sachent que Dieu est éternel et ne meurt jamais. Mahomet n'est qu'un Prophète. Des

Prophètes ont vécu avant lui. Retourneriez-vous sur vos pas s'il mourait ou s'il était tué ? » (3, 144). Abû Bakr a sans doute inventé ce verset. Et Allah dans le Coran dit : « Je ne suis qu'un mortel semblable à vous » (18, 110).

Le cadavre reste dans la maison pendant deux jours alors que le Prophète avait insisté pour que l'on enterrât toujours les morts le plus vite possible, comme pour leur rendre hommage selon la tradition. Avec la chaleur, la décomposition a dû être rapide, provoquant une odeur insoutenable. La raison est que ses compagnons se sont préoccupés de la succession et ils ont oublié la dépouille. La toilette mortuaire est effectuée selon les volontés du Prophète par son oncle Abû al-Abbas et ses deux fils, son cousin Ali Ibn Abî Tâlib, son esclave Choqrân, et Oussama, fils de Zayd Ibn al-Hârithah. Umar et Abû Bakles, les deux futurs califes, ne sont pas là. Lorsqu'ils ont voulu lui ôter sa chemise, une voix céleste leur a dit de ne pas le faire ! Il a donc été lavé par-dessus ses vêtements et entouré de trois linceuls blancs, sans turban. La tombe est creusée dans la nuit sur le lieu même où le Prophète est mort.

Mahomet est mort à soixante-trois ans ou soixante-cinq ans, selon les Écritures. Mais au vu de son état clinique, peut-être n'avait-il en fait qu'une quarantaine ou une cinquantaine d'années… Les témoignages font en effet état d'un homme jeune, n'ayant que quelques cheveux blancs et quelques poils blancs dans la barbe. Bien qu'il recommandât la teinture de henné, il ne semblait pas en utiliser lui-même, ce qui a induit les différentes hypothèses sur son âge. Nul ne connaissait la date exacte de sa naissance. Peut-être vers 570 ? Et la date de sa mort ne fait pas l'unanimité parmi les historiens.

L'existence du Prophète Mahomet fut bien réelle, et tout le reste n'est que question de littérature, de spiritualité, de croyance religieuse ou lorsqu'il y a un débordement de psychiatrie, la pathologie prenant l'ascendant sur la foi. Évoquer sa mort n'est pas blasphématoire. Que l'on soit croyant ou non, Mahomet fait partie de l'histoire de l'humanité et, comme toute religion, l'islam peut et doit être abordé aussi par des athées.

CHARLES VIII
La pierre, clou de l'histoire

Château d'Amboise, samedi 7 avril 1498, Charles VIII agonise. Ce fils de Louis XI a été très surveillé toute son enfance car son père avait peur de le perdre en bas âge, comme ses cinq frères, tous morts avant l'âge de deux ans. En même temps, il ne lui fait dispenser qu'une éducation élémentaire, inquiet qu'un fils trop érudit ne menace de lui voler le pouvoir… C'est la mort qui le lui donnera : Louis XI meurt le 30 août 1483, probablement d'une hémorragie cérébrale. Charles devient roi. Il reçoit de son père une partie de sa garde écossaise, ses veneurs, ses fauconniers, sa meute et le royaume ! Âgé de treize ans, il est mis sous la tutelle de sa sœur, Anne de Beaujeu, qui elle-même n'en a que vingt-deux. Il ne se séparera de cette tutelle qu'en 1491, à vingt et un ans. L'année où il épouse Anne de Bretagne, avec laquelle il aura très vite des enfants, au nombre de six mais qui tous mourront soit à la naissance, soit dans la petite enfance. Fléau de la mortalité infantile, si élevée alors que seuls les enfants les plus robustes survivaient.

La devise de Charles était « Si Dieu est pour nous, qui sera contre nous ? ». Drôle de devise en forme de question politique et philosophique ! Il est le roi de France que tous les textes décrivent comme petit et laid, avec un torse court, pouvant évoquer une scoliose, des membres grêles, des yeux noirs globuleux, des lèvres épaisses et un nez aquilin. Bien loin des images chevaleresques que l'on pourrait imaginer. Le témoignage d'un noble florentin, Guichardin, le résume parfaitement : « Le Roy Charles fut de complexion fort délicate et de corps malsain, de petite stature et de visage fort laid, ayant les autres membres proportionnés en sorte qu'il ressembloit plustot à un monstre qu'à un homme. » Mais il est roi même si laid, et il a le pouvoir. Il se lance dans une guerre contre l'Italie au prétexte de récupérer la couronne de Naples léguée à cet État par sa famille. Il pénètre à Naples le 12 mai 1494 habillé comme… un empereur byzantin ! Laid, donc, et aussi parfaitement mégalomane… avant que le pape, le roi d'Espagne, le duc de Milan et la ligue de Venise ne fassent alliance contre la France, forçant Charles à repasser les Alpes dans une grande débandade.

Ce samedi 7 avril 1498 au matin, il est avec la reine dans sa chambre, c'est la veille de Pâques, la cour est réunie au château d'Amboise que le roi adore. Tous deux décident de sortir pour aller assister à une partie de jeu de paume. Le château étant en travaux, il faut pour rejoindre l'endroit où elle a lieu cheminer sous les appentis et une petite galerie appelée galerie

Hacquelebac, du nom d'un des anciens gardiens. C'est l'endroit le plus sale du château, où tout le monde vient faire ses besoins. Il est facile d'imaginer la puanteur qui s'en dégage. Le roi et la reine ont dû marcher rapidement pour la traverser au plus vite. Or la porte d'accès à cette galerie est très basse. Probablement en courant, le roi heurte de plein front le linteau de pierre de l'entrée de la galerie. Un choc violent. Qui provoque un traumatisme crânien frontal. Le jeune roi a forcément été arrêté dans sa course, il a dû être en quelque sorte assommé. Bien qu'on ne retrouve pas trace de notion de perte de connaissance initiale ni de malaise ou de chute, le roi a obligatoirement ressenti le choc.

Mais il continue son chemin jusqu'au jeu qui se déroule à l'extérieur du château. S'installe et regarde les joueurs de paume, parlant avec certains d'entre eux. Puis soudain, vers 14 heures, alors qu'il est en train de prononcer « j'espère bien ne commettre aucun péché ni mortel ni véniel... », il s'écroule par terre, ce qui signifie qu'il tombe dans un coma profond d'origine cérébrale. C'est typique de l'hématome sous-dural aigu, autrement dit une poche de sang autour d'une partie du cerveau qui comprime tout l'encéphale. On se précipite vers lui et on l'allonge sur une paillasse de paille dans la boue et les déjections d'animaux.

Il se serait réveillé un instant et aurait murmuré « mon Dieu et la glorieuse Vierge Marie, monseigneur saint Claude, monseigneur saint Blaise me soient en aide ». C'est possible, mais quant à savoir s'il a bien imploré ces personnes, aucune archive ne permet de l'affirmer. Les médecins sont appelés tandis que le roi gît toujours sur la paillasse sale. Pendant ce temps, le cerveau comprimé ne peut plus jouer son rôle et les fonctions respiratoires sont rapidement touchées. Accourus, ses médecins ne font pas grand-chose : impuissants, ils ne peuvent que constater le coma, et vont jusqu'à lui arracher les poils de la barbe et les cheveux pour l'aider à respirer… en vain, bien entendu. Le roi est plongé dans un coma profond, pas un de ses membres ne bouge ou alors seulement par secousses. Il a dû avoir une respiration forte et lente, que les médecins ont appelée catarrhe, juste avant de mourir. Une lente agonie : le roi s'éteint à 23 heures.

Comme il n'avait pas d'enfant, son successeur, Louis d'Orléans, est arrivé bien vite, mais il a dû attendre quarante jours avant d'être proclamé roi à son tour. En effet l'usage voulait que si la reine n'avait pas de descendance, à la mort du roi, elle restait cloîtrée pendant cette période pour attendre un éventuel début de grossesse ou un accouchement qui aurait pu donner un héritier au roi défunt. Donc Louis d'Orléans est reparti en attendant cette période et la cérémonie funéraire.

Du fait de cette mort brutale, le roi a forcément été autopsié car il a été embaumé, mais le temps a perdu les écrits. Son cœur a été mis dans une urne et porté en l'église de Cléry-Saint-André. Le rite funéraire a été grandiose. Il y eut d'abord une procession avec le corps de Charles VIII sur un lit de parade à Amboise.

Après trois jours d'exposition, son corps a été déshabillé et mis dans deux cercueils qui s'emboîtaient. Puis une semaine durant, la noblesse, les hommes d'Église et les serviteurs ont défilé pour rendre hommage au souverain défunt. Pendant tout ce temps, chaque jour, quatre messes ont été dites. Enfin, le 18 avril, un attelage de six chevaux a transporté le cercueil très doucement vers Paris. À son passage, dans chaque ville des messes étaient célébrées. Le cortège comptait plus de mille personnes. La marche était ouverte par quatre cents pauvres en manteau de deuil, capuchon sur la tête et torche à la main. Puis cent lanciers du roi à cheval, les gentilshommes de la maison du roi, entourés d'huissiers d'armes et de trompettes, de sergents, de pages et de hérauts en armes. Le cercueil, lui, était suivi par les princes du sang et les religieux. La procession arriva à Paris, à l'église Notre-Dame-des-Champs, attendue par la noblesse, le prévôt des marchands et les dignitaires de la ville, le clergé, les moines… On fabriqua un mannequin de bois avec des mains en cire et un visage qui avait été moulé sur celui du défunt. Cette effigie fut recouverte des habits du roi : une grande robe de taffetas cramoisie avec des franges d'or et une autre de satin, le tout recouvert d'un manteau de velours orné de fleurs de lys d'or et doublé d'hermine. L'effigie tenait un sceptre et la main de la justice. Bien entendu, la couronne d'or était posée sur sa tête.

Puis la procession gagna la cathédrale de Saint-Denis et le cercueil fut descendu dans son tombeau recouvert par une œuvre en bronze monumentale qui représentait le roi Charles VIII en position de prière, revêtu d'une robe bleue à fleurs de lys dorées. Aux quatre coins, des anges, et tout autour du tombeau des portraits religieux. Un des plus beaux tombeaux de la cathédrale des rois de France.

Le 17 octobre 1793, la dépouille de Charles VIII sera exhumée et jetée dans la fosse commune à proximité de la cathédrale de Saint-Denis, et son tombeau détruit pour récupérer le bronze.

Charles VIII est mort à vingt-huit ans.

FRANÇOIS IER

La France de haut en bas

31 mars 1547, château de Rambouillet. François Ier agonise lentement sous les yeux de ses médecins impuissants. Ils sont remplacés par les religieux qui multiplient prières et messes dans la chambre royale en attendant le dernier souffle du souverain.

Tout a commencé au pied d'un arbre… où il est né ! Il a deux ans lorsque son père, Charles d'Orléans, comte d'Angoulême, meurt. Sa mère, Louise de Savoie, veuve à dix-neuf ans, l'élève en l'appelant « César », convaincue qu'il deviendra roi. On peut imaginer le narcissisme que cela a pu engendrer dans la structuration de sa personnalité… En attendant que le hasard fasse bien les choses pour lui, il grandit avec sa mère et sa sœur, la future Marguerite de Navarre.

Louis XII est alors roi de France. De son union avec Anne de Bretagne, qui l'a épousé après la mort de Charles VIII, seules deux filles ont survécu. Outre plusieurs fausses couches, leurs trois fils sont mort-nés ou décédés très peu de temps après la naissance, de mort subite, si fréquente à l'époque, ou atteints d'une maladie génétique ou à cause d'une pathologie liée à la grossesse de type éclampsie, c'est-à-dire une hypertension artérielle sévère. Nul ne sait, et cette pauvre mère, Anne de Bretagne, meurt le 9 janvier 1514 à l'âge de trente-six ans après avoir perdu neuf enfants. Louis XII n'aurait donc pas de descendance ? Inconcevable ! Alors il décide dans l'ordre de primogéniture de faire de François, son petit-cousin au quatrième degré, l'héritier des Valois. Le jeune François, qui n'a alors que quatre ans, part vivre à la cour avec sa sœur et sa mère. Cette dernière l'imagine déjà sur le trône !

Plus tard, pour solidifier un peu plus la légitimité de François qui n'a que dix-neuf ans, Louis XII lui fait épouser sa fille Claude, qui en a quinze. Elle donnera son nom à une prune – chacun fait ce qu'il peut pour la postérité. Très petite de taille, Claude souffre d'une boiterie et d'une scoliose, sans doute à cause d'une luxation congénitale de la hanche si fréquente chez les Bretons à cette époque (elle est bretonne par sa mère). François, lui, mesure un mètre quatre-vingt-dix (taille prouvée par son armure, que l'on peut voir au musée des Invalides). C'est un bel homme, qui aura pléthore de maîtresses mais restera proche de son épouse jusqu'au tombeau. En huit ans, Claude mettra au monde quatre filles et trois fils, dont le deuxième deviendra le roi Henri II ; l'aîné, François, décédera à dix-huit ans, vraisemblablement de tuberculose.

La vie de François Ier est celle d'un homme en pleine forme qui adore la chasse, la guerre, l'art et le sexe. Une vie simple de monarque et d'homme élevé pour monter sur le trône. Seul problème de santé : à l'âge de huit ans, il a réchappé « miraculeusement », notent les récits de l'époque, d'une chute de cheval qui lui a provoqué un grave traumatisme crânien. Et, bien entendu, dès qu'il a commencé à avoir ses premières maîtresses, il a été l'hôte royal de toutes les bactéries des maladies sexuellement transmissibles !

Mais François Ier n'est évidemment pas qu'un amant compulsif avec une addiction au sexe : il a pour la France une vision politique, et une volonté artistique. C'est lui qui fait connaître et diffuse la culture de la Renaissance italienne dans un royaume d'environ vingt millions de sujets, morcelé en fiefs où règnent des seigneurs locaux, parlant divers patois, un pays encore moyenâgeux. C'est lui qui veut que la France aille à la conquête du monde, dont celle de l'Amérique. Lui encore qui réussira à faire venir en France Léonard de Vinci, qui est alors âgé mais qui continuera son travail et mourra au château du Clos Lucé en 1519.

Il est le roi de victoires, dont l'une des plus célèbres de l'histoire de France, Marignan, le 13 septembre 1515, alors qu'il n'a que vingt et un ans et a accédé au trône huit mois plus tôt ; mais aussi de défaites comme celle de Pavie, le 24 février 1525, à la suite de laquelle il est fait prisonnier pendant un an en Espagne et ne sera libéré qu'en échange de ses propres fils, ce qui sera une déchirure pour lui. Ils resteront otages des Espagnols pendant quatre ans.

Ce 31 mars 1547, que se passe-t-il dans sa tête de roi en train d'agoniser comme n'importe quel être humain ? Revoit-il défiler toutes ses joies, toutes ses peines, et ses doutes ? Nous sommes à côté de lui, dans ce lit entouré de bougies et de religieux qui ne peuvent rien contre les douleurs diffuses, atroces, les frissons de fièvre provoqués par le choc septique. Les médecins qui l'entourent savent qu'il souffre d'un énorme abcès situé dans la région du périnée. C'est une partie de l'anatomie particulièrement complexe, tant en physiologie qu'en anatomie. L'anus et les organes génitaux sont très proches, vous l'avez remarqué. Des malformations congénitales ou acquises par des infections appelées fistules, c'est-à-dire des communications anormales entre l'appareil urinaire et le rectum ou l'anus, peuvent se trouver dans cette région du corps.

À cette époque, les maladies sexuellement transmissibles sont très fréquentes. Il fallait du courage pour avoir des relations sexuelles car entre les mycoses, les bactéries et les virus, c'était plus une relation d'histoire naturelle que sexuelle. Certes, ça donnait sans doute du goût et des odeurs, mais tous les partenaires se contaminaient ! Bien entendu, François Ier a ainsi contracté la syphilis et des gonorrhées, mais ces maladies ne peuvent engendrer ce que le roi supporte à présent depuis des mois : des suppurations, un abcès rémanent entre le scrotum et l'anus. Dans cette petite zone où passent les vaisseaux et les nerfs de toute la zone périnéale. Ses médecins ont essayé de le cautériser avec des lames ardentes, mais ça ne marche qu'un temps et l'abcès revient. Vous imaginez la douleur à ce niveau-là de brûlure, même si c'est un abcès royal : François souffre le martyre.

Rien n'y fait. Par moments l'abcès s'arrête de suinter et toute la cour crie à la guérison autour des testicules et de l'anus du roi. Puis quelques jours après, l'abcès revient. Cela aurait commencé fin août 1539 alors que le roi quittait Villers-Cotterêts où il venait de promulguer une ordonnance qui rendait obligatoire la tenue des registres des baptêmes (soit les débuts de l'état civil) et l'usage du français comme langue officielle pour tous les documents relatifs à la vie publique. Il écrit à son ambassadeur à Londres : « Je vous avise que j'ai été bien fort tourmenté d'un rhume qui m'est tombé sur les génitoires et vous assure que la maladie m'en a été tant ennuyeuse et douloureuse qu'il n'est pas croyable. » À cette date, un abcès s'est sans doute fistulisé et commence son évolution, rongeant toutes les parties anatomiques du périnée. Des médecins parlent d'un « apostum qui descend au bas-ventre ». Ambroise Paré se penche sur les parties royales et diagnostique : « La tumeur du fondement s'engendre comme pour avoir été trop longtemps à cheval ou pour être tombé à chevauchons sur quelque chose de dur qui aurait contus et meurtri le fondement et les parties voisines d'iceluy » (c'est-à-dire l'espace entre le scrotum et l'anus).

On lui fait avaler les traitements de l'époque, notamment toutes sortes de potions venues des momies égyptiennes. On en fabriquait des poudres ! En somme le roi buvait du cadavre de l'Antiquité… Mais hélas, cela ne change rien, le temps passe et l'abcès, l'infection creusent doucement le corps du malade. Il y a un mieux au printemps 1540. La fistule qui suinte en permanence semble se refermer. Évolution naturelle, et faussement optimiste, des abcès !

Pendant cinq années, sans doute grâce aux soins locaux, notamment les cautérisations, la fistule semble évoluer doucement, ce qui peut évoquer la tuberculose. Le roi continue de mener une vie normale : la chasse, la guerre, et les femmes. Quel courage elles avaient d'accepter l'intimité d'un corps certes royal, mais infecté et abcédé ! Les jeux d'amour en valaient sans doute la chandelle.

La fistule s'aggrave en juillet 1545, avec de nouveaux suintements qui inquiètent les médecins. Au mois de septembre, le roi reçoit un coup terrible en apprenant le décès de son fils Charles d'une pneumonie sans doute tuberculeuse. Il est probable que son état de deuil ait aggravé sa maladie. Il continue pourtant de faire ses nombreux voyages dans toute la France et de monter à cheval, ce qui n'arrange pas du tout sa pathologie périnéale. Les médecins décrivent à la fin de l'année 1546 un « apostum qui avoit cinq pertuys ». Ce qui signifie que l'abcès et la fistule ont grossi, faisant cinq abouchements à la peau, tous plus infectés les uns que les autres. « L'homme est fort pourri dedans le corps », écrit un de ses médecins.

Évidemment, avec sa réputation de grand baiseur, tout le monde se dit que c'est à cause des femmes. En réalité, il s'agit plus d'une fistule vésicale ou d'un abcès tuberculeux avec fistulisation d'une adénopathie. Alors les médecins cautérisent au « fer ardent » quatre des cinq trous de la fistule, encore et encore, malmenant cette zone intime de l'anatomie. Imaginez le pauvre François en proie à des douleurs sous les testicules face au médecin qui arrive avec le tison pour le brûler. Après une courte amélioration probablement due à la brûlure des tissus, il se sent pourtant mieux.

Le lendemain de Noël 1546, il a de nouveau très mal. Les médecins percent alors l'abcès « dont il s'est écoulé une grande infection dont il eut un grand soulagement ». Pour sûr : l'abcès, lorsqu'il est collecté, c'est-à-dire enfermant une grande poche de pus, fait horriblement mal et lorsque vous l'incisez la douleur se calme un peu. Hélas, c'est tout ce qu'on pouvait faire à l'époque, le risque majeur étant la dissémination de l'infection dans tout le corps.

Mais le roi veut rester debout et continue de voyager – désormais en carrosse car il ne tient plus à cheval. Il va chasser, se déplace donc en « litière », et voit ses maîtresses, dont la fameuse duchesse d'Estampes. Essayait-il des positions du *Kama-sutra* avec elle ? Rien n'est moins sûr : à cause des abcès au niveau du périnée et des testicules, les douleurs de l'agitation physique ne permettaient pas d'érection, même celle d'une verge royale !

En février 1547, tandis que l'abcès continue de grignoter son corps, la nouvelle de la mort du roi d'Angleterre Henry VIII, de la même génération que lui, atteint son moral : « Duquel trépas le roi porta grand ennui, parce qu'ils étaient presque du même âge et de même complexion et eut doute qu'il fust bientôt d'aller après. »

Le 1er mars 1547, alors qu'il est en route pour le château de Saint-Germain, une forte fièvre le saisit. Au point qu'il doit s'arrêter en chemin, au château de Rambouillet. Son état s'est brusquement aggravé : la septicémie, à savoir l'envahissement de tout le corps par l'infection, est en marche. Le roi de France est dévoré par les bactéries.

Le 20 mars, les médecins décident d'ouvrir de nouveau la fistule. On n'ose imaginer dans quel état ils trouvent la région du périnée… Comment décrire le véritable champ de bataille que devait être cette partie de l'anatomie royale entre le scrotum et l'anus, ravagés par les abcès, les brûlures par cautérisation et les incisions, les bourgeons cicatriciels… C'est à ce moment-là que François Ier aurait dit : « Dieu me punit par où j'ai péché. » Toujours le ton moralisateur et le sentiment de culpabilité imprimés par la religion !

Comme les religieux sont tout autour de lui, à la suite des médecins, le roi sent qu'il ne va pas gagner cette bataille : le 29 mars, il réclame l'extrême-onction et parle à son deuxième fils – celui qui va lui succéder et deviendra Henri II.

L'évolution de son mal a été d'une grande violence avec beaucoup de fièvre et des frissons qui signent la décharge des bactéries dans l'organisme. Le roi s'est trouvé dans un état de grande confusion et s'est mis à parler à Jésus. Progressivement, il est tombé en état de choc avec sans nul doute une importante déshydratation et une insuffisance rénale.

Il meurt le 31 mars vers 14 heures.

Dès le lendemain, les médecins « ouvrent le coffre », comme on disait : c'est l'autopsie du souverain. L'abdomen ouvert, « son épiploon était rompu du pubis à l'estomac », signe d'une péritonite, « de sorte que les intestins apparaissaient à nu ». À l'endroit du « duodénum et du pylore il y avait un aspect noirâtre », très probablement des ulcères gastro-duodénaux qui avaient saigné : « l'enveloppe intérieure de l'estomac offrait au regard une rougeur mêlée à la couleur noire. L'œsophage atteint d'ulcères rejetait un pus rougeâtre ». Le roi a subi des douleurs effroyables et en plus « le poumon droit était putréfié et adhérait en sa partie droite aux cotes jusqu'à l'épine dorsale », ce qui signifie qu'il souffrait très probablement d'une tuberculose pulmonaire et donc de difficultés à respirer. Nous comprenons qu'avec ces deux seules pathologies le roi souffrait et était en état de choc septique.

Quant à la partie basse du corps du roi, « le rein droit suintait en son extrémité, l'uretère qui en sortait avait disparu et avait complètement souillé d'ordures les parties contiguës. [...] Dans le col de la vessie était un large ulcère plein de pus abondant. Sous le pubis, toutes les parties droites étaient purulentes et la substance même était grangréneuse. Le scrotum, la verge et toutes les parties entourant les testicules avaient contracté le même mal. » Il a donc non seulement eu une septicémie gravissime dont l'origine était à la fois pulmonaire mais aussi pelvienne avec une néphrite droite, et un ulcère à la vessie. Avait-il une fistule qui s'est infectée, était-ce une tuberculose vésico-urétrale qui a fistulisé ? Nous en restons aux hypothèses.

Il a été inhumé à Saint-Denis à côté de la reine Claude qu'il a trompée très souvent mais qu'il aimait quand même : en France tout est possible et cela fait un royaume ! Le 20 octobre 1793, au cours de la Terreur et des exactions qui l'ont accompagnée, François Ier et la reine Claude ont été exhumés et jetés dans la fosse commune. Où sont-ils désormais ? Un peu partout dans la cathédrale Saint-Denis.

Désormais lorsque vous toucherez votre périnée, ayez une pensée pour François Ier, je suis certain qu'il apprécierait !

François Ier est mort à cinquante-trois ans.

HENRI II

Un pouvoir tape à l'œil

Paris, lundi 10 juillet 1559. Henri II, le roi de France, s'éteint dans son lit au palais des Tournelles. C'est le froid après le chaud ou le noir après le blanc et sans doute l'ombre après la lumière. Comment d'un instant à l'autre la France a-t-elle basculé ? L'époque était pourtant propice à la joie après un demi-siècle d'atrocités et de guerres avec le Saint-Empire romain germanique et l'Espagne. Même si le traité du Cateau-Cambrésis conclu trois mois plus tôt n'est pas en faveur de la France qui perd des territoires, la paix est signée.

Selon l'usage de la diplomatie de ce temps, une fois les guerres finies, il faut des noces pour sceller les alliances. Alors Henri II décide d'organiser un double mariage : sa fille, Élisabeth de France, va épouser Philippe II roi d'Espagne, fils de son ennemi juré Charles Quint, et sa sœur Marguerite de France convoler avec le duc de Savoie. C'était ainsi alors, et nul ne sait ce que ces femmes et ces hommes pensaient des unions qu'on leur imposait – les alliances entre pays, la raison d'État passaient avant tout ! D'ailleurs, le roi d'Espagne ne s'est même pas déplacé pour le mariage, il l'a fait par procuration et il est resté à Bruxelles… c'est dire le degré de sa passion amoureuse pour sa future reine.

Pour Henri II, cette paix est une victoire politique et diplomatique. Doué pour la guerre, Henri II est un roi robuste et en bonne santé malgré le psychotraumatisme vécu dans l'enfance : à l'âge de huit ans, il a en effet été donné à l'Espagne pendant quatre ans en échange de la liberté de son père, François Ier, fait prisonnier lors de la défaite à la bataille de Pavie – une autre conséquence des usages diplomatiques de l'époque. De réputation taciturne, il en aurait gardé un caractère un peu déprimé, selon certains écrits, avec une forte tendance à l'hypocondrie. Marié à Catherine de Médicis alors que tous deux n'ont que quatorze ans, il tarde à s'assurer une descendance. Le royaume s'en inquiète car les peuples ont toujours le regard rivé sur les hormones sexuelles de leurs dirigeants… nous n'avons pas évolué quant à cette sotte habitude ! Il est donc examiné par un médecin qui diagnostique un hypospadias, c'est-à-dire que son méat urétéral est abouché à la face postérieure de la verge, ce qui est une anomalie constitutionnelle sans gravité… à ceci près qu'il est roi. Le médecin recommande des relations sexuelles en levrette afin d'augmenter les chances de fécondité. Impossible de dire si c'est cela ou autre chose, mais le roi fera… dix enfants dans la foulée à Catherine ! Et ce bien que son cœur soit ailleurs : il aimait plus que tout Diane de Poitiers, son aînée de vingt ans qui devint très vite sa maîtresse. Bref, une vie privée complexe, qui n'empêche pas le roi d'être attentif à son royaume et à l'avenir de celui-ci.

Pour célébrer la paix et ces deux mariages qui la scellent, Henri II veut une grande fête, une immense fête. Avec, en premier lieu, un tournoi de chevaliers – il excelle dans les tournois. Il fait alors dépaver la rue Saint-Antoine pour la recouvrir de sable et installer en son milieu une lice d'un mètre cinquante. Puis bâtir des estrades à proximité de l'hôtel de Sully (correspondant aujourd'hui au 62, rue Saint-Antoine), le long des façades des immeubles, hautes de deux à trois étages. Il ordonne l'abattage d'un orme de deux cents ans, fait déplacer un calvaire, monter des arcs de triomphe… Rien n'est trop grandiose.

Le principe du tournoi est le suivant : la lice centrale sépare l'espace en deux. Les chevaux partent de chaque extrémité du terrain et galopent le long de la lice. Le chevalier tient une lance en bois. Le but est de fracasser la lance du chevalier adverse, pas de le faire tomber. Le roi est très doué, et les deux premiers jours il gagne à tous les tours sur son alezan dénommé « Malheureux » (prémonitoire, mais n'anticipons pas).

Le troisième jour, le vendredi 30 juin, est une belle journée d'été. Il est 10 heures et le roi arrive dans une tenue noir et blanc avec des plumes – il porte les couleurs de sa maîtresse. Le matin, il doit affronter deux chevaliers, les ducs de Nemours et de Guise. Il les bat tous les deux. La reine le prie de s'arrêter là, mais le roi, qui veut montrer sa force, lui rétorque : « C'est justement pour vous que je combats. » Il se tourne alors vers le capitaine de la garde écossaise, Gabriel de Montgomery, et lui demande de concourir avec lui. Ce dernier refuse l'honneur de l'affronter car, plus jeune, c'est lui qui avait assommé François Ier avec une bûche enflammée... Il ne veut pas de nouveau frapper un roi. Mais Henri ne lui laisse pas le choix : « C'est un ordre. » Quand la force et le pouvoir se mélangent, l'intelligence s'éloigne.

Vers 17 heures, Henri II accuse une certaine fatigue, mais il veut continuer. Catherine de Médicis, fervente adepte des mages et des astrologues, est hostile depuis le début à ce tournoi car un de ses astrologues, un certain Lucas Gauric, lui a affirmé qu'il ne fallait pas que le roi « combatte en champ clos ». Elle connaît Nostradamus, lequel a délivré une prophétie sous forme de quatrain : « Le lion jeune le vieux surmontera / En champ bellique par singulier duel / Dans cage d'or les yeux lui crèvera / Deux classes une, puis mourir, mort cruelle. » Était-ce une prémonition, comme cela sera dit après la mort du roi ?

Le heaume du souverain (censé protéger la tête) est couleur or, et comme il fait chaud il ne le boucle pas ou l'a peut-être même laissé ouvert. Les deux chevaliers se lancent l'un contre l'autre, les lances frôlent les plastrons et se brisent. Montgomery demande l'arrêt de la joute. Mais le roi refuse. Sans attendre qu'on lui raccroche sa visière, il attrape une nouvelle lance et repart au galop, soit entre vingt et trente kilomètres-heure. Si vite que le capitaine de la garde écossaise n'a pas le temps de changer sa lance. Même les trompettes n'ont pas sonné car tout est allé si vite qu'elles n'ont pas vu le roi repartir.

La lance de Montgomery, qui se présente sur la droite d'Henri II, ripe sur l'armure au niveau thoracique et part sur le visage du roi, en écartant le heaume qui n'est pas fixé. Les grandes catastrophes sont toujours une accumulation de petites choses qui finissent par faire d'énormes dégâts.

Le choc est violent. Le roi vacille sur son destrier, retenu, comme ils le peuvent, par les pages qui amortissent sa chute tandis que, debout, le public hurle. La reine Catherine et son fils le dauphin s'évanouissent. Hécatombe à la cour : le roi, la reine et le dauphin à terre… On allonge le roi, on lui ôte son heaume : le sang coule à flots sur son visage qui révèle une plaie béante en regard du sourcil droit et remontant sur tout le front. Le roi perd connaissance ; il est transporté au plus près, au palais des Tournelles, une demeure royale située près de l'actuelle place des Vosges, dans le Marais. Il est transporté bien inconfortablement mais par des dignitaires : le connétable s'est saisi d'un bras, l'autre est tenu par le cardinal de Lorraine et le duc de Guise, tandis que monsieur de Sancerre soutient la tête ensanglantée, et le prince de Condé et monsieur de Martigues, une jambe chacun. Arrivé au bas de l'escalier, le roi a toutefois repris connaissance, « montrant cœur et vigueur de vrai roi ».

Dans l'urgence, on arrose ses mains de vinaigre, pour désinfecter. À ce moment, le roi est éveillé sur son lit, conscient, entouré de deux médecins et de la cour. Il joint ses mains l'une contre l'autre en forme de dévotion, se frappe par deux fois la poitrine dans une attitude de contrition ardente et murmure, comme l'atteste le prince de Ferrare, « quinze ou vingt mots de prière ».

Des cavaliers se hâtent d'aller chercher des sommités médicales, dont un certain Vésale, chirurgien particulier de Philippe II le roi d'Espagne, qui est à Bruxelles.

Après le vinaigre sur les mains, les médecins lavent la plaie au blanc d'œuf. Traitement inutile et qui ne désinfecte rien du tout. Les barbiers enlèvent deux énormes échardes, l'une de 18 centimètres de long et 2 centimètres de large, l'autre de 5,2 centimètres de long et 0,5 centimètre de large. Le bois de la lance a creusé un trou dans l'arcade sourcilière droite avant d'entrer dans l'œil gauche. La douleur a sans doute été proprement effroyable, suraiguë. Ambroise Paré a noté à propos de la plaie : « … au-dessus du sourcil droit elle lui dilacéra le cuir musculeux du front près de l'os transversalement jusqu'au petit coin de l'œil gauche et avec plusieurs petits fragments qui demeurèrent dans la substance de l'œil gauche sans aucune fracture osseuse. »

Mais retournons au chevet du roi : ils sont à présent six médecins et barbiers ou chirurgiens autour de lui. Ils regardent la plaie s'écouler et les bouts d'échardes sont encore à l'intérieur. Ils lui font boire une potion de rhubarbe et de camomille qu'il vomit aussitôt. Le roi perd beaucoup de sang, y compris par l'anus

– selon toute vraisemblance des hémorroïdes. D'emblée, les médecins pratiquent alors une saignée de douze onces de sang (environ 250 ml) et… une purge ! Puis, pour éviter la fièvre et comme c'était la coutume à l'époque, ils lui font avaler de l'orge mondé. Le roi paraît s'endormir mais en raison du traumatisme crânien et des saignées, il est plus probable qu'il soit tombé dans le coma, signe de la perte de connaissance transitoire du traumatisme crânien grave. Ceux qui l'ont porté après l'accident restent pour le veiller.

Le 1er juillet, le pansement est refait à 10 heures du matin. Le roi vomit, souffre, mais il s'est réveillé et il n'a pas de fièvre. À chaque pansement les barbiers enlèvent de nouvelles échardes de l'œil gauche – bien évidemment à vif car il n'existe alors aucune sédation.

C'est alors qu'Ambroise Paré a une idée radicale pour comprendre ce qu'il se passe réellement à l'intérieur de la plaie royale. Il fait décapiter quatre condamnés à mort dans le but d'examiner anatomiquement la lésion. Les décapitations ont lieu à la Conciergerie et à la prison du Grand Châtelet. Les têtes sont amenées au médecin. Il est facile d'imaginer la pression psychologique qu'il ressent lui-même au sujet de sa propre tête s'il ne trouve pas une solution pour sauver le roi. Dans une situation politique instable où les guerres de Religion ne demandent qu'à repartir et les traités de paix à voler en éclats, perdre Sa Majesté serait une catastrophe. Alors Ambroise Paré se fait apporter une lance brisée semblable à celle qui a blessé le roi et il l'enfonce dans les têtes décapitées des cadavres. Ce n'est que sur la quatrième qu'il réussit à reproduire la lésion faciale. Il scie alors le crâne pour examiner les dommages causés. Plonge son doigt dans la cavité de l'orbite gauche, observe. Et en déduit que le roi est perdu ! Dans sa logique, puisque l'œil est touché, le cerveau est forcément atteint. Que faire ?

Les heures passent. Le roi vomit par moments et il a très mal à la tête. Autour de son lit, c'est un défilé de personnalités politiques, religieuses, de la cour, des ambassadeurs… tout le monde veut voir l'agonisant. Les traitements inutiles succèdent aux traitements inutiles. Pendant ce temps, les intrigues politiques ont démarré. On interdit à Diane de Poitiers de se rendre au chevet du roi, son amant ; elle erre dans le palais, plus personne ne lui parle. Grandeur et décadence accompagnent l'agonie du souverain.

Le surlendemain, le 3 juillet, on reprend espoir. Vésale est arrivé de Bruxelles et se penche sur son royal patient qui doit souffrir atrocement des yeux. Henri n'a toujours pas de fièvre et il est purgé régulièrement. Il demande même qu'on joue de la musique dans sa chambre. La cour s'enchante que Sa Majesté aille mieux. Il est même prévu que les festivités, interrompues après le drame, puissent reprendre le dimanche. Le roi, comme il l'a déjà fait auparavant, s'inquiète des protestants ; il dicte une lettre à l'ambassadeur de France à Rome pour l'assurer qu'il défendra l'Église du pape. Il semble qu'il ait récupéré la vision d'un œil même si les œdèmes lésionnels et les douleurs rendent très probablement sa vue difficile.

Le 4 juillet, le pansement est refait et on continue d'enlever des échardes de l'œil gauche. Quelle douleur devait endurer le roi ! La fièvre arrive le soir avec des douleurs à la nuque. Les médecins déclarent alors le cas désespéré, bien que le roi soit conscient. Ils évoquent un abcès cérébral, contre lequel ils ne disposent d'aucun traitement. La peur envahit de nouveau la cour, amplifiée par des rumeurs selon lesquelles les luthériens menacent la sécurité du royaume. La branche des Guises dénonce les alliances des Bourbons et des Montmorency… L'agonie du roi révèle toutes les disputes de pouvoir.

Mais de nouveau, le 5 juillet, miracle, Henri se sent mieux : il fait le serment d'aller faire un pèlerinage à Notre-Dame de Cléry en cas de guérison. Toujours maître de sa raison politique, il tient à ce que le deuxième mariage qui scelle le traité de paix soit célébré à la date prévue entre sa sœur Marguerite et le duc de Savoie.

Les deux jours suivants, son état est stationnaire avec quelques délires dus à la fièvre mais aussi des raideurs intermittentes du corps.

Le 8 juillet, les médecins le condamnent définitivement : la fièvre est très élevée, la tête a enflé (ce qui peut correspondre à un abcès des tissus de la face), la plaie n'est pas du tout propre et doit sentir très mauvais.

Mais le roi est toujours conscient. Il demande à son fils, le dauphin François, de faire une lettre à l'ambassadeur de France à Bruxelles le priant d'aller invoquer la protection du roi Philippe d'Espagne, qui séjourne alors dans cette ville, pour le peuple de France et le dauphin.

C'est son dernier acte lucide. À partir de là, il se trouve en pleine confusion et est saisi de secousses, ce qui peut correspondre, en plus du tétanos, à la méningite. La reine ordonne des prières publiques et elle interdit de faire sonner les cloches. Le roi avait pardonné à son adversaire de joute Montgomery, qui pourtant demandait à mourir, mais cela n'empêcha pas Catherine de Médicis de le bannir.

Le dimanche 9 juillet à l'aurore, les religieux donnent la communion au roi. La plaie est décrite comme sèche. Il demande la présence de son fils qu'il a du mal à reconnaître. « Mon fils, lui dit-il, vous allez être sans père, mais non sans ma bénédiction. Je prie Dieu qu'il vous rende plus heureux que je n'ai été », et d'un geste il bénit le dauphin François qui s'évanouit. Ayant recouvré ses esprits, l'adolescent se lamente toute la journée dans le palais en gémissant : « Mon Dieu, comment pourrai-je vivre si mon père meurt ? » En ces jours d'incertitude, la reine Catherine s'est beaucoup plus occupée de son fils que de son mari moribond car la cour bruissait d'inquiétude sur l'état psychique du dauphin qui allait devenir François II.

C'est ce jour-là, le 9 juillet, qu'il est décidé de sortir les reliques, celles de saint Marcel et de sainte

Geneviève, un fragment de la Vraie Croix, la Sainte Couronne, le reliquaire de la Sainte Lance. On invoque aussi saint Charlemagne et saint Louis. Puis on organise une immense procession dans Paris pour demander la guérison du roi avec les reliquaires, les bannières, les croix, les représentants des ordres religieux… mais Dieu soit n'existe pas, soit n'a pas reçu le message, soit n'a pas voulu répondre favorablement…

Le soir, la plaie frontale suinte de nouveau d'un pus abondant et nauséabond. On envisage une trépanation, c'est-à-dire de faire un trou dans le crâne, mais on ignore où et comment procéder… Confrontés à ces questions, les médecins renoncent car même mourant, un roi reste un roi, et peut décider de vous faire décapiter sans délai ! Henri II a en outre une fièvre importante, il est confus, tout son côté gauche est paralysé quand le droit est pris de convulsions. Il présente des difficultés à respirer et a des hoquets – signes de l'atteinte cérébrale ou du tétanos, ou des deux.

C'est cette nuit-là qu'est célébré le mariage – le roi n'a pas voulu le repousser – entre sa sœur et le duc de Savoie, dans les appartements d'Élisabeth, la nouvelle reine d'Espagne.

Henri II reçoit l'extrême-onction le 10 juillet à 9 heures. L'apprenant, le représentant du roi Philippe d'Espagne déclare que son maître est prêt à suivre la requête du roi de France et donc à protéger les intérêts du dauphin si des troubles venaient à menacer le royaume. Les courtisans tentent encore de lui faire boire du vin bouilli avec de la sauge et d'autres plantes, mais cela ne change rien. Le roi est à présent secoué de spasmes, « une extension monstrueuse » selon Vésale, « et hideuse des pieds à la tête, donnant signe évident de la véhémence du mal », ce qu'on dénomme un opisthotomos typique du tétanos.

Henri II meurt à 13 heures d'un hématome intracrânien qui a exercé une pression sur le cerveau, et d'une infection importante doublée d'un tétanos.

Selon la coutume, le corps du souverain est autopsié afin de prouver qu'il n'a pas été assassiné. On sait que l'autopsie a été pratiquée devant une assemblée de courtisans, et des médecins, dont Ambroise Paré et Vésale. Mais toutes les archives de l'autopsie elle-même ont été perdues. Restent une correspondance d'Ambroise Paré et un texte de Vésale. Dans laquelle on peut lire que la plaie était délabrante du front au-dessus du sourcil droit jusqu'à la racine du nez – celui-ci sans fracture visible mais contusionné. Que furent retrouvés environ six éclats de bois dans les deux yeux. Que l'œil droit était perforé et, selon Vésale, « totalement dénudé de sa membrane, et avait un aspect rugueux » – une plaie de la conjonctive, donc. « Son bord le moins visible et le plus dissimulé contenait toujours un grand nombre d'échardes qui, comme des pieux, s'étaient plantées en une sorte de cercle qui occupait principalement une zone située entre l'orifice et le bord le plus élevé de l'œil. Leurs pointes avaient pénétré l'enveloppe dure de telle façon que des petits éclats se prolongeaient vers l'intérieur, si près de la partie supérieure de la blessure et de la région antérieure de l'œil que, dans un autre cas, elle aurait semblé intacte en surface et en profondeur. » Le roi avait donc des plaies graves avec des corps étrangers dans chaque œil qui ont engendré une infection. Ce que décrivent les deux médecins correspond à deux lésions majeuresau cerveau : un hématome sous-dural, c'est-à-dire une collection de sang au niveau occipital, et une infection. Lors du choc à cheval, le cerveau a eu un hématome, comme s'il avait été projeté contre la face postérieure du crâne. Cela explique la perte de connaissance initiale, les vomissements et les maux de tête. En outre, au niveau de la partie frontale droite du cerveau, il y avait une importante infection : « Les tissus étaient jaunâtres sur la longueur d'un doigt, la largeur de deux et la profondeur d'un pouce. La totalité de la partie gauche montrait qu'elle était remplie d'un liquide séreux, comparable à de l'ichor, se répandant comme si le trou avait été récemment atteint de putréfaction ou par une sorte de gangrène. » Comme les médecins l'avaient constaté dès les premiers jours, le roi était dans un état désespéré et son agonie a été atrocement douloureuse, non seulement à cause de la douleur des yeux mais aussi à cause des céphalées intenses dues à l'hyperpression intracrânienne.

Le dauphin fut immédiatement appelé à régner, sous le nom de François II. Il était âgé de quinze ans. Puis commença le cérémonial de la mort du souverain : son cœur fut mis dans un coffre et placé dans un monument nommé les Trois Grâces dans la chapelle d'Orléans de l'église du couvent des Célestins, à Paris. Il est désormais au Louvre. Henri II fut inhumé dans la cathédrale de Saint-Denis le 13 août 1559. Dès sa mort, Catherine de Médicis a immédiatement chassé Diane de Poitiers et décidé de porter le deuil jusqu'à la fin de sa vie.

Au cours de la Révolution, lors de cette période macabre où les tombeaux des rois et des reines ont été profanés, le vendredi 18 octobre 1793, le corps d'Henri II fut extrait du tombeau et jeté dans une fosse commune non loin de la cathédrale de Saint-Denis.

Henri II est mort à quarante-deux ans.

MARIE-ANTOINETTE
La reine de la Révolution

Paris, mercredi 16 octobre 1793, 4 h 30 du matin. Marie-Antoinette Joséphine Jeanne de Lorraine, archiduchesse d'Autriche, épouse du très-haut, très-puissant et très-excellent prince Louis XVI, reine de France devenue simplement Marie-Antoinette, la veuve Capet – du nom que les révolutionnaires ont donné au roi –, attend ses bourreaux dans sa cellule de la Conciergerie. Elle écrit une lettre, une dernière, destinée à sa belle-sœur Madame Élisabeth, puis son testament pour dire son amour à ses deux enfants, eux aussi emprisonnés.

À l'heure de sa condamnation à mort, Marie-Antoinette est âgée de trente-sept ans, mère de quatre enfants dont deux sont déjà morts. Devenue reine à quatorze ans, l'Autrichienne n'a pas été acceptée facilement, ni par la cour ni par le peuple. Puis elle a subi la Révolution dont elle semble être le parfait bouc émissaire… voilà un résumé des problèmes qui l'ont conduite cette aube du 16 octobre dans l'antichambre de la mort, et ceux-ci forment un magma d'angoisses impossible à résoudre, tournant en boucle, sans apaisement. Comment trouver le moindre espoir dans cette période de la Terreur où tout semble conduire les êtres à la mort ? Comment protéger ses deux enfants enfermés à la prison du Temple, qu'elle n'a plus vus depuis des semaines ? Où trouver un peu d'espoir lorsqu'il n'y en a plus ?

Sa vie défile, à la lumière des deux bougies qui lui permettent d'écrire entre deux sanglots. Loin de tout le cérémonial dont on entoure les souverains, loin des fastes de Versailles. Dans ces dernières heures où il ne reste plus que la peur. Marie-Antoinette a été une mère bienveillante et aimante, marquée par deux drames : la mort de sa fille âgée de onze mois, le 19 juin 1787, puis celle de son fils aîné Louis-Joseph, le dauphin, emporté par la tuberculose le 4 juin 1789 à l'âge de sept ans et demi. À cette époque où l'espérance de vie ne dépassait pas vingt-cinq à trente ans, la mortalité infantile était effroyable : un enfant sur deux mourait avant l'âge de cinq ans. Perdre un enfant était si tristement courant que le deuil maternel ne se vivait évidemment pas comme de nos jours. Mais à quelques heures de sa propre exécution, comment ne pas penser à ces deux deuils tandis que sa fille aînée, Marie-Thérèse, âgée de quatorze ans, est enfermée à la prison du Temple avec sa belle-sœur Élisabeth, laquelle veille sur la jeune fille comme elle le peut face à des geôliers maltraitants. Son fils Louis XVII, lui, est seul à l'étage du dessous avec un précepteur acquis aux révolutionnaires qui le maltraite également, lui fait boire de l'alcool, l'humilie… il a neuf ans. Et mourra l'année suivante d'une tuberculose généralisée sans jamais être ressorti de prison. Marie-Thérèse sera libérée en 1795 après une détention effroyable au cours de laquelle, pour se défendre, elle aura gardé le silence… Elle reviendra à la Restauration et sera très populaire comme si le peuple de France exprimait des regrets pour ce qu'il a fait endurer à sa famille. Mais nous n'en sommes pas là.

Mariée très jeune à Louis XVI, Marie-Antoinette a toujours subi la politique sans pouvoir influer sur le cours des choses. La pointe d'accent autrichien qui n'a jamais quitté sa voix a incontestablement joué un rôle dans les rumeurs et les calomnies dont elle a été victime. Le psychotraumatisme de cette femme s'est creusé en plusieurs étapes, et il a grandi à chaque choc. Les dernières années ont été marquées à la fois par l'insécurité et la peur : d'abord le 5 octobre 1789, lorsque les révolutionnaires ont envahi le château de Versailles et, pénétrant dans sa chambre, tué ses deux gardes du corps avant de l'exhiber au balcon en la menaçant de leurs armes et d'un canon. Puis, à partir de l'exécution de Louis XVI, le 21 janvier 1793, qui lui fait perdre tous ses repères, elle doit affronter, en plus du deuil de son époux et des accusations déversées sur elle, l'insécurité de sa détention, la solitude dans laquelle elle est alors plongée, et protéger comme elle peut ses enfants, tandis que son espoir de voir sa famille autrichienne la sauver s'amenuise de jour en jour.

Dans la nuit du 1er au 2 août 1793, en vue de son procès, on la transfère de la prison du Temple, où elle était jusqu'alors incarcérée avec sa fille et sa belle-sœur, à la Conciergerie. Écartée de ses enfants, elle est enfermée dans une cellule avec, pour tout confort, un lit de sangle, deux matelas humides, un traversin, une couverture, un fauteuil servant de garde-robe et un bidet de basane rouge, une petite table et deux chaises. Deux gendarmes la surveillent en permanence, seul un paravent la sépare d'eux. La reine ne recevra qu'une aide durant ses soixante-seize jours de détention, celle d'une femme de chambre, Rosalie Lamorlière, qui servait la femme du concierge de la Conciergerie, madame Richard. Rosalie était plus proche des royalistes, à l'insu des révolutionnaires. Grâce à elle, on peut reconstituer le quotidien des derniers jours de la reine, qu'elle décrit comme toujours très polie et digne. Marie-Antoinette se levait vers 7 heures. La femme de chambre venait l'aider à se préparer, l'assistait à sa toilette devant un petit miroir bordé de rouge et entouré de dessins, acheté sur les quais, et sa bassine. La reine s'occupait elle-même de sa coiffure, toujours la même, un chignon mouvant attaché avec des rubans, qu'elle parachevait d'un nuage de poudre embaumée. Ses cheveux étaient blancs sur les tempes – « avec mes épreuves… », disait-elle. Quand Rosalie voulait lui servir un peu de café ou de chocolat, Marie-Antoinette répondait : « Je vous remercie, ma fille, mais depuis que je n'ai plus personne je me sers moi-même. » Sans fierté ni animosité. La femme de chambre aidait également à servir le déjeuner à 9 heures puis le dîner entre 14 heures et 14 h 30. Sur la petite table les menus étaient relativement copieux, comprenant toujours des volailles ou du veau, des légumes et des fruits achetés exprès pour elle chez les marchands aux alentours de la Conciergerie. La reine disposait de couverts en étain, elle coupait sa viande avec délicatesse, découvrait les os proprement. Sitôt le repas terminé, toute la vaisselle lui était enlevée avant qu'elle récite ses prières. Tout était contrôlé en permanence. L'eau qu'elle buvait provenait de Ville-d'Avray.

Sa solitude est quasi totale. Au mois d'août, la concierge madame Richard lui amène son fils, Fanfan, qui a l'âge du dauphin, pour la distraire un peu. La reine le prend dans ses bras, le couvre de baisers… mais cela la désespère davantage car elle pense alors à son petit garçon emprisonné. Pour occuper ses journées où elle ne connaissait rien d'autre que l'oppression de ses gardes et l'incertitude, angoissante, de l'avenir, elle arrachait de gros fils d'une toile à tenture de papier clouée sur des châssis le long des murailles et avec sa main elle polissait les fils pour en faire des lacets en s'appuyant sur son genou. Ou elle regardait les deux gendarmes jouer aux cartes – ce qui devait lui rappeler les jours plus heureux de Versailles, car elle aimait beaucoup jouer et se distraire – en tournant ses bagues. À son arrivée de la prison du Temple, on l'avait en effet autorisée à garder deux jolis diamants et son anneau de mariage. Comme un tic, assise et rêveuse, elle les ôtait et les passait d'une main à l'autre, très rapidement, puis recommençait. Elle écrivait, aussi, mais ses lettres étaient confisquées. Elle pleurait beaucoup. Et elle priait, se réfugiait dans la foi. Croire et prier étaient les échappatoires de sa désespérance. En parlant de son défunt mari, elle dit : « Il est heureux maintenant. »

Elle devait uriner et déféquer devant ses gendarmes, dans un coin de la cellule. Tout n'était qu'humiliation.

Les conditions de sa détention dans cette cellule humide, sombre et froide sont très difficiles. Elles vont encore se durcir après « l'affaire de l'œillet ». Début septembre 1793, un chevalier de Saint-Louis du nom de Rougeville se déguise en officier et parvient à voir la reine. Il laisse tomber un œillet au pied de sa robe contenant un message disant qu'il veut l'aider à s'évader. Mais le chevalier une fois sorti, Fouquier-Tinville, le substitut du tribunal révolutionnaire, est prévenu, et à sa suite le gouvernement, de cette tentative d'évasion. Dès lors sont donnés des ordres encore plus sévères pour durcir la détention de la reine. Les deux gendarmes qui la gardent sont remplacés, madame Richard est jetée en prison avec son mari et son fils, et Marie-Antoinette de nouveau changée de cellule.

On lui choisit comme nouvelle geôle, toujours à la Conciergerie, un local de la pharmacie du citoyen Lacour. On prend un plaisir sadique à rendre sa captivité encore plus difficile en obturant la fenêtre donnant sur la cour des femmes avec une plaque de tôle jusqu'au cinquième barreau de traverse, avec des fils de fer serrés au-delà. L'autre fenêtre, qui a vue sur l'infirmerie, est condamnée, et jusqu'à la gargouille dehors qui sert à l'écoulement des eaux ! On renforce la serrure de la seconde porte. Et désormais, les deux gendarmes qui la gardent la surveillent en permanence au-dessus d'un paravent ! Pas une minute d'intimité, de chaleur ou de bienveillance – à l'exception de Rosalie, la femme de chambre, toujours là – et qui cache bien sa tendresse pour la reine.

L'humidité court du sol au plafond, dégageant une odeur d'égout et de moisi. Avec les premières fraîcheurs de l'automne, Marie-Antoinette a froid dans ce cachot où l'inconfort semble étudié pour une longue et lente torture. « Le soir, je ne manquais pas de prendre sa camisole de nuit sous son traversin. Je montais vite chez nous pour bien la réchauffer et puis, toute brûlante, je la replaçais sous le traversin de la reine, ainsi que son grand fichu de nuit », confie Rosalie dans son témoignage. Elle ne dispose ni de bougie ni de flambeau et seuls les minces faisceaux de lumière du réverbère de la cour des femmes qui passent à travers la fenêtre obturée et les bougies des gardes derrière le paravent offrent une source de lumière.

Le personnel ne vaut pas mieux que ces conditions de détention épouvantables : vulgaire, vénal, humiliant, insultant, corrompu… Rosalie est réellement la seule à essayer de soulager sa souffrance.

La reine rumine le passé : elle se souvient des jours heureux, le Petit Trianon qu'elle préférait au palais, le hameau qu'elle avait créé et aimait regarder de la fenêtre de sa chambre. Mais aussi du moment où tout a commencé à s'effondrer, de cette foule qui a envahi Versailles, de ces massacres depuis quatre ans, de la tentative de fuir la France, de l'arrestation à Varennes et de cet espoir vain de voir arriver d'Autriche les troupes de son frère. Trop tard. Tout est allé si vite, avec tant de morts autour d'elle. Protéger les enfants, soutenir son mari… et apprendre que sa tendre amie Marie Thérèse Louise de Savoie, princesse de Lamballe, est enfermée à la prison de la Force rue Saint-Antoine. Puis, le 3 septembre 1792, cette foule fanatique, furieuse, venue tuer des royalistes soupçonnés de fomenter une contre-révolution. Vers 11 heures, la princesse est extraite de sa cellule et interrogée sur les connivences de Louis XVI et Marie-Antoinette avec les puissances de la coalition. Le lien familial de Marie-Antoinette avec l'Autriche est un argument facile à utiliser pour établir une théorie complotiste. La princesse refuse d'accréditer cette thèse. Elle est massacrée en place publique à coups de piques et de bûches. Sa tête coupée est hissée sur une pique, le reste du corps est tranché, ouvert, les seins arrachés, et la foule hurle « Au Temple ! Au Temple ! » où le roi, la reine, leurs enfants et la sœur du roi ont été incarcérés. La folie fait qu'ils obligent un coiffeur à friser, coiffer et maquiller la tête. Le corps est traîné sur des kilomètres, le cœur à son tour monté sur une pique est exhibé à la foule, comme les parties génitales, un de ses assassins s'est même fait une barbe de ses poils pubiens… Les prisonniers royaux ont dû entendre les cris et sans doute eu le récit de cette scène de terreur. Et la reine n'avait que ses yeux pour pleurer sa bonne amie.

Le 12 octobre 1793, deux heures après que Marie-Antoinette se fut couchée, Fouquier-Tinville, qui préside le tribunal révolutionnaire et ses juges viennent dans sa cellule pour lui faire subir le grand interrogatoire qui annonce son procès. Le lendemain matin, « elle était comme affolée dans son cachot et elle tournait rapidement en rond », raconte Rosalie.

Robespierre veut sa mort comme il a voulu celle de Louis XVI. Marie-Antoinette était un symbole de la royauté, et il estimait qu'elle était liée au pouvoir et animant un complot contre-révolutionnaire avec l'appui des monarchies européennes – argument facile étant donné ses origines.

Le procès débute le 15 octobre à 8 heures. Ses deux avocats n'ont pas eu le dossier, et la reine va se défendre avec courage et dignité face à un public et un tribunal hostiles. La première audience durera vingt-quatre heures avec une seule pause de trois quarts d'heure à 16 heures où, une fois encore, Rosalie est la seule à lui apporter un peu de réconfort – une soupe – sous l'œil du gendarme de Busne.

C'est une femme de moins de quarante ans mais qui en paraît soixante, tant les dernières années l'ont abîmée, qui se présente devant ses juges. De sa vie passée, il ne lui reste attaché au cou que le médaillon ovale renfermant une boucle de cheveux et l'image du jeune roi, son fils – la seule de ses possessions à avoir échappé à la vigilance de ses geôliers. Glissé dans un petit gant en peau de canari ayant appartenu au dauphin, elle avait réussi à le cacher dans son corset.

L'état de santé de Marie-Antoinette est fragile. Elle est très pâle car elle souffre à la fois d'un état d'angoisse extrême et de métrorragies chroniques dues le plus probablement à un ou des fibromes ou une tumeur utérine. Robespierre instrumentalisera ces pertes sanguines devant le tribunal, prétendant que puisque de toute façon la reine était malade, son exécution ne changeait rien à son destin !

Pervers, vaniteux et féroce, Fouquier-Tinville, qui conduit les débats, accuse Marie-Antoinette d'avoir entretenu des relations avec le roi de Hongrie et de Bohême ; d'avoir dilapidé d'une manière effroyable les finances du royaume ; d'avoir conspiré contre la France. De la façon la plus vile et la plus calomnieuse, on va même jusqu'à l'accuser d'inceste avec le dauphin alors âgé de huit ans ! Dans un acte de courage incroyable, la reine se lève et répond : « J'en appelle à toutes les mères ici présentes ! » De quoi faire vaciller leur cœur ?

Peu importe, car même si l'accusation d'inceste est abandonnée, le verdict tombe dans la nuit du 16 au 17 octobre : Marie-Antoinette est coupable, elle sera décapitée. La reine reçoit sa condamnation à mort debout, le visage marqué. Ses deux avocats n'ont rien pu faire. Eux aussi seront arrêtés puis décapités.

Le gendarme de Busne, chargé de sa garde, la voyant vaciller après l'annonce du verdict, lui donne d'abord un verre d'eau, puis lui offre le bras, ôtant son bicorne pour l'escorter. Il est arrêté pour « pitié contre-révolutionnaire » et évitera de justesse l'exécution. C'est la Terreur : toute personne liée de près ou de loin à la monarchie risque sa vie.

Marie-Antoinette est reconduite dans son cachot. Elle s'allonge sur sa paillasse et elle pleure. Rosalie lui propose un peu du bouillon qu'elle a préparé la veille, la reine lui répond : « Ma fille, je n'ai plus besoin de rien, tout est fini pour moi. » Marie-Antoinette est dans un état de sidération, anéantie. Devant cette réponse, Rosalie fond en larmes, alors la reine accepte le bouillon et lui demande de revenir le lendemain à 8 heures pour l'aider à se préparer. Puis elle reste prostrée sur son lit. Dans sa tête devaient tourner en boucle l'image de ses enfants, l'issue fatale, l'idée de la mort toute proche, le poids de la haine de cette foule et des révolutionnaires qui l'ont condamnée… La Révolution qui avait inventé les droits de l'homme les bafouait.

À 5 heures du matin, les troupes sont mises en branle pour rejoindre la place de la Révolution (aujourd'hui place de la Concorde), qui est alors un grand terrain faisant face aux Tuileries, avec deux bâtiments sur les côtés. Des canons sont placés aux extrémités des ponts, des carrefours et de la place elle-même, où l'échafaud est édifié.

La reine a dû finir par s'endormir un peu, d'épuisement, après presque deux jours de ce procès très éprouvant. Entre 4 heures et 4 h 30, elle demande à ses geôliers du papier, une plume, et ils lui laissent deux bougies. Assise à sa table, elle écrit son testament, adressé à sa belle-sœur toujours emprisonnée à la prison du Temple avec ses deux enfants. Elle pleure mais il est impossible de dire si les feuillets portent la trace de ses larmes. Elle pense à « ses pauvres et chers enfants », elle pardonne, elle prie Dieu… Puis elle remet ce testament au garde Bault, qui le donnera à Fouquier-Tinville, qui le remettra à Robespierre. Celui-ci le gardera, de façon mesquine, sous son matelas et il ne sera découvert que lors de son arrestation, avant sa propre décapitation.

Il est 7 heures, ce 16 octobre 1793. Rosalie redescend au cachot de la reine, gardé par un gendarme assis à l'angle gauche. Marie-Antoinette, vêtue de sa robe noire et d'une chemise, est allongée sur son lit, la tête appuyée sur sa main, elle pleure. Les deux bougies brûlent encore sur la table. Rosalie lui dit « Madame, vous n'avez rien pris depuis hier au soir. Que désirez-vous prendre ce matin ? » Ses pleurs redoublent lorsque Rosalie insiste : « Vous avez besoin de vous soutenir, permettez-moi de vous apporter quelque chose. – Apportez-moi un bouillon », finit par accepter la reine, mais elle n'en avale que quelques cuillerées. La nuit couvre encore Paris lorsqu'un ecclésiastique assermenté lui propose d'entendre sa confession. Elle refuse car elle ne croit qu'en l'Église. Elle l'a écrit à la fin de son testament : « Comme je ne suis pas libre dans mes actions, on m'amènera peut-être un prêtre ; mais je proteste ici que je ne lui dirai pas un mot et que je le traiterai comme un être absolument étranger. »

Vers 8 h 30, l'aube chassant la nuit, Rosalie revient pour l'aider à se préparer. Marie-Antoinette passe dans le petit espace entre le lit et le mur pour se changer discrètement car les métrorragies ont taché sa chemise. Le gendarme se lève pour la surveiller : « Au nom de l'honnêteté, monsieur, permettez que je change de linge sans témoin. » Il répond brusquement : « Je ne saurais y consentir ; mes ordres portent que je dois avoir un œil sur tous vos mouvements. » En soupirant Marie-Antoinette passe alors sa dernière chemise « avec toutes les précautions et toute la modestie possible. Elle a gardé la grande robe noire de deuil qu'elle avait devant les juges. Elle enfile son petit déshabillé blanc par-dessus et croise son grand fichu de mousseline. » Puis elle range elle-même sa chemise ensanglantée en la roulant dans un espace qu'elle avait repéré entre l'ancienne toile à papier et la muraille. Même dans le dénuement le plus total, elle reste d'une grande dignité. Pour ses cheveux, elle ne garde que le simple bonnet sans marque du deuil de son époux. Elle conserve aussi ses bas noirs et ses souliers de prunelle. Après son départ, c'est Rosalie qui récupérera son miroir et son carton et que ses maigres affaires disparaîtront chez le greffier.

Ainsi apparaîtra Marie-Antoinette devant l'échafaud, vêtue d'un jupon blanc passé par-dessus sa robe noire, d'une camisole de nuit blanche, un ruban de faveur noir aux poignets et un fichu de mousseline blanc uni recouvrant ses épaules.

Elle sait que la mort l'attend et elle est terrorisée. Dans l'ombre et le froid de cette cellule sinistre, rien ne peut apaiser sa douleur. Elle qui aimait tant la lumière du parc du château de Versailles, les couleurs, les parfums, la musique, les belles tenues, le rire de ses enfants, ses dames de compagnie, ses courtisans… tout est devenu ombre, froid, puanteur, violence. Toutes ses promenades entourées de la cour, de ses tendres amies comme la princesse de Lamballe, de ses chers enfants, de son époux, de ses amants… la voici entourée de gendarmes armés, de l'abbé Mangin et de Rosalie.

Fouquier-Tinville vient lui relire la sentence avec les autres juges et le bourreau Sanson, le fils de celui qui a guillotiné son mari neuf mois plus tôt. (Le titre de bourreau se transmettait de père en fils : la soif de tuer peut être héréditaire.) La mort est présente, partout. Et tout est fait pour humilier la reine jusqu'au dernier instant.

On la dirige vers une cellule attenante à la pièce du greffe. Sanson lui attache solidement les mains dans le dos en tirant sur ses coudes. Puis il la fait asseoir sur un escabeau, découpe largement le col de sa chemise et lui coupe les cheveux au ras de la nuque (afin que le couperet glisse plus facilement), jetant aussitôt les mèches royales au feu afin qu'elles ne puissent pas devenir des reliques.

Puis ils quittent le cachot, la reine devant, le bourreau derrière elle, qui la tient par la corde tendue sur ses coudes. Suivent le greffier, les gendarmes, les juges et le prêtre.

Voici Marie-Antoinette devant les marches qui donnent sur la place du Palais et la cour de Mai jouxtant la Conciergerie. Découvrant la charrette qui doit la conduire à l'échafaud – un véritable tombereau à ordures aménagé, et tous ces soldats, et la mort si proche, elle est prise de diarrhée aiguë, signe de la décharge d'adrénaline brutale due à la peur intense qu'elle doit éprouver à cet instant. Elle a un malaise. On lui détache les mains et c'est dans le coin dit de la souricière qu'elle peut se soulager, accroupie devant ses bourreaux en une ultime humiliation. Puis elle se relève et Sanson lui attache de nouveau les poignets dans le dos.

Face au grand escalier, la cour de Mai est plongée dans le silence. Des gendarmes à cheval et à pied, des hommes de pique entourent la charrette. La reine monte par un petit escabeau. Elle se met dans le sens de la marche mais le bourreau la change de place pour la faire asseoir dans le sens inverse, dos aux chevaux. L'abbé Girard se place debout derrière elle ainsi que le bourreau Sanson et son aide, tricornes à la main.

Depuis le début de la matinée, des patrouilles de soldats sillonnent les rues de Paris. La circulation a été arrêtée (les embouteillages sont aussi anciens que la ville). Les gardes tentent de galvaniser la foule en criant « Vive la République, à bas la tyrannie ! ». Quelques flammes tricolores pavoisent des façades d'immeubles rue Saint-Honoré.

A 11 h 15, les grilles s'ouvrent dans un silence pesant, et le cortège entame sa marche. Après deux mois et demi d'une effroyable détention, Marie-Antoinette revoit la lumière jour pour ses derniers instants. En tête du cortège, Grammont, un comédien devenu sans-culotte dont la principale fonction est d'escorter les condamnés jusqu'à la guillotine, harangue la foule en hurlant « place à l'Autrichienne ! », « la voilà l'infâme Antoinette, elle est foutue mes amis ! ».

Le cortège se dirige vers le pont au Change, longeant la tour de l'Horloge de la Conciergerie pour gagner la rue Saint-Honoré en traversant ce qui est aujourd'hui la place du Châtelet. Trente mille soldats en armes encadrent la charrette tout le long du parcours.

Sur les marches de l'église Saint-Roch, quelques tricoteuses vocifèrent. On appelait ainsi les femmes qui se plaçaient devant l'échafaud pour assister aux décapitations. Avides de sang et de mort, elles attendaient en tricotant et hurlaient leur haine contre le condamné.

Mais la foule, dans la rue comme aux fenêtres, est étonnamment silencieuse, selon tous les témoignages.

Craignant un complot des « perruquiers » (les royalistes) pour faire évader la reine, les soldats en surnombre procèdent à de nombreuses arrestations. La plupart des personnes arrêtées seront exécutées au motif d'avoir « ourdi une conspiration tendant à enlever la femme Capet pour la soustraire à la vengeance nationale ». Le fond de l'affaire est donc bien là : il s'agit non pas de justice mais de vengeance et de haine contre cette femme.

Marie-Antoinette regarde défiler Paris, ces bâtiments devant lesquels elle passait lorsqu'elle se rendait le soir au bal, à l'opéra, aux Tuileries ou au Louvre. Elle prie. Elle aimait jouer, faire la fête, se déguiser pour passer inaperçue dans la foule. Elle prie. Elle pense surtout à ses deux enfants, toujours enfermés à la prison du Temple. « Que vont-ils devenir ? » se demande-t-elle en boucle. Elle prie. Chaque seconde la rapproche de la mort et la peur la paralyse.

Le cortège avance lentement, sans que la foule se manifeste autrement que par sa présence. Bringuebalée dans sa charrette, Marie-Antoinette reste digne. Elle aperçoit, sur la porte du passage des Jacobins, une inscription qui lui fait peur, « Ateliers d'armes républicaines pour foudroyer les tyrans » et se tourne vers le prêtre comme pour appeler au secours ; il lui tend alors un petit Christ d'ivoire.

Au-devant, le sans-culotte Grammont continue de hurler ses slogans de haine repris par quelques vociférations avinées.

Vers midi, la charrette débouche sur la place de la Révolution (aujourd'hui place de la Concorde). Tous les témoignages confirment que le brouhaha de la foule s'est tu à l'arrivée du cortège. Dans la charrette chancelante, qui approche lentement, au rythme du pas des chevaux, Marie-Antoinette se tient droite. Elle ne pleure pas ni ne semble s'affoler. Arrivée devant l'échafaud, monté à l'est de la place entre le centre et l'entrée du jardin des Tuileries, elle descend de la charrette et monte d'un pas digne les marches de l'échafaud, toujours suivie du bourreau Sanson qui, telle la Faucheuse, tient serrées les cordes attachant ses bras dans son dos. Elle aurait marché sur le pied de son bourreau et aurait dit « Monsieur, je vous demande excuses, je ne l'ai pas fait exprès » et perdu son soulier, mais on n'en a pas la preuve. L'échafaud en bois craque sous les pas, marquant l'arrivée à la guillotine dont la lame pointe haut dans le ciel automnal. Il souffle un petit air frais, il ne pleut pas. Droite, silencieuse, Marie-Antoinette regarde une dernière fois les Tuileries au loin. Sans doute pense-t-elle à ses deux enfants et à Dieu.

La mort sera là dans quelques secondes, elle le sait. Que pourrait-elle être d'autre que peur, sidération ? Le prêtre est à côté d'elle. Elle est très pâle. Le bourreau l'attrape alors par-derrière et la plaque sur la planche de bois. Elle ne dit rien. Il pousse sa nuque dans la lunette et sans attendre il lance la lame qui tranche la tête. Aussitôt un ou deux geysers de sang rouge provenant des carotides sectionnées sont projetés du corps vers l'avant pendant que la tête tombe dans la corbeille en osier destinée à la recevoir. Le corps est instantanément inerte, désarticulé, tel une poupée de chiffon. La foule reste muette. Sanson récupère la tête sanguinolente. Il la tend à la foule en criant « Vive la République ! ». Silence. Le corps est alors basculé dans une grande corbeille installée à côté de la planche de la guillotine et le bourreau pose la tête sur les cuisses pour prolonger l'humiliation même avec le cadavre. De la corbeille coule encore le sang rouge, du sang bleu, de Marie-Antoinette.

La foule se disperse bien vite alors qu'arrive une autre charrette sur laquelle on charge la corbeille et qui remonte vers le cimetière de la Madeleine, rue d'Anjou, là où l'on enterrait les guillotinés de la Révolution. Contrairement à ce que l'on peut parfois lire, il n'est pas exact que le corps serait resté quinze jours sur la pelouse du cimetière car à l'époque une loi obligeait à enterrer les corps sous vingt-quatre heures. Ce qui est certain, en revanche, c'est que le corps de la reine n'est pas aussi surveillé ni escorté que ne l'avait été celui du roi. On laisse le fossoyeur Joly, le même que pour Louis XVI, s'occuper de l'inhumation. Il décide d'enterrer Marie-Antoinette à côté de son mari. Il sort le corps de la corbeille, le pose dans une bière en planches d'une valeur de six livres, et place lui aussi la tête de la reine sur ses cuisses. Puis, assisté de quelques ouvriers, il descend la bière recouverte d'un couvercle dans la tombe fraîchement creusée, à quelques mètres de celle du roi, avant d'y jeter de la terre et de la chaux vive – mais une seule couche, contrairement à la véritable boue de chaux qui a recouvert la bière de Louis XVI, car il n'a pas été payé suffisamment ! Comme personne ne le surveille, Joly a pitié de la reine et dessine une croix sur le mur de pierre contigu.

La mort de Marie-Antoinette ne donne lieu à aucune réjouissance. Comme si le peuple se rendait compte de la faute historique de ce jugement, de cette condamnation et de son exécution.

« Souvent la foule trahit le peuple », disait Victor Hugo. Cette phrase définit bien l'ambiance, l'esprit qui régnaient pendant la (justement nommée) Terreur. Aimons les peuples et ayons peur des foules !

Napoléon dira de cette exécution : « Une femme qui n'avait rien que des honneurs sans pouvoir, une princesse étrangère, le plus sacré des otages, la traîner d'un trône à l'échafaud à travers tous les genres d'outrages ! Il y a quelque chose de pis encore que le régicide. »

L'histoire continua, inexorablement, avec la fin de la Terreur, où ceux qui avaient guillotiné furent à leur tour exécutés… Puis l'arrivée de Bonaparte… le départ de Napoléon… et nous voici au moment du retour d'exil de Louis XVIII, le 24 avril 1814. Une de ses premières mesures fut d'ordonner la recherche des corps de son frère et de sa belle-sœur. Le cimetière de la Madeleine avait été fermé, vendu et revendu, mais protégé de toute fouille par un avocat royaliste, voisin du cimetière, Pierre-Louis-Olivier Desclozeaux, son dernier acquéreur, qui avait aussitôt fait border le carré où étaient inhumées les deux dépouilles royales de charmilles, de saules pleureurs et de cyprès.

Très vite, l'enquête prouva que les deux dépouilles reposaient sous terre avec quatre cent quatre-vingt-treize corps dont les cent seize gardes suisses massacrés le 10 août 1792, plus toutes celles et ceux qui ont été exécutés sous la Terreur. On retrouva le fossoyeur Joly, qui indiqua facilement l'endroit et la profondeur de la tombe de la reine. De même on apprit tout ce qu'il s'était passé au moment de l'inhumation du roi. Les travaux d'exhumation commencèrent le 18 janvier 1815 en présence de prêtres et de représentants de Louis XVIII. La terre était recouverte de neige. L'aide du fossoyeur Joly, toujours là, fut précieuse pour les fouilles : vingt et un ans après l'inhumation de Marie-Antoinette, la croix qu'il avait dessinée sur le mur les guida vers la dépouille – relativement facile à trouver car enterrée à un peu moins de dix pieds de profondeur, elle permettrait ensuite de localiser celle de Louis XVI.

Selon le procès-verbal de l'exhumation : « Immédiatement nous avons rencontré un lit de chaux sous lequel nous avons trouvé l'empreinte bien distincte d'une bière et des débris de planche encore intacts. Nous avons trouvé un grand nombre d'ossements… une tête entière dont la position indiquait qu'elle avait été détachée du tronc… et quelques débris de vêtements, notamment deux jarretières élastiques assez bien conservées. » Le crâne avait encore quelques cheveux. Les deux jarretières furent immédiatement apportées au roi Louis XVIII. La chaux n'avait pas été mélangée à la terre mais répandue en une couche, ce qui a sans doute permis de mieux conserver le corps de Marie-Antoinette que celui de Louis XVI.

Au moment où les deux corps royaux furent retrouvés, une nouvelle véritable terreur commença dans Paris, contre les révolutionnaires ! Ceux-ci comme pour se protéger déclenchèrent une bataille de communication pour prétendre que ces ossements n'étaient pas ceux ni du roi ni de la reine. Mais tous les documents prouvent que les ossements étaient ceux des monarques.

Les restes des corps, les morceaux de tissu de la reine, les morceaux de planches et la terre ramassée, avec quelques paquets de chaux tout autour qui contenait la poussière des os, ont alors été déposés délicatement dans deux boîtes scellées aux armes du royaume de France et portées dans l'appartement de monsieur Desclozeaux.

Le lendemain, très solennellement, on les ouvrit et on plaça les restes royaux dans deux cercueils plombés, aussitôt soudés. Sur chacun des cercueils fut posée une plaque d'argent : « Ici, est le corps de très-haute, très-puissante et très-excellente princesse Marie-Antoinette Joséphine Jeanne de Lorraine, archiduchesse d'Autriche, épouse de très-haut, très-puissant et très-excellent prince Louis XVI, par la grâce de Dieu, roi de France et de Navarre. »

Les deux lieux de l'exhumation furent précisément notés dans leur localisation et profondeur. Louis XVIII décida alors la construction sur cet emplacement exact d'une chapelle expiatoire avec un autel consacré. En septembre 2018, une fouille dans les parois de la crypte permit de mettre au jour toutes les caisses contenant les ossements des quatre cent quatre-vingt-treize autres corps, derrière les murs épais.

Mais revenons en 1815… Les deux cercueils royaux furent recouverts d'un drap mortuaire. Le lendemain, 21 janvier, jour du vingt-deuxième anniversaire de l'exécution de Louis XVI, les restes royaux furent transportés de la maison de Desclozeaux à la cathédrale Saint-Denis. À 7 heures du matin, l'ensemble des régiments de la garnison de Paris prit les armes, formant une haie ininterrompue de la rue d'Anjou à la cathédrale Saint-Denis. Chaque soldat portait un crêpe noir, signe de deuil, au bras gauche. À 9 h 30, douze gardes de la Manche de la compagnie écossaise – un des corps de l'armée – portèrent les cercueils sur un char funèbre. Le cortège se mit en marche jusqu'au caveau des Bourbons. Le début du parcours correspondait au parcours que le roi avait suivi vingt-deux ans auparavant pour aller à son exécution. Comme en 1793, devant le char il y avait un fort détachement de gendarmerie, avec les grenadiers, et les voltigeurs de l'infanterie de ligne, portant l'arme sous le bras gauche. Ils marchaient en colonnes serrées, colonels et musique en tête, les carrosses du roi et de la cour précédant le char funèbre qui était suivi par les cent suisses et les gardes du corps. Le canon tonnait de minute en minute, les tambours étaient voilés de serge noire, les drapeaux et les étendards avaient eux aussi été parés de crêpe noir. Lorsque les cercueils entrèrent dans la crypte, une salve d'artillerie éclata et toutes les cloches se mirent à sonner.

Depuis, les dépouilles de Louis XVI et de Marie-Antoinette reposent au centre de la crypte des Bourbons. Paradoxe de l'histoire : eux que les révolutionnaires voulaient faire disparaître à tout jamais se retrouvent en bonne place dans la cathédrale éternelle des rois de France.

Marie-Antoinette Joséphine Jeanne de Lorraine, archiduchesse d'Autriche, épouse du très-haut, très-puissant et très-excellent prince Louis XVI, et surtout mère, est morte à trente-sept ans.

NAPOLÉON
Momie Bonaparte

5 mai 1821 sur l'île de Sainte-Hélène, îlot de terre de l'Empire britannique perdu dans l'Atlantique Sud à mille huit cents kilomètres de la côte de la Namibie. Le prisonnier Napoléon Bonaparte est mort. Plus exactement, un pilier de l'histoire de France vient de mourir au terme d'une agonie lente et douloureuse dans une petite maison de ce bout de terre perdu dans l'océan. Depuis cette date tout a été écrit, analysé, étudié par des auteurs, des historiens, des médecins, des autodidactes, des scénaristes… De quoi l'empereur est-il mort ? Le cadavre a-t-il été substitué ? Est-ce bien lui dans le tombeau des Invalides ?

Si nous faisons la synthèse des principaux écrits, les faits sont brutaux pour un personnage héroïque de la stature de Napoléon mais banals pour l'homme.

L'Empereur des Français, le conquérant de l'Europe, l'homme politique, stratège, visionnaire, infatigable, gît sur son lit de mort. Nul doute, c'est bien lui, comme l'attestent tous les témoins sur place, y compris ses geôliers anglais qui ne se seraient pas fait berner.

L'enjeu de tenir Napoléon loin de l'Europe était crucial. Louis XVIII revenu au pouvoir et les alliés européens avaient peur d'un nouveau retour de Napoléon, du style de celui de l'île d'Elbe. Donc les Anglais l'avaient déporté comme perdu dans l'océan Atlantique, avec seulement une poignée de proches et quelques milliers de soldats britanniques pour le garder.

Imaginez l'état de stress et d'angoisse de cet homme dépossédé d'un jour à l'autre de son pouvoir surpuissant. La situation était complexe à gérer. Après la défaite de Waterloo et cette guerre contre tous les alliés européens, être emprisonné par ses plus grands ennemis, les Anglais, était pour lui la pire humiliation ! Mais la volonté des alliés, menés par les Britanniques, avait été la plus forte et le 14 octobre 1815, il devenait leur prisonnier à la fois le plus illustre, le plus éloigné et le plus surveillé d'Europe. Napoléon Bonaparte, qui avait eu tous les pouvoirs, qui avait été maître de l'Europe, se retrouvait dans une petite maison, presque seul et sans plus aucun pouvoir. Ses geôliers ne lui firent aucun cadeau.

Napoléon a la France en lui, elle est à lui, elle lui manque, sa défaite de Waterloo résonne dans sa tête comme une injustice de l'histoire et tout cela le ronge. Lors de cette bataille, il n'était pas en forme, saisi de crises d'angoisses aiguës, de douleurs effroyables causées par une poussée hémorroïdaire. Il posait souvent sa main sur son estomac, peut-être par une posture à la mode à l'époque mais aussi pour essayer de soulager sa douleur en appuyant dessus. Mais le mal qui le ronge est plus profond, c'est le mal des gens de pouvoir : être mégalomaniaque, vaniteux, paranoïaque, rancunier... Dès son arrivée à Sainte-Hélène, il souffre de plus en plus de l'estomac. Les médecins qui l'entourent font ce qu'ils peuvent mais ne lui procurent aucun soulagement. Seul, il rumine, il refait les batailles, il réécrit l'histoire. Son entourage proche tente de le distraire ; peine perdue, les remords tournent dans sa tête. Comment avoir été l'Empereur des Français, le souverain de l'Europe, le conquérant au-delà des mers... et finir dans cette petite maison, entourés de soldat anglais qui n'ont pas une once de bienveillance et l'appellent « général » alors qu'il veut qu'on l'appelle « Majesté » ou « Sir ». Alors son anxiété creuse son ulcère gastrique. Napoléon n'est pas en bonne santé physique ni psychique. En plus de ses douleurs abdominales chroniques, il doit souffrir d'insomnie.

Le 10 avril 1821, il parle de sa maladie qui le ronge et il se souvient que ce même mal avait touché son père. Il dit que sa mort est proche. Il refait son testament. Il ne mange presque plus. Son fils âgé de dix ans qui vit en Autriche lui manque énormément. Il fait installer le buste de l'Aiglon, roi de Rome, au pied de son lit. Il souffre de sa décadence humiliante. Et sa douleur abdominale s'accroît et se généralise. Les médecins, contemplatifs, ne font rien, comme si sa fin était inéluctable.

Dans la nuit du 4 au 5 mai, à 3 heures, il perd connaissance, ce qui peut correspondre à une perforation de son ulcère, notamment hémorragique ou septique. Son pouls est filant selon le médecin sur place, signe d'un état de choc très grave. L'amiral britannique, le gouverneur sir Hudson Lowe, et le marquis de Montchenu, qui représente la France à Sainte-Hélène se rendent à son chevet. Napoléon prononce ces derniers mots : « Mon Dieu ! Et la Nation française ! Mon fils ! Tête armée ! » Progressivement il s'enfonce dans un coma profond. À 17 h 49, il meurt.

Il était déjà un prisonnier encombrant pour les Anglais, il devient un cadavre encore plus gênant ! De suite c'est l'agitation. Tout l'aréopage mesure les conséquences historiques et politiques de sa mort.

Comme il l'avait demandé, il va être autopsié par son médecin corse, le Dr Antommarchi, entouré des médecins britanniques et des proches.

Il faut aller vite car la température élevée de l'île et son humidité font que la décomposition de l'illustre dépouille risque de se produire rapidement.

C'est le dimanche 6 mai à 14 heures que le Dr Antommarchi commence l'autopsie du corps dénudé de l'Empereur. Il mesure un mètre soixante-neuf et pèse selon les estimations entre quatre-vingts et quatre-vingt-dix kilos. L'acte est solennel et historique. L'atmosphère est lourde et chaude, l'assistance très concentrée et triste. Il ouvre d'abord la poitrine. Napoléon a beaucoup de tissu adipeux. La plèvre – l'enveloppe qui protège le thorax –, est normale à gauche, avec un peu de liquide. Cet épanchement comprime un peu le poumon gauche, ce qui pourrait expliquer que Napoléon ait eu du mal à respirer pendant son agonie. En haut de ce poumon, il y a quelques cavernes correspondant à une tuberculose ancienne, ce qui était banal à l'époque et n'explique pas sa mort.

À droite une pleurésie est aussi présente avec un liquide jaune comprimant un peu le poumon, comme à gauche. Les deux poumons présentent de belles couleurs, ce qui élimine l'infarctus pulmonaire et l'embolie pulmonaire. Les épanchements peuvent se voir dans une défaillance cardiaque mais l'examen du cœur montre qu'il est un peu plus volumineux que le poing de Napoléon (c'était la comparaison habituelle). L'état du cœur est homogène et régulier, mais sans sang, les artères et veines sont saines. Napoléon n'est donc pas mort d'un problème cardiovasculaire malgré tout le stress qu'il a vécu.

Le cœur est alors placé dans une urne en argent surmontée d'un aigle, remplie d'alcool et fermée hermétiquement.

Puis le médecin ouvre l'abdomen. Le péritoine est distendu par du gaz, témoin du début de la décomposition du corps, mais aussi par la rupture d'une cavité creuse comme l'estomac. L'étude de ces enveloppes qui entourent l'abdomen est normale. La rate et le foie sont volumineux. Le foie gorgé de sang est homogène sans tumeur visible. La face concave du lobe gauche adhère immédiatement et fortement à l'estomac, surtout au niveau de la petite courbure.

La dissection de l'estomac lui paraît d'abord saine, puis il regarde de plus près et dit « la membrane péritonéale est sous la meilleure apparence ». À la face antérieure vers la petite courbure, à trois travers de doigts du pylore, la muqueuse présente un léger engorgement, comme squirreux, très peu étendu et exactement circonscrit. L'estomac est percé de part en part, de la largeur d'un doigt, dans le centre de cette petite induration. Ce trou a provoqué l'adhérence de cette partie au lobe gauche du foie, ce qui est pathologique.

Ce n'est pas une tumeur cancéreuse, sinon on aurait trouvé une tumeur proliférant vers la lumière de l'estomac et les cancers ne perforent pas comme cela. Le médecin constate que l'estomac est rempli « d'une quantité considérable de matières faiblement consistantes et mêlées à beaucoup de glaires très épaisses et d'une couleur analogue à celle du marc de café, elle répandit une odeur âcre et infecte. » Il s'agit de sang en décomposition et altéré par les sucs gastriques : l'odeur en est insupportable. Bonaparte avait un ulcère gastrique hémorragique et perforé, ce qui est très grave et mortel, une urgence absolue.

Le médecin qualifie le reste de la muqueuse de cancéreuse, mais sans anatomopathologie ce n'est qu'une supposition et le plus probable est qu'il s'agisse d'une muqueuse très altérée par l'ulcère perforé.

Il y a des adénopathies satellites, le système lymphatique le long de la courbure de l'estomac et celle qui avoisine les piliers du diaphragme était tuméfié, squirreux et même en suppuration, ce qui témoigne de l'inflammation chronique de l'estomac.

Lequel estomac est à son tour mis dans un autre vase en argent rempli d'esprit-de-vin.

Dans la partie retro-péritonéale, le médecin voit « un rein droit normal mais un rein gauche avec une malformation congénitale, déplacé et renversé, plus long et étroit que celui de droite ». Dans la vessie les légistes trouvent des calculs et une certaine quantité de gravier. Napoléon, en plus de faire de la politique et des guerres, faisait du sable et des calculs rénaux. Sans nul doute il souffrait de coliques néphrétiques.

Le médecin veut alors ouvrir le crâne de Napoléon pour voir son cerveau, car selon lui « l'état de cet organe dans un homme tel que l'Empereur était du plus haut intérêt ». Mais l'entourage de Bonaparte s'y oppose fermement, et comme ils étaient armés et très sensibles… leurs arguments ont eu raison de la volonté médicale et la tête de Napoléon ne fut pas ouverte.

Il referme le corps en rapprochant avec des sutures de peau les parties ouvertes du thorax et de l'abdomen.

Un médecin anglais qui assistait à l'autopsie crut bon d'écrire dans son rapport, pour humilier Bonaparte, que celui-ci avait un petit pénis et des petits testicules. Impossible à démontrer : il s'agit là sans doute d'un outrage mesquin, une sorte de blague de carabin.

Ensuite l'Empereur est revêtu de son uniforme vert avec des parements rouges, un pantalon et des bas blancs et ses bottes. Sur son uniforme toutes ses décorations. Puis on pose le corps sur le lit de camp en fer que Napoléon utilisait durant ses campagnes. Un crucifix d'argent est posé sur sa poitrine. Il est recouvert du manteau bleu brodé d'argent qu'il portait à Marengo. S'ensuit un service religieux avant que le corps ne soit exposé dans son cabinet de travail pour que la foule de la petite île puisse venir se recueillir.

Le 7 mai les masques mortuaires sont réalisés.

Le 8, c'est au tour des embaumeurs d'agir pour la conservation du corps. La putréfaction ayant commencé son travail, il est décidé d'inhumer le cadavre dans plusieurs cercueils afin de le conserver. Les Français sur place, qui étaient fusionnels avec Napoléon, voulaient le voir inhumé un jour ou l'autre à Paris, « sur les bords de la Seine, au milieu du peuple français que j'ai tant aimé », ainsi qu'il l'avait écrit dans son testament. Alors il fallait conserver le corps en empêchant que les insectes viennent pondre les larves qui auraient fait un festin impérial des chairs de l'Empereur. Il est donc mis dans un cercueil en fer-blanc matelassé de satin blanc et soudé. Ainsi l'air ne passant pas, la dégradation ne pourrait se faire que sous une autre forme. Puis un cercueil en acajou. Puis deux cercueils en plomb fermés solidement. Puis encore un cercueil en ébène qui arrive le lendemain. Et enfin un autre en acajou.

L'inhumation a lieu le 9 mai avec tout le protocole réservé aux généraux mais pas aux hommes d'État, car l'Angleterre ne le reconnaît pas comme tel. Le caveau est de trois mètres de profondeur, en pierre. Il a été construit là où Bonaparte l'avait demandé, près de deux grands saules pleureurs dans un vallon où coule une petite source où il aimait boire. Il n'a pas été possible de percer de chemin pour que la voiture, tirée par quatre chevaux, puisse arriver à proximité du tombeau. Alors ce sont douze grenadiers qui portent tout ce conglomérat de cercueils recouverts par son manteau de Marengo. Les trois mille soldats anglais sont au garde à vous. Onze salves de canon sont tirées.

La mort de l'Empereur est vécue avec tristesse par le peuple français, véritablement attaché à ce qu'il représentait, à cette époque de prospérité et de grandeur ostentatoire, de richesse par les conquêtes guerrières. Mais il ne fallait pas activer un culte napoléonien en France, alors les Anglais ont voulu garder le corps et évidemment Louis XVIII ne voyait pas d'un bon œil le retour de la dépouille impériale car la France était encore instable politiquement.

Les rumeurs les plus folles ont immédiatement circulé. Toutes les hypothèses ont été évoquées. Dont celle de l'empoisonnement, car de l'arsenic avait été retrouvé sur ses cheveux – en réalité ce produit entrait dans la composition du produit cosmétique qu'il utilisait.

Il a fallu attendre 1840 pour que, sous l'impulsion d'Adolphe Thiers, l'Assemblée nationale vote le retour de Napoléon en France et débourse 2 millions de francs afin de creuser sous le dôme des Invalides un socle où faire reposer la dépouille. Thiers pensait souder le peuple français avec ce symbole… Il n'en fut rien.

Les autorités anglaises ont alors autorisé la France à reprendre la dépouille de Napoléon. Deux navires partirent de France pour Sainte-Hélène et l'exhumation commença, très solennellement, le 15 octobre 1840 à minuit. Les maçons descellèrent les dalles, puis enlevèrent la terre et les pierres pour atteindre une autre dalle. L'un des deux saules était mort et couché à terre ; ils le découpèrent pour en faire des reliques. À côté, une petite tente fut construite pour recevoir le cercueil. Après un long moment celui-ci apparut. Il était posé au fond sur la pierre. La tombe était sèche et sans altération. Le bois d'acajou du cercueil était bien conservé.

Le commissaire du roi ordonna l'ouverture des cercueils. Ils furent plus ou moins faciles à ouvrir mais le plombier était là pour desceller avec précaution ceux en plomb qui avaient été soudés, comme le dernier qui renfermait le corps. Le Dr Rémy Julien, médecin sur le navire la *Belle Poule*, qui allait ramener le corps de Napoléon, vit ôter le couvercle de fer-blanc. Apparut alors un linge blanc sur tout le corps. C'était le satin blanc qui revêtait le cercueil qui était tombé sur la dépouille. En partant des pieds, il roula le tissu jusqu'à la tête. Tout le monde reconnut Napoléon car la décomposition avait été stoppée par le manque d'oxygène. L'Empereur était en cours de momification, lui qui avait tant aimé conquérir l'Égypte c'était peut-être sa finalité d'accéder à ce statut de momie… Évidemment, il n'avait pas bougé, les membres supérieurs allongés, l'avant-bras et la main sur la cuisse gauche, les genoux légèrement fléchis, la tête un peu relevée, les paupières fermées, les cheveux jaunis, le nez toujours recouvert de peau sauf les ailes du nez qui « avaient souffert ». La barbe selon le médecin aurait un peu poussé – il s'agissait en fait de la fonte de la peau qui avait fait ressortir la pilosité. Les lèvres étaient amincies et laissaient voir trois incisives. La figure de Napoléon était donc bien reconnaissable, et devant de prestigieux témoins. Les jambes étaient dans les bottes mais les coutures avaient cédé et le médecin put voir les quatre derniers orteils droits et gauches. « La peau de ces orteils était blanc mat et garnie d'ongles. » Il toucha un avant-bras où il sentit que tous les muscles avaient disparu, seuls les os étaient palpables. Le thorax en sa partie moyenne était affaissé, correspondant aux incisions de l'autopsie, « les parois du ventre dures et affaissées » sous l'uniforme des chasseurs à cheval qui était bien conservé. Le grand cordon de la Légion d'honneur se dessinait sur le gilet et la culotte blanche cachée en partie par le célèbre chapeau. La couronne d'or de la croix d'officier de la Légion d'honneur seule avait conservé son éclat. Les vases d'argent étaient entre les genoux, l'un d'eux surmonté d'un aigle. Ils étaient intacts et fermés. Le commissaire du roi refusa de les déplacer et demanda de refermer le cercueil.

Tout ceci n'avait duré que deux minutes ! Le médecin remit le satin enduit de créosote et le couvercle de ce premier cercueil en fer-blanc fut de nouveau posé. Mais impossible de le ressouder à cause de l'oxydation. Ni le plombier français ni l'anglais n'y parvinrent. Le cercueil fut donc fermé et reposé dans la succession de cercueils en bois et en plomb, au nombre de six.

Ainsi la conservation de Napoléon l'avait transformé en momie par un processus lent, sans insecte, sans oxygène, dans une atmosphère fraîche, sèche, après une autopsie et un embaumement.

Le cercueil gigogne de Napoléon d'une tonne deux fut hissé à l'arrière du navire la *Belle Poule* et disposé comme dans une chapelle. Il arriva sans problème à Cherbourg avant de regagner Paris par la Seine. Cette nouvelle inhumation donna lieu à un grand rassemblement mais sans réactiver le bonapartisme politique. Il fut d'abord posé le 9 décembre 1840 à la chapelle Saint-Jérôme des Invalides, en attendant la fin de la construction pour pouvoir le déplacer sous le dôme.

Cette cérémonie eut lieu le 2 avril 1861, en présence de Napoléon III. Le cercueil fut installé sous le dôme dans un sarcophage de porphyre rouge.

La France n'en avait pas fini avec Napoléon et le tombeau reçut la visite d'un admirateur horrible : Adolf Hitler, le 23 juin 1940. Le dirigeant nazi dira que c'était le plus beau jour de sa vie. Il s'inclina longuement devant le tombeau, enleva sa casquette et mit une gabardine blanche. Tel un salut entre dictateurs, entre guerriers, Hitler fit ramener les cendres du fils de Napoléon en provenance d'Autriche dans la nuit du 14 au 15 décembre 1940 pour commémorer les cent ans du retour de Napoléon. Cela ne fit ni chaud ni froid à la France occupée.

Si Napoléon a marqué à jamais l'Histoire de France et la passion politique, il n'en reste pas moins que son bilan politique et guerrier est discutable.

Toujours est-il et malgré toutes les hypothèses que sa mort a suscitées, Napoléon n'est pas mort empoisonné. Il est bien là où il est et c'est un ulcère de l'estomac qui a réussi à faire ce que ses nombreux ennemis n'avaient pas réussi.

Napoléon Bonaparte est mort à cinquante et un ans.

LOUIS XVIII
À table ! C'est la Restauration

Les Tuileries, 16 septembre 1824. Le « gros cochon », « Louis des huîtres » ou encore « le gros Louis » comme l'appelaient les caricaturistes, Louis XVIII est mort.

La vie de ce frère de Louis XVI, épicurien, obèse dès son adolescence, sans enfant, est faite de rebondissements. En juin 1791, alors que son frère fuit et se fait arrêter à Varennes, lui se déguise et parvient à gagner la Belgique puis l'Allemagne. Surnommé aussi « le Désiré » par les royalistes, il reste le protégé des cours européennes qui voient en lui le recours pour le retour de la monarchie en France. Après vingt-trois ans d'exil, il devient roi en 1814, succédant à l'empereur Napoléon après la retraite de Russie. Mais la Restauration ouvre une période d'instabilité politique. Renversé durant les Cent Jours, où il a de nouveau fui en Belgique lors du retour de l'Empereur de l'île d'Elbe, Louis ne retrouvera le trône de France qu'après la défaite de Napoléon à Waterloo et régnera encore neuf ans.

Son appétit gigantesque est un des rares traits constants de sa nature. Obèse, on l'a dit, il aimait manger, beaucoup, et ce depuis tout jeune. À titre d'exemple : en 1815, à son retour au pouvoir, il augmente le nombre du personnel en cuisine, qui passe à cent trente-cinq personnes, un record. Il est capable d'ingurgiter une centaine d'huîtres d'affilée, et s'attable pendant des heures avec un appétit sans fin. Sa seule activité physique, très relative, consiste à se poser dans son carrosse et à lancer les chevaux au galop. Il adore ça !

Mais il est temps d'aller à son chevet car l'heure est à payer la facture physiologique de tout ce que Louis a ingurgité.

De constitution solide et malgré son poids – qui fait la joie des caricaturistes du royaume –, Louis XVIII est en bonne santé jusqu'en mars 1824. Il a alors soixante-neuf ans. Ce mois-là, il apparaît fatigué, la voix s'est voilée, ayant « ânonné et bredouillé d'une façon lamentable son discours devant la session des chambres ». Il faut avoir du timbre et de la force pour parler à toute une assemblée. Par ailleurs, sa vue a baissé (comme tous les plus de quarante ans, la presbytie n'épargne pas les rois). Pour s'aider, il a ainsi écrit en énorme le texte de son discours ! Enfin, il entend de moins en moins bien.

Le 17 août 1824, alors qu'il est au château de Saint-Cloud, son état se complique soudain. Le roi s'endort souvent dans son fauteuil. Même s'il est lucide, il semble toujours très fatigué, d'après son entourage. Ce jour-là, il est retrouvé dans son cabinet, affaissé dans son fauteuil et ayant fortement chuté, tête en avant, sur son bureau ; il s'est fait une plaie au nez. Il ne répond ni à la voix ni aux secousses. Appelé en urgence, son médecin constate que le pouls n'est pas perceptible, ce qui évoque un trouble du rythme cardiaque qui se manifeste par une syncope. On lui fait une saignée, on lui donne un vomitif. Le roi se réveille brusquement et entre dans une colère noire, rabrouant son frère le comte d'Artois (le futur Charles X), lequel bien entendu, selon lui, n'attend qu'une chose : sa mort pour prendre sa place !

N'écoutant pas ses médecins qui après cet incident veulent le laisser au repos, il repart aux Tuileries le 25 août. Il est tellement bourré d'œdèmes qu'on a l'impression que sa tête a rétréci. Le roi ne forme plus qu'une boule sur son trône.

Car Louis XVIII était podagre, c'est-à-dire qu'il souffrait de la goutte. Il portait des charentaises afin que l'arthrite de son orteil ne lui fasse pas mal ou des bottines en feutre pour ne pas comprimer les œdèmes provoqués par la goutte. Malgré cela, son médecin constate que cela fait « des années que le roi a des plaies aux jambes ».

Le 10 septembre, les plaies se sont transformées en gangrène, qui a gagné les deux pieds : « Baptiste, son valet de chambre, en retirant les bas de Sa Majesté, y trouve des fragments de doigts de pied gauche ; le gros orteil et un autre doigt sont presque tombés. Il a failli se sentir mal mais le roi n'a rien senti » selon les Mémoires de son médecin, le Dr Portal. Le roi est en train de pourrir par le bas, comme si la terre l'absorbait.

À ce stade, Louis XVIII subit toutes les conséquences de l'obésité : trop d'acide urique, un diabète, une artériosclérose, une insuffisance veineuse et respiratoire. Son corps est désormais attaqué de tous les côtés et les médecins ne peuvent plus que contempler l'évolution sans pouvoir la traiter.

Le 11 septembre, il se met à table mais perd la mémoire : il croit être au dîner mais mange énormément et, toujours selon son médecin, fait « bonne figure ». Sa cour et la faculté décident de faire paraître un bulletin de santé afin de prévenir le peuple que le roi ne va pas bien. Mais il est encore conscient. Lorsque le Dr Portal, arrivé à son chevet, dit : « ôtez-lui donc sa chemise », le roi se dresse sur son séant et rétorque : « Monsieur le docteur, je m'appelle Louis XVIII et vous devriez dire "ôtez la chemise de Sa Majesté" ! »

Le roi a une angoisse : savoir s'il va souffrir en ses derniers instants. Portal tente de le rassurer : « Sire, vous souffrirez un peu et vous mourrez dans votre fauteuil, si vous le voulez, et dans tous les cas vous resterez peu de temps dans votre lit. – Tant mieux, je serai préservé des souffrances de mon frère », répond le roi en référence à Louis XVI. Louis XVIII en effet n'aimait pas être au lit, signe de son insuffisance respiratoire et de son insuffisance cardiaque gauche car il respirait moins bien en étant alité et mieux en étant assis.

Le lendemain 12 septembre, le premier gentilhomme de la chambre du roi transmet le deuxième bulletin, signé des médecins Portal, Alibert, Montaigu, Distel, Dupuytren, Thévenot : « La fièvre a augmenté dans cette journée, il est survenu un grand froid dans les extrémités ; la faiblesse s'est accrue ainsi que l'assoupissement, le pouls a constamment été faible et irrégulier. » Le moment étant difficile, les spectacles et fêtes publiques sont suspendus et la Bourse fermée. Tout le monde vient aux nouvelles aux Tuileries. Il faut imaginer la crainte de la cour et du peuple de retomber dans l'instabilité politique ou l'emprise des armées d'occupation.

Les bulletins se succèdent, et on y lit que l'état du roi s'aggrave doucement mais sûrement. Une lente agonie, inéluctable.

Le 13 septembre, le bulletin de 14 heures indique que « le roi est tranquille. Il a pris trois fois du bouillon et il est sans fièvre. La faiblesse est toujours la même ». Mais la fièvre revient, avec une soif, une agitation, beaucoup de chaleur – autant de symptômes en faveur de l'aggravation de la gangrène, et même d'un choc septique. Les médecins ne peuvent rien y faire.

Comme pour conjurer le sort, la table est dressée dans la salle à manger. La cour s'y réunit, autour du couvert du roi, qui est voilé.

Une fois le repas terminé, elle retourne dans le cabinet, à l'affût des nouvelles des médecins qui vont et viennent dans la chambre royale. « Est-ce que cela se prolongera encore longtemps ? » La question est sur toutes les lèvres. Impuissants, les médecins répondent : « Nous ne pouvons pas savoir, mais cela n'est pas immédiat. » « Cela » pour ne pas prononcer le mot « mort » car tous savent le roi condamné. À ce moment, il est encore conscient, tout entier concentré sur sa respiration entrecoupée de toux. On refait ses pansements aux jambes, aux pieds, rongés par les ulcères, la gangrène qui gagne du terrain. Il souffre aussi d'une escarre au sacrum. Son état s'aggrave d'heure en heure : les bactéries se répandent désormais sans barrière dans le corps royal. Une souffrance généralisée, comme on le dirait d'un cancer.

Le 14 septembre, les médecins notent que la respiration est de plus en plus laborieuse. À la limite, des saignées l'auraient soulagé et auraient même sans doute amélioré son état car cela aurait fait comme une sorte de décharge de la masse sanguine au niveau pulmonaire. Mais on ne lui en fait pas.

À 21 heures, son état se complique d'une syncope dite alarmante. Le roi a sans doute eu un nouveau trouble du rythme cardiaque. Il va de plus en plus mal. Il a même un œil qui coule, ce qui inquiète beaucoup ses médecins. Le Dr Portal décide de dormir à son chevet. « J'espère que vous allez dormir, monsieur Portal, ménagez vos forces, votre vie est trop précieuse pour l'humanité », lui dit alors Louis XVIII, qui sera jusqu'au dernier moment resté royal dans ses relations aux autres.

Le 15 septembre, la gangrène progresse encore aux jambes, elle remonte dans le corps comme s'il était peu à peu englouti par l'infection à partir des membres inférieurs. La fièvre est élevée. À 21 heures est publié un nouveau bulletin de santé : « La respiration est devenue râleuse ; le pouls est d'une débilité extrême et de plus en plus intermittent. Le roi conserve sa lucidité, il regarde, veut ouvrir la bouche mais ne produit que des sons inarticulés. » Pour résumer, le roi étouffe, doucement, douloureusement par un œdème aigu des poumons tout en ayant une forte fièvre à cause de sa gangrène ! Il suffoque tel un poisson sorti de l'eau. Parallèlement, les médecins notent que « le roi tombait par intervalles en des syncopes si complètes qu'on croyait que c'était la fin ».

Le 16 septembre à 2 heures, ils annoncent que le roi n'a plus de pouls mais que cependant ils entendent toujours sa respiration, forte. Louis XVIII lutte pour trouver encore de l'air, mais il est dans le coma. L'odeur qui émane de son corps est affreuse, témoin de la gangrène. Le grand aumônier et des prêtres disent des prières. La respiration diminue, il suffoque. Son agonie est horrible. Les gentilshommes apportent un bougeoir aux médecins qui l'approchent du visage du roi pour mieux voir : « Il était noir et jaune, la bouche ouverte et une figure effrayante. »

Le roi meurt à 4 heures du matin.

L'autopsie a lieu vingt-quatre heures après. En présence des médecins, de grands officiers de la Couronne et de deux gentilshommes de la chambre désignés à cet effet. Le corps dégage une terrible odeur de putréfaction causée par le choc septique et la décomposition des membres inférieurs, lesquels sont très maigres, contrastant avec l'embonpoint du tronc et de l'abdomen. Le pied droit est aux deux tiers détruit par un sphacèle. Plusieurs orteils manquent, et des os sont à nu. Est également constatée une large escarre sacrée, typique de l'évolution du diabète avant que n'existent les traitements par l'insuline. C'est dû à l'atteinte de tous les vaisseaux mais aussi du système nerveux, ce qui explique que Louis ne souffrait pas trop lorsque ses orteils tombaient et se nécrosaient. L'escarre sacrée prouve que le roi était fréquemment alité et semi-assis, ce qui a dû lui provoquer une ostéite, c'est-à-dire une infection de l'os. L'ouverture de la tête ne révèle quant à elle rien de spécifique.

L'ouverture de la poitrine, en revanche, révèle une adiposité généralisée, y compris dans le médiastin antérieur et autour du péricarde, feuillet qui entoure le cœur. Les poumons ont une infiltration sanguine témoignant de l'œdème aigu des poumons, ainsi qu'une adhérence à la base du poumon droit pouvant évoquer une infection. Il n'y a pas de signe de tuberculose. Le cœur est très volumineux, avec des cavités très amples et des parois peu épaisses, de même que l'oreillette et le ventricule gauches, témoignant de l'insuffisance cardiaque de ce côté, responsable de son insuffisance respiratoire. Les couleurs du myocarde sont compatibles avec un infarctus. Les valves cardiaques sont calcifiées, ce qui était banal à l'époque avec les rhumatismes articulaires aigus.

Quant au ventre, il est pléthorique avec une grande quantité de graisse. Les muscles sont minces et la graisse épaisse, témoins de l'absence d'activité physique du souverain. Le diaphragme est distendu, preuve de son insuffisance respiratoire chronique. Mais il a un petit foie, ce qui signifie qu'il ne souffrait pas d'une insuffisance cardiaque globale. Comme chez tout obèse, on lui trouve des calculs à la vésicule biliaire. On lui découvre également un estomac énorme, avec quelques ulcères, et une tumeur à la rate. Une tumeur irrégulière mésentérique de deux à trois pouces de diamètre au centre de laquelle il y a une cavité allongée dans la direction du bord supérieur du pancréas, à parois blanches, épaisses, percées de nombreux orifices conduisant à des prolongements de la tumeur, et contenant une assez grande quantité de matière concrète brune et sans odeur. Les médecins évoquent une tumeur par un kyste stéatomateux, en réalité il s'agit d'un cancer du pancréas. Le corps de sa majesté était à lui seul un dictionnaire de médecine où l'on répertorie toutes les pathologies ou presque.

Il a de la graisse partout sur les organes, y compris sur les reins, plutôt petits, et les surrénales, assez développées. La vessie est petite. Quant à ses organes génitaux, on lui compte bien deux testicules, contrairement à la rumeur ! Un phimosis faisait que son gland était entièrement recouvert du prépuce avec une toute petite ouverture. Pour ses médecins « il semblait difficile que le gland n'ait jamais été mis à découvert, témoignant qu'il n'avait pas l'habitude de la masturbation et qu'il n'avait pas abusé du coït ». Est-ce pour cela que Louis XVIII n'a laissé aucune descendance ? C'est peu probable : sa femme avait fait deux fausses couches, donc on peut dire que le roi honorait la reine mais préférait vraisemblablement la jouissance de la table !

De la graisse partout, jusque sur les pieds : le droit présente un tissu cellulaire graisseux avec peu de muscles et des os ramollis, comme au pied et à la jambe gauches quoique à un moindre degré.

L'autopsie achevée, on procède à l'embaumement du corps. Le cœur a été enlevé, on l'a lavé et fait macérer plusieurs heures dans une solution alcoolique et de chlorure de mercure puis rempli d'aromates et enfermé dans une boîte en plomb. De la même manière que les viscères. Tout le corps a été lavé avec cette solution, tant à l'extérieur qu'à l'intérieur. Puis on l'a enduit d'un vernis à l'alcool et rempli les cavités de poudre d'espèces aromatiques et résineuses variées. Enfin tout a été suturé avant que le cadavre ne soit entouré de bandes comme une momie.

L'embaumement terminé, le roi a eu droit à un bonnet, une chemise, un gilet puis un linceul pour recouvrir le tout. L'élégance et le charme de la monarchie jusque dans le cercueil. Ainsi embaumé, on espérait freiner la décomposition du corps et le risque que Louis XVIII, qui aimait tant manger, ne serve à son tour de festin aux bactéries et autres parasites !

Le corps fut enfin posé dans son cercueil en présence des grands officiers de la Couronne et remis par le premier médecin au maître de cérémonie. Après avoir été exposé plusieurs jours, Louis XVIII ou ce qu'il en restait a été porté à la cathédrale Saint-Denis où il repose encore.

Louis XVIII est mort à soixante-huit ans.

LA COMMUNE DE PARIS

Le temps des traîtrises

Mai 1871. Malgré le printemps, il ne fait pas bon vivre à Paname. Ce n'est franchement pas un temps à mettre une cerise dehors, sauf pour sa couleur rouge, celle du sang, celle du drapeau de la Commune ; Paris ne sent pas le chèvrefeuille, le lilas ou le jasmin, non, la capitale pue le cramé des immeubles brûlés, et cette odeur de mort persistante qui émane de la putréfaction des innombrables cadavres. Comment la Ville lumière en est-elle arrivée à cette guerre fratricide, effroyable, et qui fit couler le sang français à gros bouillons sur les pavés de ses rues ? Il faut imaginer la guerre civile dans ce Paris du XIXe siècle en pleine révolution industrielle. Camarades, prenons-nous la main et souvenons-nous…

Les racines de cette guerre puisent dans le désir de revanche des royalistes depuis 1789 et 1848, la peur de la bourgeoisie de l'ère industrielle, elle qui ne veut pas voir bouger un œil de la populace, des plus pauvres, et bien sûr la guerre de 1870. La France défaite militairement et politiquement – Napoléon III a été battu à la bataille de Sedan et fait prisonnier –, il a suffi aux Prussiens d'arriver à Paris et d'en faire le siège. Tout le long de l'automne et de l'hiver 1870, Paris agonise, victime de la famine, d'une épidémie de typhoïde et d'une autre de variole, plus le choléra, le scorbut et la tuberculose. Les hôpitaux de l'Assistance publique sont pleins à craquer. Les gens crèvent de faim, les maladies se transmettent à la vitesse de l'éclair sur les corps affaiblis et la mortalité explose. Les maisons ne sont plus chauffées, les animaux du Jardin des Plantes ont été tués et mangés. Le 8 février, les élections législatives envoient à l'Assemblée une majorité de quatre cents députés monarchistes. Politiquement, la fracture est totale entre Thiers qui veut rétablir la République pour en devenir le président, tout en faisant le jeu des royalistes et des riches, et le peuple. Paris, dont la plupart des élus sont des républicains extrémistes, refuse l'armistice avec les Prussiens que le gouvernement négocie, ainsi que la remise en cause de la République. La rupture va jusqu'à la fuite des députés majoritaires hors de Paris, qui rejoignent Versailles. Thiers négocie la paix avec les Prussiens et cède l'Alsace et la Lorraine. Gambetta tente de remonter une armée mais Thiers l'en empêche.

La Commune a duré soixante-douze jours, tel est le repère historique. Mais les victimes de ce drame politique ayant débouché sur une guerre civile ont commencé bien avant, avec la famine, les épidémies et la guerre, et ont continué bien après avec les déportés et les emprisonnés. Les archives de l'Assistance publique ont gardé la trace de ces mois dévastateurs, comme le montrent les exemples suivants.

Le premier soulèvement a lieu le 18 mars sur la colline de Montmartre, date généralement retenue pour marquer le début de la Commune de Paris. À cette époque, les contours de Montmartre sont dessinés à l'ouest par la rue des Abbesses, au sud par le boulevard Rochechouart, la rue de Clignancourt vers l'est et la rue Marcadet vers le nord. Sept ruelles serpentent la colline, dont la rue des Martyrs, avec des immeubles de six étages disposés les uns contre les autres le long des rues pavées et sur le côté sud un grand terrain où sont entreposés 171 canons depuis le cessez-le-feu avec les Prussiens. L'autorité militaire les avait entassés là pour empêcher les Prussiens de les prendre. Ils sont enchevêtrés, souvent incomplets et sans obus ! Le 16 mars, la garde nationale, créée pour défendre Paris, était prête à les redonner à l'armée de Versailles. Mais Thiers décide d'envoyer l'armée pour les reprendre, l'idée étant de quadriller Paris pour rendre toute résistance vaine, et d'arrêter les meneurs. À l'aube du 18 mars, trois bataillons de ligne de Versailles arrivent par surprise, font des prisonniers et remontent vers Montmartre par le nord. Un seul garde national, Germain Turpin, maçon de trente-six ans, est là avec son fusil chassepot. Tous les gardes sont équipés de ce fusil, le premier disposant d'un chargement par la culasse qui lui permet de tirer plus vite des cartouches en papier et une balle de 11,8 mm et de 24,5 grammes, ce qui en fait une arme redoutable. Entendant du bruit, Turpin fait les sommations d'usage. En réponse, la troupe charge. Aux alentours éclate une fusillade qui fait déjà des morts. Les gardes nationaux rappliquent alors en masse de toutes les rues adjacentes. Turpin est blessé à l'abdomen. Louise Michel, qui se trouvait au poste de garde du 6 de la rue des Rosiers, arrive sur place avec une cantinière. Déchirant leur linge, elles tentent d'appliquer un pansement sur la plaie abdominale. Mais une balle de cette taille dans l'abdomen est une blessure gravissime. Le Dr Georges Clemenceau, maire du XVIIIe arrondissement, accourt à son tour pour tenter de sauver le jeune garde. Face aux combats qui ont éclaté au-dehors, il n'est pas facile d'évacuer le blessé. C'est Louise Michel qui obtient qu'il puisse être transporté à Lariboisière. On l'installe dans le lit 14 de la salle Saint-Ferdinand (devenue salle Ambroise Paré). Mais il a beaucoup saigné et s'est infecté, déclenchant une péritonite, c'est-à-dire une infection de tout le tissu qui enveloppe le tube digestif. À l'époque, ça ne se soignait pas. Turpin mourra dans des douleurs atroces cinq jours plus tard.

Un deuxième blessé place Pigalle. Henri-Louis Blaise, tapissier dans le quartier, âgé de vingt et un ans, souffre d'une fracture du crâne. Il est hospitalisé au lit 6, dans la même salle que Turpin. Lui mourra au bout de neuf jours. Toujours à Pigalle, le troisième blessé est une femme, Marguerite Boivin, couturière de trente-sept ans qui a été touchée au fémur au cours d'une charge d'un capitaine de gendarmerie. Ce dernier descendait de la colline de Montmartre par la rue des Martyrs, et il a vu des lignards et des fédérés en train de fraterniser devant le collège Rollin (aujourd'hui lycée Jacques-Decour). Il a donné l'ordre de tirer à ses hommes de l'armée régulière mais c'est un homme de son détachement qui l'a abattu. Marguerite Boivin, elle, réussira à sortir de l'hôpital Lariboisière. Au bout de soixante-quinze jours. Le cheval blessé du capitaine sera abattu et découpé par la population affamée.

C'est ce même 18 mars que Victor Hugo enterra son fils Charles au Père-Lachaise. Pour permettre le passage de la dépouille, les communards enlevèrent les barricades qui gênaient le convoi et les gardes nationaux se mirent au garde-à-vous.

L'insurrection est lancée, amenant son lot de blessés quotidiens, des centaines de Turpin, Blaise et Boivin dans les hôpitaux de l'Assistance publique (désormais AP) bientôt saturés. Mais il n'y avait pas que les hôpitaux. Il y avait aussi ce qu'on appelait « les ambulances ». À savoir des postes de secours comprenant de grandes salles communes, au plus près des combats. Les médecins des hôpitaux venaient y soigner avec du personnel. Chaque « ambulance » comptait un ou plusieurs médecins et chirurgiens, des soignants bénévoles, des religieuses de l'ordre des Filles de la Charité et des religieux de l'ordre des Frères de la Doctrine chrétienne. Ces derniers faisaient aussi le relevage et brancardage des blessés. Ces ambulances étaient de véritables hôpitaux de campagne en pleine ville. Montrant combien Paris a su s'adapter pour combattre son malheur et assurer un soutien sanitaire à sa population durant toute la période du siège prussien et de la Commune. Une centaine de ces ambulances étaient ainsi réparties à travers la capitale, dans des bâtiments publics ou privés plus ou moins bien construits. Ces ambulances marquent l'invention de l'adaptation d'un système de santé car si les lits de chirurgie dans les hôpitaux étaient fixes, l'AP pouvait multiplier le nombre d'ambulances autant que de besoin.

Elles pouvaient ne comprendre qu'une dizaine de lits, allant des soins sommaires à la chirurgie d'extrême urgence comme les amputations. L'AP avait veillé à leur organisation, et ce dès septembre 1870. Pendant le siège prussien, les blessés étaient recueillis sur les champs de bataille et dirigés vers ces structures. Fermée en janvier 1871, cette structure fut rouverte le 26 mars par le conseil de la Commune, huit jours après le début de l'insurrection. Les ambulances n'étaient plus dans l'AP mais gérées par le conseil de la Commune, même si nombre des médecins et chirurgiens qui y soignaient en faisaient partie. Au fur et à mesure des combats en ouvraient de nouvelles, comme aux Archives nationales, à l'Élysée-Montmartre, au Sénat… Pendant la dernière semaine de mai 1871, dite la Semaine sanglante, ces ambulances seront le principal lieu de secours et de prise en charge des victimes. Les versaillais, qui composaient l'armée régulière au service de Thiers et du gouvernement, considéraient les fédérés, les communards organisés en garde nationale comme des ennemis du genre humain et donc blessés, prisonniers ou non, ils devaient être tués. Les fédérés comptaient deux cent trente-quatre bataillons, soit entre trente et quarante mille hommes et femmes, la plupart civils, contre cent trente mille soldats très entraînés que Thiers avait récupérés grâce à Bismarck. Aucune convention internationale comme celle de Genève n'existait encore, mais durant cette Semaine sanglante qui occasionna des milliers de morts, Thiers bafoua toutes les règles tacites de la guerre : il fit tirer sur les ambulances pendant les combats.

Mais revenons quelques semaines en arrière. Le 3 avril, sans préparation ni plan, et surtout manquant d'un commandement expérimenté, les bataillons des gardes nationaux partent affronter les versaillais. Cet affrontement, connu sous le nom de la bataille de Rueil, fut une boucherie comme rarement il y en a eu au cours de l'histoire de France. Tous les blessés et prisonniers fédérés furent abattus. Gustave Flourens, physiologiste, responsable de la garde nationale, fut arrêté à Chatou sans armes. Il fut aussitôt tué par le capitaine versaillais Desmarets d'un coup de sabre.

Après ce carnage, les fédérés choisirent de s'enfermer dans Paris, espérant que les remparts, les barricades et la détermination républicaine de la population suffiraient à les protéger. Hélas, tandis que les versaillais se préparaient à briser l'insurrection, le camp communard devenait de plus en plus indiscipliné et la valse des chefs et les querelles entre les responsables politiques l'affaiblissaient chaque jour un peu plus.

Le 11 avril, un affrontement éclate vers la porte Maillot et Neuilly, qui à l'époque ne comprenait que des étendues de champs avec quelques maisons. De nouveau l'affrontement est sanglant, à coups de canon, de mitrailleuses, de fusils, de pistolets et d'armes blanches. Les fédérés, Parisiens, pensaient qu'ils fraterniseraient avec les autres Français et sont désarçonnés par l'ardeur des versaillais. Très vite il y a des blessés. Un officier, le lieutenant-colonel versaillais Alphonse Pasquier, s'avance vers la ligne de front. Il porte un brassard à croix rouge, car il est chirurgien militaire, probablement pour dénombrer les blessés et le passage de ses ambulances. Un gamin communard nommé Pessenc le vise et lui met une balle en plein front. Quelques instants plus tard, un autre tir de chassepot tue ce jeune communard. Les versaillais chargent alors, forçant les insurgés à se replier au pont de Neuilly où, encerclés, ceux qui sont faits prisonniers sont aussitôt fusillés, sur l'ordre du général Galliffet, d'une telle cruauté contre les communards qu'il gagnera le surnom de « Massacreur de la Commune ». Ce combat sonne comme le prélude de la violence de cette guerre civile.

On peut égrener les jours. En ce printemps maudit, chaque journée continue de déverser son lot de blessés et de morts dans les hôpitaux comme dans les ambulances. La confusion est extrême.

Ainsi, le 17 mai, un dépôt de munitions saute entre l'avenue Rapp et celle de La Bourdonnais. Est-ce les communards, pour empêcher les versaillais de prendre les munitions ? Un attentat des versaillais pour éviter que les communards ne les prennent eux ? Un accident ? Toujours est-il que des centaines de blessés affluent à l'ambulance du quartier, des femmes et des enfants sur des brancards, en voitures à bras, ou portés sur des fusils entrecroisés. Le Dr Liégeois pare au plus pressé. Il sera à son tour tué le lendemain.

Personne n'est épargné. Il y a des victimes dans les deux camps. Le premier hôpital de l'AP à recevoir des versaillais est l'hôpital Sainte-Perrine, dans le XVIe arrondissement, au début de la Semaine sanglante, le dimanche 21 mai.

Blessés par balles, par explosion, par tirs mais aussi brûlés : tout a été fait pour tuer des deux côtés. Enfants, adultes, vieillards – sans distinction d'âge, les blessés affluent de partout, selon là où s'intensifient les combats.

Le 22 mai c'est Necker, Lariboisière, la Charité (rue des Saints-Pères dans le VIe arrondissement, à l'emplacement de ce qui est aujourd'hui un des sites de l'université Paris V-Descartes) ; le 24 Saint-Lazare (rue du Faubourg-Saint-Denis), les enfants assistés et Cochin ; le 25 l'Hôtel-Dieu alors que l'Hôtel de Ville et le siège de l'AP avenue Victoria sont la proie des flammes. Le 26, Saint-Antoine. Le dimanche 28 mai, jour de la Pentecôte, la fin des combats se déroule dans un bain de sang à quelques pas de l'hôpital Saint-Louis.

À l'époque, les hôpitaux de l'AP se répartissaient entre les hôpitaux généralistes : l'Hôtel-Dieu, la Charité, Cochin, Necker, Beaujon (alors *intra-muros*), la Pitié, Lariboisière, la maison de santé, Saint-Antoine, les cliniques, Andral et les hôpitaux spécialisés : les Enfants malades, les Enfants assistés, Sainte-Eugénie, Saint-Louis pour la dermatologie, le Midi et Lourcine pour les maladies vénériennes et la maternité. Enfin, pour les vieillards et les femmes la Salpêtrière et pour les hommes le Kremlin-Bicêtre ainsi que La Rochefoucauld, Sainte-Perrine et son voisin Chardon-Lagache. Tous ces établissements fonctionnaient avec le personnel soignant, médecins et infirmières de différentes congrégations religieuses, des administratifs et des ouvriers. Au début, la gestion des lits d'hospitalisation se faisait à l'Hôtel-Dieu avec un bureau central qui régulait les admissions pour l'ensemble des hôpitaux parisiens. Ce bureau disparut sur ordre de Möring, qui depuis Versailles veillait à limiter le pouvoir des communards. Il délégua ces admissions aux hôpitaux.

Il y avait un magasin central à la Pitié, un pavillon aux Halles assurait les besoins alimentaires, une boucherie AP aux abattoirs de Vaugirard, une boulangerie à l'hôtel Scipion et une cave à la Halle aux vins ! Mais rapidement, devant cet afflux de blessés, l'administration et les directeurs d'hôpitaux durent faire face à la pénurie et à l'absence d'argent.

Les relations avec les deux camps étaient en outre compliquées : les communards, qui voulaient la laïcité, suspectaient le personnel des hôpitaux, émanant souvent des congrégations religieuses. D'un autre côté, le personnel resté en poste était aussi suspect aux yeux des versaillais de complicité avec la Commune puisqu'il soignait leurs blessés… Le préfet de police Valentin déclara : « Le seul fait d'être resté à Paris sous la Commune est un crime. » Le personnel de l'AP a fait preuve de courage et de vaillance en continuant malgré tout de soigner toutes les victimes de la guerre civile, d'autant plus en étant confronté à deux épidémies : la variole noire et la fièvre typhoïde.

Le directeur de l'AP Möring suivit l'ordre de Thiers donné aux hauts fonctionnaires de cesser leurs fonctions et de rejoindre Versailles. Thiers voulait en effet empêcher le fonctionnement administratif de Paris. Les fédérés, qui parvinrent à garder le siège de l'AP avenue Victoria, nommèrent d'abord à sa tête Camille Treillard. Puis ils la coiffèrent directement, d'abord sous l'autorité du Comité central de la Commune, ensuite sous la tutelle de la Commission des finances. Cela fait, à la suite du décret du 2 avril « laïcisant l'État » voté à l'unanimité par l'Assemblée municipale, les communards voulurent mettre en œuvre leur politique anticléricale et antireligieuse. Ils demandèrent donc l'expulsion des aumôniers et des sœurs des hôpitaux. Mais ce ne fut que très partiellement appliqué car il était impossible de remplacer les religieuses par du personnel compétent : elles étaient, à l'époque, les plus qualifiées pour dispenser les soins.

Les médecins, eux, ne sont pas tous restés dans Paris. Le siège, la famine, le scorbut, la typhoïde, les insuffisances cardiaques, la tuberculose et l'alcoolisme frappaient la population depuis des mois : cette guerre civile est tombée sur des corps dénutris et épuisés. Beaucoup de médecins avaient déjà servi aux ambulances lors de la guerre contre les Prussiens ; la désorganisation du système de soin avec la Commune les a fait renoncer à continuer de servir. C'étaient dans la majorité des médecins de quartier ; globalement, les médecins des hôpitaux sont, eux, plutôt restés. De plus, la plupart des médecins n'adhéraient pas au projet politique des insurgés. Réunis le 24 mars 1871 dans le grand amphithéâtre de la faculté, ils votèrent la motion suivante : « La jeunesse des écoles de médecine [...] veut maintenir pleine et entière la République une et indivisible. » Le 13 avril, le Conseil de la Commune déclara : « considérant que l'organisation du service de santé de la garde nationale est défectueuse, que beaucoup de bataillons sont allés au feu sans chirurgiens et qu'il est impossible d'en trouver, la Commune décrète la formation de compagnies d'ambulances comprenant vingt docteurs et officiers de santé, soixante élèves en médecine et cent vingt brancardiers. Chaque compagnie sera divisée en escouades. Dans ces escouades on inscrira les docteurs et élèves volontaires des arrondissements. Si le nombre n'est pas suffisant, on requerra dans la classe d'hommes de vingt à quarante-cinq ans. » Si pour la Commune la structuration de la santé était très importante, elle échoua à la mettre en place, par manque de volonté des professionnels.

Malgré cela, certains d'entre eux furent héroïques en protégeant des communards, voire en allant témoigner à leur procès, comme le Dr Fraignaud, médecin à l'AP, qui intervint en avril pour libérer les vicaires de Saint-Merri pris en otages et protéger l'église du pillage (bon, il ne parvint pas à sauver le vin de messe, intégralement volé !) ; et de nouveau après la Semaine sanglante lors du procès d'un délégué local de la Commune, Gérardin, où de nouveau, il alla témoigner en sa faveur, lui évitant la peine de mort (Gérardin fut déporté).

La Commune néanmoins fit une réforme de la médecine. Édouard Vaillant présidait la délégation à l'enseignement. Lui-même médecin, il fit appel aux professeurs et aux médecins qui restaient, aux internes et aux étudiants, le doyen de la faculté de médecine étant parti à Versailles ! Un professeur d'anatomie, Dupré, et un interne, Reclus, futur professeur de chirurgie et créateur de l'anesthésie locale, réunirent les cinq cents étudiants en médecine et tous se prononcèrent contre toute ingérence de la Commune dans la médecine. Mais ils obtinrent que ceux qui étaient en cinquième année aient le titre de docteur ! Il n'y eut jamais de réforme de la médecine du fait de l'opposition des carabins. Mais beaucoup d'étudiants en médecine défendaient ouvertement la Commune, dont la laïcité, contre Versailles. Après la Commune, il ne restait que la faculté de médecine de Paris car celle de Montpellier avait été supprimée et celle de Strasbourg avait disparu à la suite de l'annexion de l'Alsace et de la Lorraine par l'Allemagne.

La Semaine sanglante commence le 21 mai par l'offensive des versaillais entrant dans Paris par la porte de

Saint-Cloud et remontant par le viaduc d'Auteuil et le pont de Grenelle vers l'École militaire. Elle s'achèvera le 28 mai, la Commune écrasée et un grand nombre de ses membres exécutés.

Le matin, une bataille s'est déroulée place de la Concorde. Dix-huit chasseurs à pied sont abattus face à la barricade érigée à l'angle de la rue de Rivoli et de la place. Les combats autour de la Concorde dureront deux jours, visant même l'ambulance qui y est installée. Un amputé a la tête arrachée par un obus. Les blessés et mourants sont tellement nombreux qu'on les pose à même le sol dans des écuries toutes proches dont les litières des chevaux n'ont pas été enlevées. L'odeur du purin, des chevaux, du sang, de la poudre se mêlent à leurs gémissements, les pansements appliqués sont très sales. Difficile dans ces conditions sanitaires d'échapper à l'infection quand bien même on a survécu à l'opération.

Le lendemain, le 22 mai, les combats font rage autour de l'hôpital de la Charité, entouré de barricades. Les blessés sont emmenés par dizaines. Les chirurgiens opèrent à la chaîne, sans quitter leur salle d'opération, le sang coule partout. Soudain, l'hôpital est envahi de Parisiens fuyant les combats et les incendies qui ravagent la rue de Lille, le quai d'Orsay et la rue du Bac. Ils s'entassent dans les couloirs, les escaliers, mais c'est un refuge : le directeur, craignant la propagation des incendies, avait fait graisser la pompe à incendie et remplir des seaux d'eau, amassé du fumier, du sable et de la terre pour protéger le lieu.

Bref répit : le 23 mai, les lignards du général Cissey et les fusiliers marins envahissent la Charité. Un officier versaillais frappe à la porte de l'hôpital. Refus d'ouvrir du directeur ! Les troupes versaillaises forcent alors la porte, entrent violemment, obéissant aux consignes de leurs chefs, eux-mêmes poussés par Thiers : arrêter le plus possible de blessés et de communards réfugiés pour les exécuter. Y compris le directeur, qui ne doit la vie sauve qu'à l'opposition des médecins.

Le 24, les versaillais campent dans la cour de l'hôpital. Ils n'ont aucune pitié et emmènent des charrettes entières de blessés fédérés au Luxembourg, où ils les fusillent tous. Même de simples passants, au mauvais moment au mauvais endroit, ainsi Daniel Salvador, altiste de talent récemment nommé directeur du Conservatoire, exécuté simplement pour avoir été vu sur une barricade.

La situation est différente à Lariboisière : la direction attend de voir comment le vent va souffler sur Paris : le rétablissement de l'ordre bourgeois et monarchique ou la République et la Commune ?

Deux hommes s'opposent pour gérer l'AP : le directeur général Treillard, qui est resté avenue Victoria, et l'agent général Möring à Versailles, qui tente d'imposer les volontés de Thiers. L'avenue Victoria stipule « ne manifester aucune opinion politique contraire à l'état des choses régnant dans Paris ». Versailles dit que « l'AP peut continuer à faire son travail à condition que les gens de la

Commune n'exigent aucune action contraire à la conscience ».

Lariboisière se tient à distance des deux administrations pour pouvoir continuer à soigner, mais autour de l'hôpital tout a changé. Le quartier a ses rues recouvertes de barricades, sur les boulevards de la Chapelle et de Magenta et rue du Faubourg-Saint-Denis. Devant une rumeur de mauvaise qualité des soins, le directeur général Treillard y ordonne une inspection, à la suite d'une dénonciation anonyme accusant les sœurs de ne pas faire leur travail. Il confirme que les augustines ne font pas de discrimination, soignant aussi bien versaillais que communards. Il n'y eut pas de pénurie de vin – les soldats buvaient beaucoup –, ce qui était la meilleure prévention du delirium tremens ! Et trois vaches fournissaient un peu de lait pour les malades. L'hôpital accueille dès le 22 mai les premiers blessés des combats. Un flux déjà tellement important que, comme à La Charité, les chirurgiens ne peuvent pas quitter leur poste une minute. Pour la seule journée du 23 mai, par exemple, le Pr Cusco en recevra soixante-dix-sept.

Et puis, le même jour, Montmartre tombe, et pour venger les deux généraux Lecomte et Thomas qui ont été tués, commence un véritable massacre. Rue des Rosiers, quatre enfants, trois femmes et quarante-deux hommes sont fusillés sans sommation. Les canonniers positionnés sur les Buttes-Chaumont tirent au canon sur la gare du Nord et sur Lariboisière car les versaillais progressent, prenant les barricades les unes après les autres. Souvent en les contournant ou en creusant dans les murs des immeubles pour les prendre à revers et tuer le plus de monde possible. Les tirs sont tellement forts qu'on déplace les blessés dans les caves de l'hôpital pour les protéger.

Le général Dombrowski, général de la commune de Montmartre, est amené à 14 heures. Venu combattre place Blanche, il s'est fait arrêter pour avoir embrassé les femmes qui tenaient la barricade. Elles étaient cent vingt à la tenir ce jour-là, avec bonnet phrygien sur la tête, robe retroussée ceinturée de rouge et dirigées par Louise Michel. Puis le général s'est rendu à la Goutte-d'Or. Acclamé par les communards, il est descendu de cheval et son cheval a été aussitôt abattu de tirs dans le thorax et dans la tête. Le général a alors pris part aux combats. Rue Myrrha, il tenait une mitrailleuse pour contenir le 45e régiment de marche du général Montaudon qui arrivait de la porte de Clignancourt. Il tournait la manivelle qui actionnait le rythme de la mitrailleuse quand il a reçu une balle en épigastrique. D'abord transporté à la pharmacie située à l'angle de la rue des Poissonniers, il est très vite emmené à Lariboisière. Où il dit : « Je vais mourir mais ne cherchez pas à me venger. Pensez à sauver la République. Les hommes ne comptent pas. » Admis au lit numéro 5 de la salle Saint-Honoré, il est examiné par le Pr Cusco qui constate une profonde blessure à l'abdomen entraînant une hémorragie interne qui dépasse les compétences chirurgicales d'alors. Il ne peut que lui donner de la glace à sucer et faire venir un aumônier. Dombrowski mourra peu de temps après, sur ces derniers mots : « Et dire que ces hommes m'accusaient de les trahir. »

Plus tard, le commandant Brioncel, fédéré, vient chercher son cadavre : « C'est notre général et nous ne voulons pas que les versaillais aient son corps. » Une voiture attelée emmène la dépouille du général à l'Hôtel de Ville où se tient une veillée funéraire sous les tirs constants et le bruit des canons… tant et si bien qu'elle doit être écourtée : les versaillais arrivent et les communards préparent l'incendie de l'Hôtel de Ville. Le brigadier Chéron, aidé par des ambulanciers, emporte alors le corps du général au Père-Lachaise où le cadavre, enveloppé dans un drapeau rouge, est posé dans un cercueil dont le fond a été tapissé de deux couvertures. Puis les gardes nationaux présents dans le cimetière défilent afin que chacun puisse lui rendre un dernier hommage.

Le 24 mai, des tirs d'artillerie éclatent depuis les Buttes-Chaumont. Alors que l'interne Henri Huchard fait sa visite dans la salle Saint-Augustin de Lariboisière, un premier obus tombe dans la salle, emportant les rideaux d'un lit et finissant sa course dans un lit vide dans un nuage de plumes et de poussière. Puis un obus incendiaire roule dans la salle, sans exploser, par chance ! L'interne continue la visite de ses malades. Mais d'autres obus tombent à leur tour, dans la cuisine, sur la galerie de la cour d'honneur, dans l'escalier de la salle Saint-Jérôme, contre la façade de la chapelle et devant la salle de garde. Les fenêtres sont criblées de balles, les différents belligérants craignent les tireurs embusqués. Les tirs sont encore pires audehors, au point qu'une ambulance qui avait été installée comme poste de secours à côté de l'église Saint-Bernard dans le XIe arrondissement fait mouvement pour se replier vers Lariboisière. Mais le fourgon qui transporte les blessés est pris sous la mitraille et tout le monde est tué.

Les bombardements sont tout aussi intenses sur l'hôpital le 25 mai. Des explosions précèdent les nuages de fumée et les gerbes d'étincelles. Les toitures sont percées, les tuiles tombent. Toutes les fenêtres sont brisées. Un obus tombe dans le caveau de linge sale, blessant trois infirmières et provoquant un incendie. Un mécanicien du nom de Robin se précipite avec quelques infirmières pour éteindre les flammes et porter secours, mais un deuxième obus tombe, qui tue sur le coup l'infirmière Mégly et Robin quelques instants plus tard, des suites de ses blessures. Il y a plusieurs blessés, dont une autre infirmière, Clémentine Baranton, qui mourra quelques jours après. Le chirurgien Aristide Verneuil décide de changer de lieu, jugeant sa salle d'opération trop exposée. À peine a-t-il quitté son amphithéâtre qu'un obus y explose. Il est installé dans la salle Saint-Louis et, alors qu'il opère une épaule, un nouvel énorme éclat d'obus tombe dans le mur. Par miracle personne ne sera blessé et il continuera son opération avec l'externe qui n'était autre que son fils.

Ce fut ainsi à Lariboisière : le personnel continua de soigner les victimes sous un feu continu d'obus et de balles. Ce jeudi 25 mai, les registres comptent soixante-et-un entrants, hommes, femmes et enfants. Dehors, ça continuait de tirer sur tout ce qui passait : ainsi un char funèbre qui se rendait au cimetière de Montmartre se retrouva sous les tirs ; un des croque-morts fut touché au genou et chuta du fourgon sur la tête. Il mourut quelques heures après, sans aucun doute d'un hématome intracrânien.

Le 26, l'hôpital essuya encore des tirs, dont certains sur la chapelle. Mais seuls neuf combattants furent admis car la guerre s'était déplacée vers l'est et le Père-Lachaise. Les tirs s'arrêtèrent enfin au soir.

Le 27, les chirurgiens purent enfin sortir de l'hôpital. En cinq jours, ils avaient vu des centaines de plaies par balles, des blessures par éclats d'obus, des membres amputés, pas de brûlures car les incendies n'avaient pas touché ce secteur.

Au total, cette Semaine sanglante fit trois victimes et une dizaine de blessés parmi le personnel de l'hôpital. Deux cent quatre-vingt-treize blessés y furent admis. Environ une centaine ne survécurent pas aux opérations, principalement des amputations ou des tentatives d'extraction de balle dans le thorax ou l'abdomen. Tous les soldats étaient désarmés à l'entrée. Lariboisière prit en charge vingt-cinq soldats versaillais et vingt-cinq fédérés, parfois hospitalisés dans des lits côte à côte. Et pendant tout ce temps, le drapeau tricolore resta accroché au fronton de l'hôpital.

Non loin de Lariboisière, l'hôpital Fernand Vidal, alors maison de santé, fut pris sous le feu d'une trentaine d'obus et d'une pluie de balles Chassepot, surtout le 23 mai, alors que les combats se déroulaient entre Montmartre et la gare du Nord. Ils hissèrent le drapeau de la Croix-Rouge pour tenter de protéger les blessés qu'ils recevaient. Le calme revint le lendemain, lorsque les militaires versaillais reprirent le quartier.

Le mercredi 24 mai, madame Bonnefoy, concierge au 72, rue du Château-d'Eau, dirigea la construction de la barricade dans cette même rue, un peu au-dessous de la gare du Nord. Le 25, les gardes nationaux reculèrent vers la place, ce fut un bataillon de femmes qui défendit la barricade. La plupart étaient très jeunes. Elles furent toutes tuées, dont cinquante-deux fusillées sur place !

L'hôpital le plus ancien de Paris est l'Hôtel-Dieu. C'est lui qui reçut les premiers blessés de cette guerre civile. En janvier 1871, les hôpitaux soignaient encore les blessés de la guerre contre les Prussiens. Le gouvernement s'apprêtait à donner l'Alsace, la Lorraine et beaucoup d'argent à l'Allemagne. Paris s'opposait à la capitulation et son peuple est venu manifester devant l'Hôtel de Ville. Une manifestation comprenant une cinquantaine de gardes nationaux conduits par le commandant Sapia, des ouvriers en armes, des centaines de femmes et d'hommes. Sapia se mit à une fenêtre du siège de l'Assistance publique situé en face de l'Hôtel de Ville. La première balle fut tirée sur l'horloge de l'Hôtel de Ville par le fédéré Pompon ! Les soldats postés aux fenêtres de l'Hôtel de Ville répliquèrent. La garde nationale, avec Louise Michel, dans ses rangs riposta. Sapia, touché, fut évacué sur un canapé dans une des salles de l'AP. Puis les soldats, baïonnettes au canon, ratissèrent la place. Sapia mourra en franchissant les portes de l'Hôtel-Dieu. Il sera l'une des premières victimes de la Commune.

Dès le 9 avril, la Commune désigna l'Hôtel-Dieu pour accueillir les gardes nationaux morts ou blessés sans identité. Le problème de la santé étant un vrai sujet politique, ils voulaient en structurer l'organisation à Paris. Il ne s'agissait pas de l'Hôtel-Dieu d'aujourd'hui, alors en construction, mais d'un bâtiment en face reconstruit après l'incendie de l'hôpital en 1772. Dans un premier temps, le directeur, hostile à l'insurrection, refusa de coopérer. Puis il déserta et partit rejoindre les versaillais. Treillard le remplaça par un dénommé Paget, un homme de confiance de la Commune. L'Hôtel-Dieu appliqua la réforme pour la laïcité. Il chassa deux aumôniers. Le journal le plus lu alors, *Le Père Duchêne*, critiquait « les gueuses de sœurs ». La mère supérieure demanda à Paget ce qu'il allait faire d'elles. « Vous garder, citoyenne supérieure », répondit-il. Puis il leur ordonna de s'occuper des fédérés, de cesser le prosélytisme, d'abandonner l'habit de leur ordre pour une robe serrée sombre, et en guise de chapelet de porter une ceinture rouge écarlate ! Plus de béguin ni de voile, mais un petit bonnet noir. Ce qui n'a pas plu au directeur général qui le tança : « Citoyen directeur, tu abuses de ta force contre des femmes, c'est malhonnête et lâche. La Commune t'a demandé de soigner des malades, non de taquiner des femmes, elles ont raison de rejeter ton chiffon rouge, elles sont neutres, elles sont libres. » C'était une simple décléricalisation. On débaptisa les salles qui portaient toutes un nom de saint. Les sœurs cachèrent les crucifix et les autels derrière des fleurs. Les deux parties le savaient et avaient trouvé un terrain d'entente. À la fin des combats de la Semaine sanglante, Paget sera arrêté et ce seront les religieuses qui prendront sa défense. Il échappera au peloton d'exécution et sera emprisonné pendant un an en prison pour usurpation de fonction.

Dans la nuit du 23 au 24 mai, un fédéré se présenta à la porte de l'hôpital pour demander du matériel afin de percer des fûts de pétrole, beaucoup utilisé pour incendier les bâtiments comme l'Hôtel de Ville mais aussi, par exemple, une barge sur le canal Saint-Martin, qui passe au-dessous de la colonne de la Bastille et que les fédérés avaient tenté de faire brûler. Mais ce soir-là ils avaient dans l'idée d'incendier Notre-Dame ! Le directeur de l'hôpital refusa, arguant que l'incendie menacerait la sécurité de ses neuf cents malades. Quelques heures plus tard, un feu se déclara pourtant dans la cathédrale. Ce sont les internes en pharmacie de l'Hôtel-Dieu qui l'éteignirent avec un pompier, bravant les ordres de la Commune, en utilisant les pompes à eau de l'hôpital et en organisant une chaîne de seaux d'eau des ruelles avoisinantes jusqu'à l'édifice. Cette nuit-là, Notre-Dame a été sauvée par les pharmaciens !

Toutes les rues adjacentes étaient barricadées. Les combats se déroulaient autour de l'hôpital. Les morts étaient déposés dans le nouvel hôpital en construction. Ils se comptaient par centaines.

Parler des massacres dans le centre de Paris, c'est aussi raconter celui de centaines d'hommes et de femmes fusillés, jeunes et vieux, dans la cour de la caserne Lobau, juste derrière l'Hôtel de Ville. Les cohortes de fédérés étaient amenées dans la cour et aussitôt fusillés à la mitrailleuse ou par des pelotons à peine complets et achevés au pistolet. Des centaines de Français massacrés par d'autres Français. Que faire des cadavres ? Tel était le problème car il n'y avait plus de place dans les cimetières. Alors on les jetait dans la Seine, dans les lacs des bois de Vincennes et de Boulogne, mais au bout de quatre à cinq jours les corps remontaient à la surface le ventre gonflé par la putréfaction – spectacle d'horreur. Des fosses communes furent alors creusées pour entasser les corps, sans identité ni signe distinctif. Après la guerre fratricide, l'horreur faisait place au sordide. Époque effrayante portant à son acmé la haine entre citoyens d'un même pays.

Les hôpitaux faisaient face à cette guerre comme ils pouvaient, de même que ces ambulances dispersées dans Paris et accueillant les victimes des lignes de front. Mais les versaillais ne les respectaient pas.

Le 16 mai, une ambulancière fut arrêtée alors qu'elle portait secours. Après l'avoir violée, les versaillais la fusillèrent. Comme ils fusillèrent de nombreux blessés, et aussi des médecins et des infirmières. Le 23 mai, l'ambulance du 7, rue des Batignolles recevait les blessés des deux camps. L'armé investit l'ambulance, les soldats tirèrent par les cheveux les fédérés dans le parc jouxtant le lieu de premiers secours. Et les achevèrent à coups de baïonnette et de tirs de Chassepot. L'épouse d'un des fusillés se précipita avec son enfant dans les bras. Elle fut tuée et l'enfant blessé. Le médecin de l'ambulance, le Dr Izquierdo, royaliste et clérical, voulut prendre en charge l'enfant. Lui aussi fut abattu.

L'ambulance du 9, place Saint-Sulpice, dans le VIe arrondissement, était installée dans le séminaire réquisitionné par la Commune. Environ trois cents blessés communards y étaient soignés. Le 24 mai, un capitaine versaillais mentit en disant qu'on avait tiré sur ses hommes d'une des fenêtres du séminaire. Il y fit irruption, pistolet au poing… Il tua à bout touchant le Pr Faneau qui s'occupait des blessés. Un soldat tira aussi au Chassepot sur le médecin qui reçut dix balles. Ce fut le signal pour les autres soldats. Dans le hall, ils exécutèrent deux ambulanciers et le garde national qui gardait le séminaire. Puis ils montèrent à l'étage et abattirent de balles dans la tête les fédérés qui étaient dans leur lit. Une centaine d'exécutés ! Les rares survivants furent traînés au palais du Luxembourg et exécutés à leur tour devant la cour prévôtale. Le jardin du Luxembourg n'était plus qu'un terrain d'exécution. Les corps étaient entassés sur le boulevard Saint-Michel avant d'être jetés dans les fosses communes.

Une autre unité à l'ambulance du Muséum massacra tous les blessés. À l'ambulance de la rue Charles-V, le capitaine de ligne versaillais demanda à la sœur infirmière de désigner les fédérés. Elle refusa. « Ma sœur, répondit le soldat, nous ne sommes pas des sauvages. Nous les fusillerons tous. Dieu reconnaîtra les siens. »

Le dimanche 28 mai, trois cents fédérés furent fusillés à la Madeleine, parmi eux de très nombreux blessés, et huit cents au Panthéon. Comme rue Mouzaïa, dans le XIXe arrondissement. À l'ambulance du 87, rue d'Allemagne, l'officier du 64e de ligne dit : « Prenez-les sans faire de choix, chacun leur tour. » Ses hommes fusillèrent même une mère qui était en train d'allaiter son enfant.

Le Dr Jules Moilin était médecin dans le VIe arrondissement et aussi membre de la mairie. Il portait la barbe, ce qui était un signe distinctif des communards. Dénoncé par un autre médecin, il fut conduit à la cour prévôtale du Luxembourg. À son procès il dit : « J'ai donné mes soins à tous, et n'ai fusillé personne. Moi je suis pour la République universelle et l'égalité parmi les hommes. » Il fut accusé d'être un des chefs du socialisme et condamné à mort. Il vivait avec une femme qui était enceinte et demanda avant son exécution de pouvoir se marier. Un prêtre et un maire furent convoqués. Et on le fusilla sur un des lions de pierre qui surmontent l'escalier menant du bassin du Luxembourg à l'allée de l'Observatoire. Il avait demandé qu'on ne lui touche pas la tête afin que sa femme puisse le voir lorsque son corps lui serait remis. Elle supplia le commandant versaillais mais il fut jeté dans une fosse commune la tête recouverte afin de ne jamais être retrouvé.

Nombreux furent les médecins exécutés par les versaillais pour avoir soigné les fédérés.

Ceux qui n'étaient pas été exécutés furent condamnés à la prison et souvent déportés.

Necker et l'hôpital des Enfants malades n'étaient à cette époque pas encore rattachés. Necker reçut ses premières victimes début avril, lors des combats pour la reconquête des forts de Vanves et de Meudon. Les chirurgiens prirent en charge des blessés qui avaient reçu des coups de sabre, des tirs, des blessures par baïonnette à bout portant ou lors de corps-à-corps témoignant de la violence des affrontements. Le directeur Desmazières resta à son poste et refusa de quitter Paris, estimant qu'il devait maintenir un cordon sanitaire entre Necker et l'avenue Victoria. Il subit des perquisitions des fédérés qui cherchaient des caches d'armes. Les sœurs furent suspectées d'empoisonner les fédérés, qui du coup faisaient goûter la nourriture avant par les chirurgiens !

Les tout premiers tirs sur l'hôpital faisant deux blessés graves, tout le monde courut se réfugier avec les malades dans les caves. Le 22 mai, les lignards remontaient dans Paris à partir de la porte de Versailles par la rue Lecourbe. Ils progressèrent en affrontant les barricades situées au carrefour avec l'avenue de Breteuil. Necker fut pris par les versaillais. Les fédérés tirèrent alors des obus sur Necker à partir des batteries installées à l'Observatoire. Après Lariboisière, Necker fut l'hôpital qui reçut le plus d'obus. Les versaillais s'en prirent aussi au personnel.

L'exécution de deux otages liés à l'hôpital marqua particulièrement les esprits. Le premier, l'abbé Michel Allard, qui portait un brassard blanc avec une croix rouge et une gourde à la ceinture, fut arrêté par les fédérés et emprisonné. Il faisait partie des otages que la Commune voulait échanger contre Blanqui. Le 24 mai, il fut le premier d'entre eux à être fusillé, sans jamais quitter son brassard blanc avec la croix rouge, ce qui permit de le reconnaître lorsque les corps furent exhumés du Père-Lachaise après la Semaine sanglante.

Le second était le père de Bengy, un jésuite qui rendait visite aux blessés. Il y distribuait des cigares. Condamné comme prédicateur, il fut conduit à la prison de la Roquette et fit partie des otages fusillés le 26 mai.

Mais Necker, bien qu'anti-communard, resta hospitalier. Ainsi, dans la salle du Pr Laboulhène, une femme qui avait été étiquetée pétroleuse, fut hospitalisée pour blessure sur une barricade en plus de sa tuberculose. Les pétroleuses étaient des femmes qui prétendument jetaient des lampes à pétrole sur les fiacres. En fait, elles n'existaient pas. C'était une légende bâtie par la presse versaillaise. Cette femme fut soignée et l'hôpital la cacha des versaillais qui cherchaient les fédérés partout ! Elle sortit de Necker avec seulement son numéro pour rester anonyme.

Au total, Necker comptabilisa cent quatre-vingt-dix blessés et cent neuf morts, la majorité après les attaques des forts. Le 17 mai, l'explosion de la cartoucherie à l'angle de l'avenue Rapp, du quai d'Orsay et de l'avenue de La Bourdonnais provoquée par les agents de Versailles en représailles à la chute de la colonne Vendôme fit deux cents morts et de nombreux blessés, presque tous envoyés à Necker. Il y eut 60 % de mortalité parmi les fédérés. Dans le camp des versaillais, on dénombra seize hospitalisés et quatre morts.

Paris comptait alors déjà des hôpitaux pédiatriques, les hôpitaux les Enfants malades, les Enfants assistés et Sainte-Eugénie. Pendant le siège de l'hôpital, les Enfants malades contigus à Necker hébergèrent une ambulance de quarante-huit lits dirigée par les sœurs de Saint-Thomas-de-Villeneuve. Elles prirent en charge cinq fédérés dont un soldat qui était un ancien enfant trouvé qu'elles avaient élevé ! Malgré sa rancœur anticléricale, il les défendait des insultes des quatre autres communards tandis que les sœurs continuaient de faire leurs prières à haute voix dans la salle. Dans la salle des enfants, les parents favorables à la Commune houspillaient aussi les sœurs qui les soignaient : « Il n'y a pas de bon Dieu, la Commune n'en veut pas. » Les sœurs décidèrent alors de coder leurs échanges entre elles. La communauté s'appelait « la famille », un jésuite « l'horloger ». Le directeur Mailfaire abandonna son hôpital pour rejoindre Versailles. Les mamans, perdues, s'installaient dans la salle ou au pied du lit de l'enfant. Tous les jours, un défilé des bataillons des gardes nationaux passait rue de Vaugirard, suivi des canons avec des femmes et des enfants dessus. Ils montaient au fort de Vanves et d'Issy-les-Moulinaux. En voyant les sœurs aux fenêtres ils criaient « À bas les prêtres ! Vive la Commune ! À bas les béguines ! ».

Le 21 mai au soir, ils repassèrent dans l'autre sens en désordre, poursuivis par la mitraille des versaillais. Le 22 au matin, la mère supérieure grimpa sur le toit de l'hôpital et vit le drapeau tricolore des versaillais. Les fédérés blessés enlevèrent alors tous leurs insignes militaires, ne gardant que leurs pansements imbibés de sang. Le soir, six cents soldats versaillais occupaient Les Enfants malades, en faisant leur quartier général. C'est ainsi que les fédérés commencèrent à bombarder l'hôpital des Enfants malades !

Le 23, les combats furent très violents. Vingt-trois morts et soixante-quatre blessés à l'ambulance de Notre-Dame-de-Sion. Les sœurs furent témoins des lignards avançant le long des murs en tirant sur les fédérés et surtout ne faisant aucun prisonnier. Ils les sommaient de se rendre et une fois capturés ils les exécutaient. Aucune pitié. Des morts et des fusillés, partout. Un pharmacien de la rue de Vanves soignait un fédéré blessé. Les versaillais l'arrêtèrent. Il réussit à être relâché, et de retour à son officine sut que le garde national avait été tué à coups de baïonnette, de même que son domestique et un coursier qui n'étaient pas soldats.

Les fédérés surgirent à l'hôpital Cochin pour enrôler des combattants le 19 mars. Mais le directeur Paulmier et les chirurgiens évitèrent les réquisitions et les enrôlements. Le 22 mai, quand les versaillais entrent dans Paris, les fédérés font une barricade rue du Faubourg-Saint-Jacques et sur les boulevards Port-Royal et Arago. Les combats firent rage les 23 et 24 mai. Des tirs touchèrent l'hôpital, les personnels et des malades. Des tirs de canon firent des morts. Au bloc, les externes qui aidaient les chirurgiens n'avaient pas un seul instant de répit. Les brancardiers faisaient la queue pour entrer dans l'hôpital avec leurs victimes. C'est le 114e de ligne versaillais qui investit le quartier. Surprenant un bataillon de fédérés rue du Faubourg-Saint-Jacques, ils les massacrèrent jusqu'au dernier en les égorgeant ou les décapitant. Quelques jours plus tôt, Verlaine faisait partie de ce bataillon de fédérés !

À côté de Cochin, il y avait à l'époque l'hôpital du Midi, spécialisé dans les maladies vénériennes. Le 23 mai, les fédérés l'investissent pour s'en prendre au directeur qu'ils croient sympathisants des versaillais. Perquisitionnant, ils ne trouvent ni armes ni versaillais. Ils veulent quand même fusiller le directeur pour complicité ; finalement celui-ci a la vie sauve. Lorsque les versaillais, plus tard, prirent à leur tour l'hôpital, ils voulurent eux aussi le fusiller… comme complice de la Commune ! L'AP le félicita d'avoir tenu durant tout le conflit son hôpital dans les règles de neutralité que le directeur Treillard avait voulue. Non loin de là, le caricaturiste André Gill s'était caché avec un ami dans les caves du théâtre de Cluny au 71 du boulevard Saint-Germain. Le 26 mai, ils entendirent soudain cesser les coups de feu et de canon, remplacés par des voix joyeuses. Depuis trente-six heures ils étaient terrés dans les caves… alors ils regardèrent à travers les grilles d'un soupirail et virent une vingtaine de cadavres fédérés criblés de balles et au-dessus d'eux les soldats versaillais qui jouaient à planter leur baïonnette dans les yeux des cadavres en éclatant de rire.

La garde nationale vint perquisitionner à l'hôpital du Val-de-Grâce pour rechercher des armes. Puis ils vinrent s'y faire soigner. Soixante-cinq au mois d'avril… dont 25 % moururent. Le 24 mai, le Val-de-Grâce fut au cœur de la bataille du Panthéon et fut bombardé de coups toutes les dix minutes par les versaillais. Il reçut plus de quatre-vingts obus ne faisant aucune victime, par erreur, car les tireurs avaient confondu les deux édifices !

Les Enfants assistés, eux, étaient situés près de l'Observatoire. Cet hôpital recevait les nouveau-nés abandonnés. Il y avait alors plus de 50 % de mortalité infantile. Les combats près du Panthéon touchèrent l'établissement. Le 21 mai, les gardes nationaux vinrent perquisitionner comme dans les autres hôpitaux, convaincus que des signaux aux fenêtres avaient été adressés aux versaillais. Quatre-vingts fédérés stationnèrent dans l'hôpital malgré les protestations du directeur et ses craintes pour ses malades. Plus les combats se rapprochaient et plus les barricades se montaient. Le 23 éclata un affrontement mené par le d'Artagnan de la Commune, Maxime Lisbonne, dressé sur son cheval noir avec son costume de zouave, sa ceinture rouge de communard et coiffé de son chapeau noir orné d'une plume rouge. « Je ne veux pas descendre de cheval, ils m'aiment comme ça », disait-il. Il perdit quatre chevaux pendant ce combat. Malgré la mitraille, l'hôpital n'eut que quelques blessés.

Le 24, la barricade de la rue d'Enfer fut bombardée, entraînant de nombreux morts. Avant de se replier, les fédérés voulaient tout incendier afin de protéger leur retraite. Ils furent dissuadés de mettre le feu aux Enfants assistés et à l'hospice qui lui faisait face. Le commandant de la barricade décida même de se replier pour ne pas aggraver les choses. Du coup, ses propres soldats le fusillèrent pour trahison !

Pendant ce temps, le directeur s'était rendu à la mairie du XIVe pour négocier l'évacuation de ses enfants au petit Montrouge. Le quartier était à feu et à sang. Les combats furent terribles dans la rue du Champ d'Asile (devenue rue Froidevaux), longeant le cimetière du Montparnasse. Un sergent du 39e de ligne chuta sur le pavé ; alors qu'il se retournait, un fédéré allait le transpercer de sa baïonnette lorsque les deux hommes se reconnurent : ils étaient frères. Maxime Lisbonne leur demanda d'arrêter la guerre afin de les protéger « de ces combats inhumains ». À 12 h 28 ce 24 mai, une série d'explosions ébranla tout le secteur. Lisbonne en se repliant fit sauter la poudrière du Luxembourg afin que les versaillais ne puissent récupérer les munitions. Les enfants étaient apeurés, protégés par les sœurs. Il n'y eut par miracle qu'une infirmière et une enfant blessées !

Il y avait aussi au Quartier latin l'hôpital des Cliniques, comprenant une centaine de lits. Le 24 mai, il se retrouva cerné par les combats. Chaque recoin était un danger, ça tirait de partout et sur tout le monde, toutes les rues surmontées de barricades. Les fédérés commandés par Varlin reculèrent de la rue de l'École de médecine vers le Panthéon. Ils laissèrent vingt-trois blessés à cet hôpital et de nombreux tués dans les rues.

L'hôpital Beaujon était alors situé en haut de la rue du Faubourg-Saint-Honoré. Il reçut surtout les victimes de la marche sur Versailles du 3 au 4 avril, avec les combats sur le pont de Neuilly. Dès le début de ces combats, Beaujon vit arriver brancards, cacolets, charrettes pleins de blessés. Les cadavres s'entassaient dans l'amphithéâtre avec au pied une étiquette portant leur nom et leur numéro de bataillon. Dans la mort les cadavres jeunes et vieux sont les mêmes, ce qui les distingue ce sont leurs blessures et certains étaient criblés de balles ! Un enfant de quinze ans fendu d'un coup de sabre gisait dans ces tas. La Commune décida de célébrer ces morts venus des combats de la côte du mont Valérien, de Neuilly, et de Nanterre. Le 6 avril, au moment de la cérémonie, quelque quarante corps et blessés arrivèrent encore dans l'hôpital. Ils croisèrent les corbillards portant trente cercueils escortés de gardes nationaux qui se dirigeaient vers le Père-Lachaise, au son de la marche funèbre de Chopin, Delescluze en tête. La Commune aimait bien les décorations et les honneurs, et chaque enterrement en était l'occasion, malgré les difficultés de trouver du bois pour faire les cercueils et de cheminer dans Paris entre les barricades pour monter jusqu'au cimetière. À Beaujon, le personnel fut accusé de manque d'empathie à l'égard des fédérés. Le directeur fut alors remplacé par un marchand de charbon, Louis Redon, qui s'était montré vaillant dans les combats. Sa première décision fut de décider de remplacer les sœurs augustines par des citoyennes. Il n'en eut pas le temps car les versaillais s'emparèrent très vite du quartier et de l'hôpital. Tous les fédérés qui y avaient été sauvés furent fusillés à leur arrivée.

Non loin de là, il y a le parc Monceau, qui se transforma en abattoir pendant la Semaine sanglante : hommes, femmes et enfants furent tués et enterrés dans des fosses communes dans ce parc.

Le 23 mai, au sud de Paris, à la Pitié, le chirurgien Paul Broca se vanta d'avoir sauvé un fédéré qui avait été blessé au périnée en lui enlevant les parties génitales. Quelques jours après l'intervention, le patient demanda au chirurgien s'il pouvait avoir des enfants : le chirurgien lui mentit pour calmer ses angoisses.

Le 24, les grilles de l'hôpital ne cessèrent de s'ouvrir et de se fermer pour laisser entrer les civières, les charrettes et les blessés tenus par des soldats valides. Tout le quartier était un champ de bataille, entre les barricades sur le pont d'Austerlitz, celles du boulevard de l'Hôpital, de la place d'Italie et celles des rues adjacentes dont celle de la Butte-aux-Cailles alors nommée rue des Champs. Il y avait des corps et des blessés partout, dans les rues, dans les immeubles. Trois internes faisaient le tri à l'entrée de l'hôpital de la Pitié. Ceux qui avaient une chance de survie étaient emmenés dans un lit de chirurgie, les autres, on les laissait mourir sur un brancard, voire à même le sol. Les bombardements sur ce quartier furent si intenses que la population vint se réfugier dans l'enceinte de l'hôpital ; il y avait tellement de monde qu'il fallut ouvrir le passage vers la Salpêtrière.

Les versaillais ont envahi la Pitié le 25 mai, un canon a même été installé dans le jardin pour canarder la place d'Italie et la Butte-aux-Cailles où les fédérés se battaient. Les versaillais cherchaient les fédérés parmi les blessés hospitalisés pour les tuer. C'est le directeur de l'hôpital qui négocia et empêcha les exécutions.

Jules Vallès quitta les combats et les barricades de Belleville. Pour cela il emprunta un costume de médecin versaillais. Il erra d'ambulance en poste de secours, tirant des charrettes de cadavres ou de blessés. Arrivé à la Pitié, il faillit être dénoncé par un journaliste versaillais, mais le directeur sut le protéger. Vallès ressortit alors de la Pitié et put s'enfuir vers les Gobelins. Il était tellement recherché que des dizaines d'hommes dans Paris furent arrêtés et fusillés car on les avait confondus avec lui !

Les hospices étaient à l'époque l'endroit où l'on mettait les personnes âgées dépendantes et les handicapés. Il y en avait deux : un pour les hommes à Bicêtre, l'autre pour les femmes à la Salpêtrière. Les deux étaient séparés par la place d'Italie, position stratégique pendant les combats. La Salpêtrière comptait par ailleurs déjà une école de neurologie.

Dès le 23 mai, la proximité des combats amena à la Pitié-Salpêtrière un afflux de vieillards, femmes et enfants. L'afflux des blessés était tel que les deux chirurgiens Vulpian et Cruveilhier traitaient directement à l'ambulance de l'hôpital. Charcot, qui exerçait à la Salpêtrière, n'était pas du tout favorable à la Commune, il faut dire qu'il était le médecin de Thiers !

Le 25 mai, les versaillais arrivèrent en logeant la Seine et par la place d'Italie où la bataille fit rage. Les fédérés battaient en retraite de barricade en barricade de la Seine vers la place d'Italie, la Butte-aux-Cailles et la mairie du XIIIe fermement tenue par le général Walery Wroblewski. Les lignards escaladèrent les murs entre la gare d'Orléans aujourd'hui d'Austerlitz et le parc de la Salpêtrière. Ils firent sauter des murs à la dynamite pour remonter au plus vite à la place d'Italie. Le directeur s'opposa aux assaillants, défendant la neutralité de l'hôpital. L'officier des lignards lui répondit : « Nous violons votre neutralité, c'est entendu, mais c'est la guerre ! » Les fédérés bombardaient l'hôpital de toutes parts pendant que les versaillais montaient des batteries dans le parc. Tous les lits proches des fenêtres furent enlevés. À leur tour les versaillais crurent que c'étaient des signaux pour les fédérés et s'en prirent au personnel !

Ils voulurent même fusiller deux suspects mais le directeur s'y opposa.

Le 27 mai, l'esplanade la Salpêtrière était recouverte de corps. On pouvait reconnaître des fédérés venus perquisitionner quelques jours plus tôt : ils avaient tous été fusillés, le thorax les ventres et les têtes criblés de balles.

Une partie de l'hôpital servit alors de prison pour les communards.

Le même jour, Michel Möring reprit l'Assistance publique en s'installant à la Salpêtrière car l'avenue Victoria fumait encore. Il fit un rapport prouvant que les versaillais avaient arraché des blessés de leur lit d'hôpital ou dans les ambulances pour les massacrer et aussi fusillé des médecins, des chirurgiens et ambulanciers pour avoir porté secours aux fédérés. C'est le 25 juin 1871 que le gouvernement rétablit le statut de l'AP d'avant la Commune en nommant Charles Blondel nouveau directeur. Il y eut une chasse aux communards : deux inspecteurs des secours à domicile et un commis de Lariboisière furent révoqués.

De son côté, l'hôpital Saint-Louis a été au cœur des combats des quartiers de Belleville et de la place de la République alors appelée place du Château-d'Eau : les communards occupaient la caserne et des barricades bloquaient tous les accès à la place. Cet hôpital accueillit le 20 mai des ouvrières. Se rendant à leur travail à Saint-Ouen, elles avaient été mitraillées par les Prussiens qui étaient à Saint-Denis. Mac

Mahon, général versaillais sanguinaire et brutal, avait signé un accord avec les Prussiens pour que Paris soit hermétique. Les Prussiens bloquaient ainsi tout le sud-est de la ville. Parmi elles, il y avait une enfant de quinze ans, le thorax mis en charpie par les balles prussiennes.

Le 22 mai, le feu enflammait quelques bâtiments dans le quartier dont le théâtre Saint-Martin. Les canons résonnaient dans Paris, les tirs les plus proches partant des Buttes-Chaumont. Le 23, les barricades encerclaient l'hôpital. Le directeur Vincent Mery fit fermer les portes, sauf aux urgences. Le chirurgien Guérin fut chargé de faire le tri à l'entrée, avec ses collègues. Le 25, les combats s'étaient rapprochés autour de l'hôpital, les tirs des mitrailleuses, la mitraille et des canons passaient dans l'hôpital. Le flux des blessés était permanent. Les fenêtres furent condamnées par des lits renversés afin de protéger les malades. Mais c'était insuffisant devant la violence des combats. À 5 heures du matin, la surveillante des religieuses, sœur Augustine, donna l'ordre de descendre dans les caves. Les capotes bleu marine de l'AP furent distribuées aux malades car les caves de Saint-Louis étaient froides. Le directeur avait interdit aux lignards de rentrer mais ils le firent par la force. Et des fenêtres des immeubles, ils tirèrent sur les fédérés qui défendaient la barricade de la Grange-aux-Belles, de la rue Saint-Maur et de la rue Claude-Vellefaux. Les fédérés se replièrent alors vers la place du Château-d'Eau. Le dernier bastion de la Commune était entre les rues de la Fontaine-au-Roi, la rue des

Trois-Couronnes et la rue des Trois-Bornes, dans le XIe arrondissement. Les versaillais voulurent entrer de force dans Saint-Louis et c'est un médecin, le Dr Lailler, qui les en empêcha en barrant la porte. Un officier s'avança pour le bousculer, c'est alors que le médecin arracha sa Légion d'honneur et la lui jeta à la figure ! Cela dissuada les versaillais d'entrer. Le médecin ne porta plus jamais sa Légion d'honneur.

Non loin de là, Saint-Martin, hôpital militaire au niveau du faubourg Saint-Martin, reçut aussi des fédérés et les médecins militaires les soignèrent. Les fédérés voulurent l'envahir pour freiner la progression des versaillais vers les Buttes-Chaumont. Un aide-major de vingt-neuf ans s'y opposa seul contre tous et obtint qu'ils repartent. C'était le jeune Laveran, qui découvrirait plus tard l'agent du paludisme. Mais les lignards, eux, envahirent l'hôpital et les fusillèrent tous !

Guerre fratricide, qui la rend encore plus violente et inique, beaucoup de soldats se battaient contre ceux-là mêmes qui étaient leurs compagnons dans les batailles précédentes. Les versaillais, ivres de vengeance et de leur victoire, pourchassaient et tuaient partout les hommes comme les femmes, les jeunes comme les vieux. Le directeur général de l'AP Treillard avait écrit une courageuse circulaire enjoignant aux responsables des établissements de ne laisser enlever aucun blessé. Tous ne le firent pas.

Sur la place du Château-d'Eau, l'Assistance publique avait ouvert un hôpital de six cents lits pour répondre aux besoins de la population avec vingt-trois infirmières et infirmiers et neuf religieuses. Dès le début des événements, la garde nationale s'installa au rez-de-chaussée, cherchant à enrôler les malades pouvant servir malgré leur état. Le 22 mai, autour de la caserne des fédérés (actuelle caserne de la garde républicaine), à côté de l'hôpital, toutes les rues étaient couvertes de barricades. Les combats étaient très violents. En cinq mois, cet hôpital reçut six cents combattants, mille trois cents civils et quatre cent onze morts.

La Commune ordonna l'évacuation de cet hôpital et pour cela réquisitionna les appartements aux alentours. Les hommes furent regroupés au Cirque national (actuel Cirque d'hiver) et les femmes dans un immeuble vers le boulevard Beaumarchais. Le cortège des six cents malades allait des plus valides aux plus handicapés, de tous âges, hommes et femmes, avec leurs matelas, couverture, des patates, des lentilles et du vin ! Sur tout le boulevard gisaient des cadavres. Delescluze fut blessé sur la barricade qui était à l'entrée du boulevard du Prince-Eugène (devenu le boulevard Voltaire). Il fut transporté devant le théâtre Déjazet où il mourut.

Le 26 au soir, à la fin des combats, il ne restait que des blessés et des médecins dans la grande construction dite des Magasins réunis qui faisait face à la caserne sur la place. C'était devenu une salle où s'entassaient les cadavres, les soldats agonisants, du sang partout et des gémissements effroyables.

Saint-Antoine était l'hôpital où avaient été regroupés les cas de variole depuis le siège de Paris. Il y avait eu mille sept cent quarante hospitalisés et trois cent quarante-trois morts de cette infection. On avait donc construit des baraques et des tentes à côté de Saint-Antoine, sur les terrains longeant la rue de Chaligny, pour recevoir les victimes de la guerre avec les Prussiens et ainsi les isoler des malades contagieux. Le 22 mai, l'entrée de Saint-Antoine accueillit ses premiers blessés de la Commune. Ils étaient triés et les mourants étaient transportés dans les petits bâtiments jouxtant l'entrée. Les blessés, eux, étaient portés dans les lits des salles pour être opérés. Le 25, les versaillais remontaient par le pont d'Austerlitz et le boulevard Mazas (devenu Diderot) en affrontant les barricades du pont et des rues Traversière et de Cotte, mais aussi par la Bastille à travers la rue du Faubourg-Saint-Antoine. Neuf corps de fédérés furent ce jour-là déposés à Saint-Antoine. Le 26, la place de la Bastille avait été transformée en forteresse avec des barricades sur tous ses accès. Les combats entraînèrent les incendies gigantesques de l'Arsenal et du Grenier d'Abondance, mais aussi des immeubles proches de la Bastille. Six heures de combat violent et sans pitié. Saint-Antoine fut submergé par les morts et les blessés. Ses salles opératoires étaient pleines. Les lignards contournaient les barricades en passant par les immeubles et détruisant les murs. Massacrant les fédérés par-derrière, n'épargnant personne. Sur le boulevard Mazas, non loin de la place du Trône (devenue place de la Nation), une petite fille de huit ans échappa à la surveillance de ses parents qui s'étaient réfugiés chez eux. Juste en sortant sur le pas de la porte, elle reçut une balle dans la gorge et mourut sur le coup, devant le passage des versaillais impassibles. Le vendredi à 13 heures un obus tomba dans l'entrée de la salle de garde de l'hôpital, conséquence du pilonnage de la caserne Reuilly. Les fédérés reculaient en direction de Nation, de barricade en barricade. Hommes, femmes, enfants, vieillards, jeunes, tout le quartier se battait aux côtés des fédérés. Chaque mètre sur le faubourg fut un véritable bain de sang et l'hôpital reçut toutes les victimes qui pouvaient accéder à l'entrée. Les versaillais pénétrèrent dans Saint-Antoine par le porche où se situait une sorte d'accueil des urgences. Ils fusillèrent tous les blessés, armés ou non. Les internes réussirent à en cacher quelques-uns dans la salle de garde. Un insurgé fut exécuté sous les yeux de ses deux enfants. Le 28, il restait trois cent soixante et un fédérés blessés. Deux cent quarante-deux par balle, soixante et un par arme blanche et cinquante-huit par éclats d'obus, et beaucoup cumulaient les trois types de blessures. Rares ont été ici les versaillais !

Le directeur Guy leur refusa l'entrée au-delà des urgences, et de dénoncer les fédérés mais les versaillais les attendirent à la sortie pour les mettre en prison et les fusiller à leur tour.

L'hôpital Sainte-Eugénie, hôpital pédiatrique, était situé alors au niveau du square Trousseau, sur le faubourg Saint-Antoine. Il y avait eu quelques incidents entre les gens du quartier, partisans de la Commune, et les filles de la Charité, la congrégation présente à Saint-Antoine et à Sainte-Eugénie. Les enfants prenaient le combat à leur compte. Séparés en deux camps, ils se battaient à coups de bâton avec des clous et des couteaux. Sainte-Eugénie reçut ainsi un enfant à l'œil crevé par un autre enfant, ou encore un qui avait pris un coup de couteau au ventre.

Comme dans tous les hôpitaux parisiens, ce fut le 3 mai que les fédérés vinrent confisquer tous les signes religieux et les noms évoquant les saints, ainsi que tout ce qui pouvait rappeler l'impératrice Eugénie. Ils cherchaient aussi des armes. Certains restèrent en poste à l'hôpital, non sans problème car ils allaient se servir en cuisine sur le compte des malades ! Des courriers avaient été saisis dont les auteurs étaient des sœurs. Comme elles s'en prenaient à la Commune, quatre d'entre elles furent arrêtées, et l'aumônier expulsé. Puis on changea le nom de Sainte-Eugénie en celui des Enfants du peuple. Au cours de la Semaine sanglante, l'établissement ferma et les blessés furent transférés à Saint-Antoine.

Les fédérés étaient respectueux des morts. Les camarades combattants et la famille si elle était là avaient en général un dernier échange et un moment de recueillement avec les mourants. Paradoxe de la pensée communarde ou vieille habitude, on faisait bénir le corps. Le catafalque était toujours orné d'un drapeau rouge. Sur le cercueil était posée la capote trouée par les balles du fédéré. Les gardes nationaux s'habillaient en grand uniforme et encadraient le cercueil. Cette coutume irritait les officiers car elle dégarnissait les colonnes de combattants le temps de la cérémonie et de l'inhumation ! D'autant qu'il était très difficile d'aller au cimetière entre les barricades et les tirs car les versaillais, eux, ne respectaient rien.

Le mercredi 24 mai, le siège de l'Assistance publique fut incendié. Son directeur Camille Treillard en avait été chassé par les fédérés. Il partit avec sa caisse et dit à sa femme : « Si dans trois jours je ne suis pas de retour, tu porteras cet argent à la mairie. C'est l'argent de l'AP, celui des pauvres. À tout prix empêche qu'on en détourne un centime. » Dans le quartier Maubert, Treillard rencontra Jean Allemane, communard, qui lui recommanda de ne pas aller plus loin car la mort rôdait, les versaillais, complètement exaltés, fusillaient tout le monde, sans distinction d'âge ni de sexe. « J'ai caché dans ma cave les 40 000 francs de l'AP, lui confia Treillard. Comme je tiens avant tout à ce que mon honneur ne soit pas terni, je rentre chez moi afin de pouvoir rendre des comptes. » Arrivé rue des Boulangers, il fut arrêté et conduit à l'École polytechnique où siégeait une de ces terribles cours prévôtales. Il ne réussit pas à convaincre ses juges qu'il était le directeur de l'Assistance publique. Confondu avec un colonel des fédérés, il fut immédiatement fusillé dans la grande cour de récréation de l'École. Puis, comme ceux de tous les fusillés, son cadavre fut posé dans les salles de billard en attendant que des femmes les transportent dans la fosse commune du cimetière du Sud (devenu cimetière du Montparnasse).

Deux jours après, sa femme en deuil se rendit à la mairie du Ve pour remettre les registres des comptes de son mari et prévenir qu'elle avait l'argent. Les versaillais l'insultèrent et la menacèrent. Elle leur rétorqua : « Je ne suis ni républicaine ni catholique. Je suis chrétienne et patriote. » Le même commandant Soney qui avait fait fusiller son mari la fit raccompagner chez elle pour récupérer l'argent. Son reçu disait « Nous, commandant du 17e bataillon de chasseurs à pied en présence du lieutenant-colonel Galle faisant fonction de maire déclarons avoir reçu de madame Treillard la somme de 37 440,80 francs. Cette somme a été délivrée volontairement par madame Treillard sur recommandation de son mari. Signé Soney. » Lui qui avait fusillé son époux !

C'est encore dans ce quartier, 29, rue Gay-Lussac, que le procureur général de la Commune, Raoul Rigault, fut arrêté, dénoncé par son voisin. Rigault se rendit pour que ce voisin ne soit pas fusillé. En marchant dans la rue, fortement escorté par un peloton, ils croisèrent un colonel qui demanda l'identité du prisonnier. Il hurla : « Raoul Rigault… vive la Commune ! » Un sergent lui tira une balle dans la tête et deux dans le thorax. Il mourut instantanément. Son corps resta sur le trottoir pendant quarante-huit heures avant que son père ne puisse récupérer son cadavre pour l'inhumer dans un cimetière. Un député fédéré, Jean-Baptiste Millière, également arrêté, fut conduit sous le péristyle du Panthéon. Le capitaine qui commandait le peloton exigea qu'il se mette à genoux. Il refusa. Il fallut deux hommes pour le faire ployer. Il cria « Vive la République ! Vive le peuple » avant de recevoir les balles sur son thorax dénudé.

Les derniers à se rendre furent les soldats et les neuf officiers fédérés qui gardaient le château de Vincennes. Les officiers furent tous fusillés.

L'hôpital militaire de Versailles, dit les Grands Communs du Château, reçut surtout des soldats de Thiers. Les versaillais y hospitalisèrent aussi fédérés blessés et prisonniers. Au total cent quarante-cinq, entre le 21 avril et le 15 mai 1871. Dont 50 % de décès. Après la bataille il continua de recevoir des blessés des deux camps de prisonniers qui avaient été montés à Satory et à l'Orangerie. Les médecins et chirurgiens militaires firent preuve de grande compétence et d'humanité. D'autres blessés venaient de Paris, mais dans des conditions de transport effroyables. La morgue était pleine. Un fédéré, Auguste Vermorel, blessé à la cuisse arriva simplement couché sur deux bottes de paille. Les cinq heures de route pour gagner Versailles l'avaient épuisé. Les médecins ne purent que constater la gangrène et le laissèrent mourir. Maxime Lisbonne aussi fut hospitalisé là pour gangrène. Au début les versaillais voulurent le laisser mourir sans soins. C'est le chirurgien militaire Dujardin-Beaumetz qui le sauva en enlevant la balle qui le détruisait et lui prescrivit une côtelette de viande par jour, deux rations de pain et quatre de vin ! Il alla mieux et fut placé à Satory mais rechuta. Réhospitalisé, il fut amputé. Puis il fut jugé et condamné à la déportation en Nouvelle-Calédonie dont il revint à l'amnistie pour habiter sur la butte Montmartre.

À Satory, les prisonniers fédérés, hommes comme femmes, étaient enfermés dans un champ. Les versaillais avaient fait des meurtrières dans les palissades et les tuaient s'ils bougeaient. Dans la nuit du 27 au 28 mai 1871, il plut beaucoup. Les prisonniers parqués sous une pluie torrentielle commencèrent à bouger. Les gardes ouvrirent alors le feu, craignant une révolte. Ce fut un carnage et des centaines de morts ! Dans ce même camp, les versaillais n'avaient mis qu'un seul trou pour uriner et déféquer. Les prisonniers devaient s'y rendre en rampant, et si la tête dépassait, un garde leur tirait dedans. Le mur était couvert de cervelle.

Longtemps après, les communards qui avaient vieilli furent mis dans les asiles et les hospices. Surtout celui de Brévannes. Ces vieux révolutionnaires râlaient contre à peu près tout mais restaient solidaires, fraternels. Le règlement, les vins, l'autorité, surtout la nourriture, comme tout Français, ils protestaient. Ils fomentèrent même des sortes de manifestations.

Après la Commune, les médecins qui avaient fait leur travail ont été mis au ban de leur profession. On dressa même une liste qui fut publiée, incluant les étudiants en médecine. Maxime Villaume était de ceux-là. Arrêté car il portait un brassard à croix rouge, il avait expliqué aux versaillais qu'il s'agissait de l'insigne de la convention internationale de Genève de 1864. Les gardes hurlèrent : « Tu es de l'Internationale... Soignez-le celui-là ! » Il allait être fusillé quand un sergent lui aussi étudiant en médecine le sauva en le faisant passer pour son cousin. Il deviendra par la suite le meilleur mémorialiste de cette période sanglante de notre histoire.

Bilan des dix semaines de la Commune retrouvé dans les archives de l'AP : la moitié des blessés opérés sont morts en post-opératoire de complications infectieuses. Quinze cas de tétanos, une centaine de brûlés avec une mortalité de 15 %.

Trente mille fusillés au hasard dans les rues est probablement un chiffre en dessous de la réalité vu le nombre de cadavres entassés un peu partout.

Thiers écrivit aux préfets : « Le sol jonché de cadavres ! Ce spectacle affreux servira de leçon. » Il est responsable de cette guerre civile et de ce carnage.

Mais il ne faut pas s'arrêter à la Semaine sanglante. Dans les mois qui ont suivi, des communards ont été jugés et fusillés, les autres déportés en Nouvelle-Calédonie ou en Guyane où beaucoup sont morts de maladies infectieuses.

Paris était recouvert de cadavres. Impossible de tous les enterrer dans des cercueils et de les identifier. Des fosses communes furent creusées. Dont celle au Père-Lachaise où les terribles derniers combats eurent lieu entre les tombes, près de celle de Balzac notamment. Des milliers de femmes et d'hommes y furent fusillés. Le square Saint-Jacques rue de Rivoli fut transformé en charnier où les cadavres étaient jetés, les fusillés de la cour martiale du Châtelet, de la caserne de la Cité comme de la caserne Lobau. L'odeur de la putréfaction envahissait l'espace et la vision des corps dépassant de la terre, mal recouverts, rendait la mort présente partout.

Les corps se décomposaient dans les rues et les mouches et les rats arrivaient en masse. Les autorités eurent peur de la peste. Paris fut alors recouvert de chaux vive et devint une ville toute blanche comme en hiver sous la neige.

La chanson *Le Temps des cerises* avait été écrite en 1866, mais elle était chantée sur les barricades et depuis elle incarne le symbole de la tragédie de cette guerre civile.

Les idées de la Commune restent à gauche et la loi de 1905 fut sans doute le plus beau prolongement de ses idéaux, avec le droit de vote des femmes à la Libération, et plus récemment le mariage pour tous.

De mars à mai 1871, la Commune de Paris a fait au moins, selon moi, cent mille morts. Les chiffres officiels sont minimisés depuis et ça reste un tabou en France.

VINCENT VAN GOGH
Le noir du jaune

Auvers-sur-Oise, le 29 juillet 1890, par une chaude nuit d'été, Vincent Van Gogh meurt. Écrire son agonie, c'est peindre les mots en jaune, mettre du rouge aux ponctuations, du vert en fond de page, et tourner les lettres jusqu'à les tordre pour qu'aucune ne soit identique à l'autre et forme un ensemble que nous pourrions contempler comme la mer violette, vert-bleu, que Vincent aimait regarder. Mettre un ciel aussi clair et lumineux que sa toile de « la nuit étoilée » au-dessus de la page pour comprendre un peu mieux la mort de ce génie.

Le drame de Vincent, c'est celui de milliers de malades qui à la fin du XIXe siècle étaient dits aliénés. La folie n'est alors pas soignée mais enfermée, ligotée, oubliée dans des asiles. Freud commence tout juste ses travaux et la psychiatrie ne s'écrit que par la description sémiologique empirique de la folie. Il n'existe aucun traitement des pathologies psychiatriques.

Deux choses sont essentielles dans la vie de Vincent Van Gogh : la peinture et son frère, Théo, de quatre ans son cadet. Ils ont une relation fusionnelle et Théo paie à peu près tout pour permettre à Vincent de créer. Dessiner, peindre, se fondre dans ses toiles, seuls moments où ses angoisses se calment. Théo croit en l'art de Vincent. Les deux frères échangent des lettres tous les jours, un peu comme les SMS, les mails d'aujourd'hui mais avec des crayons et du papier, ce qui nous permet d'avoir presque toutes les lettres de Vincent Van Gogh.

À trente-deux ans, il apprend qu'il a contracté la syphilis avec une prostituée. Il n'y a pas de traitement, alors Vincent s'angoisse à l'idée de la mort. Il la peint : *Crâne de squelette fumant une cigarette*, tableau surréaliste représentant un squelette coupé aux épaules qui fume une clope avec une sorte de sourire. Dès que Vincent ressent, pense, analyse, souffre, il en fait un dessin, une peinture, et le plus souvent il l'écrit à Théo.

De mars à juin 1886 il vit à Montmartre, au 25, rue Victor-Massé (alors rue Laval), puis au 54, rue Lepic jusqu'en février 1888. Il se fournit chez Tanguy, au 14, rue Clauzel.

Vincent est un torrent bouillonnant de création. Il a une approche technique singulière, une érudition des couleurs. Il souhaite échanger avec ses alter ego, Toulouse-Lautrec, Seurat, Gauguin, Émile Bernard, Armand Guillaumin, Lucien Pissarro, Charles Angrand, Paul Signac, Louis Anquetin, comme eux rêve d'accéder à la notoriété. Chaque semaine Lautrec réunit cette bande pour boire, rire, regarder leurs toiles faites dans la semaine, mais Vincent, timide, ne dit pas grand-chose et repart avec les siennes, déçu que personne ne les ait remarquées. Et puis entrer dans ce milieu ne se fait pas sans l'absinthe, cet alcool vert que Vincent peindra, ni la fréquentation assidue des maisons closes parmi les plus de cent cinquante implantées à Paris. Il désespère dans ce Paris, finalement. Lui qui aime tant la nature et plus encore les couleurs, il choisit Arles.

Il y arrive le 20 février 1888 après quinze heures de train. D'emblée il aime ce Sud, cette ville, la nature autour, les couleurs chaudes, le mistral. Il travaille tout le temps. Souvent ivre, de cette ivresse que donne l'absinthe à propos de laquelle il dit qu'il aime « se monter le cou », et fumant énormément, ce qui, pense-t-il, stimule sa création. En voyant la mer, il écrit à son frère : « La Méditerranée a une couleur comme les maquereaux, c'est-à-dire changeante, on ne sait pas toujours si c'est vert ou violet, on ne sait pas toujours si c'est bleu, car la seconde d'après le reflet changeant a pris une teinte rose ou grise. » Il observe les couleurs avec passion et rigueur. Ses yeux sont des détecteurs de couleurs, de formes, de perspectives, il est capable de décrypter la nature pour la reconstruire sur ses toiles.

Soucieux de l'argent que Théo lui donne – « j'use énormément de toiles et de couleurs, mais j'espère ne pas perdre de l'argent tout de même » –, il finit par louer une petite maison place Lamartine qui deviendra la maison jaune. C'est pour lui une période de création riche et prolifique, témoin de son bon moral, de son calme. Ni délire ni signes psychiatriques, juste un alcoolique jovial… en somme un artiste au travail.

Il peint l'extérieur de sa maison place Lamartine en jaune. « Maintenant nous avons une très glorieuse forte chaleur sans vent ici, qui fait bien mon affaire. Un soleil, une lumière, que faute de mieux je ne peux appeler que jaune, jaune soufre pâle, citron pâle or. Que c'est beau, le jaune. » Alors il en met beaucoup dans ses toiles, car c'est « la couleur de l'amour » ! Certes, il peindra aussi le vert de l'absinthe – il ne cache pas ses travers, ses défauts, il les connaît. Après ses journées de travail, il dort d'une traite douze à seize heures ! Il vit bien, il va au bordel et dit « le coït est le moment de l'infini ». Aucune crise de quelque sorte que ce soit. Il peint. Il boit. Il baise. Il dort. Tout va bien, sauf que ses toiles ne se vendent pas… Il est incroyable d'imaginer tous ces chefs-d'œuvre qui s'empilent dans la maison jaune dans l'indifférence générale, sauf celle de Théo.

Vincent est captivé par Gauguin, il entretient aussi une relation écrite avec lui, le peintre l'obsède, en quelque sorte. Gauguin accepte de quitter Pont-Aven pour venir travailler à Arles le 23 octobre 1888, par intérêt financier, Théo lui donnant de l'argent. Vincent est heureux de lui montrer ses œuvres, son enthousiasme pour la région, la richesse des couleurs. Gauguin constate le génie de Van Gogh et ce n'est plus un travail commun qui commence mais un véritable duel psychologique entre les deux artistes. Vincent exulte dans les autoportraits, les personnages d'Arles, les champs de fleurs, les arbres, il produit beaucoup, il est sensible, à fleur de peau, concentré sur son art... De cinq ans son aîné, Gauguin est un ancien militaire, un sportif, un lutteur, boxeur, escrimeur, il a été marin, c'est un homme robuste, dur, il a travaillé aussi en Bourse et connaît la réussite sociale par l'argent. Plus laborieux dans la création, le style de ses couleurs, sa peinture est différente de celle de Vincent. Les deux hommes travaillent toute la journée, chacun à son chevalet. Le soir ils vont boire, beaucoup, puis se rendent au bordel, chacun sa prostituée. C'est là que Gauguin attrape la syphilis. Les préservatifs n'existaient pas et l'hygiène était très précaire dans ces bordels où les maladies sexuellement transmissibles s'échangeaient comme des poignées de main ! Ils peignent des portraits des femmes dans ces bordels, comme le fait aussi Toulouse-Lautrec. Vincent aime ces personnages, il arrive à faire passer dans ses toiles leurs sentiments et la dureté de leur vie.

Mais à force de passer ses journées avec Gauguin, Vincent commence à avoir le moral qui chute et à se dévaloriser. « Je trouve excessivement communes mes conceptions artistiques en comparaison des vôtres, lui écrit-il. J'ai toujours des appétits grossiers de bête, j'oublie tout pour la beauté extérieure des choses, que je ne sais pas rendre car je la rends laide dans mes tableaux, et grossière alors que la nature me semble parfaite. » Il se plaint de douleurs aux yeux qui peuvent correspondre à des migraines, il est très angoissé.

Vincent écrit à Théo : « Lui si sûr, si tranquille. Moi si incertain, si inquiet. » Tout les oppose, y compris dans leur art : Gauguin se fiche de l'exactitude, Vincent veut arriver à la précision. Au fil du temps, Gauguin va briser les certitudes de travail et l'équilibre psychologique de Van Gogh, qui est devenu dépendant de son discours. Vincent écoute les récits de voyage, d'aventures sportives, de lutte de Gauguin, et lui qui est toujours resté devant ses toiles se sent minable, et personne n'est là pour lui dire qu'il se trompe. Théo est loin, il ne voit pas le drame se dessiner. Gauguin était-il un narcissique pervers ?

Vincent sombre dans le désespoir, doucement et sûrement. Il écrit encore : « C'est bien moi, mais moi devenu fou. » Les deux hommes finissent par ne plus pouvoir rester ensemble. Un soir, ils se disputent au restaurant. La colère de Vincent décide Gauguin à rentrer à Paris. Le lendemain matin, il y a un attroupement devant la maison jaune. Les gendarmes sont là. Gauguin entre dans la maison. Vincent est couché dans son lit, ses draps sont ensanglantés. En fait, après leur dispute, il s'est coupé un petit bout du lobe de l'oreille gauche, il l'a emballé dans du papier journal et il est allé le porter à une prostituée, Rachel, en lui disant : « Gardez cet objet précieusement. » Découvrant ce que contenait le papier journal, Rachel a alerté la police. À présent, Vincent dans un état léthargique mais conscient car une petite plaie à l'oreille n'engendre jamais de coma. En réalité, il décompense ses angoisses et il est entré dans une phase de mélancolie avec des idées suicidaires. À cette époque, le suicide est puni par la loi.

La police l'hospitalise à l'hôpital d'Arles. Les médecins ne comprennent pas ce qu'il a. Il est placé en cellule ! C'est ainsi qu'à l'époque on prenait en charge les tentatives de suicide. On finit par l'étiqueter épileptique bien qu'il n'en ait pas les symptômes. Au vu des descriptions, il semble plutôt qu'il soit en pleine bouffée délirante ou en accès maniaque.

Gauguin est resté une année avec Vincent et elle se termine par cet internement.

Les médecins sont convaincus que le jeune peintre va mourir, sans doute parce qu'il est plongé dans un état catatonique. Mais peu à peu il récupère. Le 7 janvier 1889, selon les médecins il est guéri, sans que l'on sache trop de quoi… toujours est-il qu'il sort. Théo veille sur lui. L'amour entre Vincent et Théo est un véritable amour fraternel, généreux, attentif, protecteur, et c'est ce qui tient Vincent.

À la lecture de ses lettres, on voit que Vincent reste très déprimé. Sa peinture s'en ressent : il peint des natures mortes. Lui qui dormait si bien souffre d'insomnies qu'il traite en mettant du camphre dans sa literie en grande quantité. Il s'inquiète du coût de son hospitalisation car évidemment il n'y a pas de Sécurité sociale et le malade doit tout payer ! Il s'angoisse pour ce qu'il coûte à Théo car ses tableaux ne se vendent pas. Il regrette cette dispute terrible avec Gauguin et dans une lettre suggère qu'ils s'aiment encore et qu'ils pourraient retravailler ensemble. Mais Théo refuse un retour de Gauguin. C'est à cette époque que Vincent peint son célèbre autoportrait avec sa toque de fourrure et son pansement à l'oreille gauche. La cicatrisation de l'oreille a été rapide mais il est possible que Vincent ait trouvé avec ce pansement l'expression visuelle de sa souffrance morale.

Il commence à évoquer des hallucinations auditives. Ses angoisses deviennent terriblement invalidantes. Seul le travail le distrait, parvient à le concentrer, tel un état méditatif. Ses insomnies sont traitées au bromure de potassium, traitement au mieux inutile au pire risquant d'entraîner une très grave hyperkalimémie, c'est-à-dire une augmentation du potassium dans le sang qui peut être létale. Progressivement ses angoisses le submergent. Il a peur d'être empoisonné. Il l'écrit à Théo. Il n'est pas facile pour lui de vivre à Arles car il est devenu le fou du village, celui dont on se moque, dont on parle, qu'on évite… Les rumeurs contre lui se multiplient.

Au point qu'il est de nouveau arrêté et interné, à la suite d'une dénonciation au maire de la ville. Il ne peut même plus écrire à Théo, tout lui est interdit. C'est son ami le peintre Signac qui réussit à le faire sortir et revenir dans sa maison jaune où les scellés ont été posés. Dedans, tant et tant de chefs-d'œuvre, empilés ou accrochés au mur… Personne n'imagine que des années plus tard, tous ces tableaux vaudront des millions et seront exposés dans le monde entier ! Vincent est autorisé à repeindre, enfin, alors il fait un nouvel autoportrait pour montrer sa souffrance, la dépression si profonde qui l'envahit un peu plus chaque jour comme un brouillard qui recouvrirait sa lumière, ses couleurs, sa vie si précieuse.

En avril 1890, le médecin de l'hôpital d'Arles lui conseille de quitter la maison jaune pour un petit appartement. Il le fait, mais son moral est en berne. Le 21 avril, il demande à Théo à être interné à l'asile d'aliénés de Saint-Rémy-de-Provence. Il s'avoue « incapable de recommencer à reprendre un nouvel atelier et d'y rester seul »… Vincent est à bout de forces, l'idée d'être avec d'autres malades va le rassurer. Ces malades qui vont le regarder peindre et se calmeront de leur propre folie en voyant ses toiles ! Le génie et la folie ; la folie et le génie, la création artistique comme thérapeutique à la folie… Sans le savoir, Vincent invente une thérapeutique moderne. Théo trouve un accord financier avec le directeur de l'asile de Saint-Rémy qui permet une hospitalisation selon des conditions particulières. Cent francs par mois, au début Vincent ne pourra pas peindre à l'extérieur, et il n'aura pas de vin à table. Il entre à l'asile le 8 mai 1889.

Au début, il présente de grands états de panique « où je ne savais pas le moins du monde ce que je disais, voulais, faisais… C'est des angoisses terribles, parfois sans cause apparente ou bien un sentiment de vide, de doutes, et de fatigue dans la tête. Des mélancolies, des remords atroces… ». Mais l'environnement de Saint-Rémy va beaucoup l'aider et ses lettres à Théo redeviennent enjouées et parlent de sa création : « Ah ! mon cher Théo, si tu voyais les oliviers à cette époque-ci… » Vincent se sent en sécurité. Le Dr Peyron, qui gère l'asile, n'a rien d'un psychiatre. Il évoque lui aussi des crises d'épilepsie bien qu'aucun symptôme ne permette de dire que Vincent souffrait de ce mal. Il n'a jamais fait de crise tonico-clonique généralisée ni même de crises partielles.

Vincent est profondément laïque mais l'ambiance catholique de l'établissement le gêne peu. Le plus important pour lui est de peindre, de revenir dans son monde de couleurs, d'atteindre une perfection dans sa création.

Sans traitement à cette époque, les maux psychiatriques se soignent par l'absorption du fameux bromure de potassium, du quinquina, du mercure, la contention, et aussi l'enfermement, les camisoles, les bains d'eau froide ou d'eau chaude ; on fait vomir les patients, on leur fait des lavements, c'est les débuts des chocs électriques, des méthodes qui secouent, de véritables passages à tabac… Par exemple, aux maniaques on fait des saignées, carrément au niveau des veines jugulaires, des membres inférieurs ou de l'artère temporale, provoquant des hémorragies très graves ! Tout cela n'améliore pas l'état des malades et il est facile d'imaginer les soignants devenus tortionnaires, combien de victimes sont mortes de tels traitements, nul ne sait !

Vincent prend deux bains de deux heures par semaine, par la prétendue hydrothérapie. Il a des périodes de catatonie, immobile sur son lit. « Je puis arriver à considérer la folie comme étant une maladie comme une autre », écrit-il, mais il s'inquiète car il entend dans l'asile « des cris et des hurlements terribles comme des bêtes dans une ménagerie ». S'il n'aime pas la nourriture, il apprécie que les malades s'entraident, le regardent avec discrétion et le laissent peindre dans le calme. Au fond, Vincent est nourri, logé et entouré par des gens qui le sécurisent alors il récupère doucement, reprend un peu d'assurance et son moral remonte un peu. C'est le 17 juin de cette année qu'il peint *La Nuit étoilée*, un chef-d'œuvre bâti comme une belle équation mathématique. Il est au summum de son art.

Il ne boit plus d'alcool, ne fume plus et ne va plus au bordel. Il peint sans arrêt, jusqu'à vingt toiles en même temps. Il écrit à Théo : « J'espère que tu détruiras un tas de choses trop mauvaises dans le tas que je t'ai envoyé… » Satané autodénigrement.

Début juillet, il replonge dans une phase de grande dépression et il ne fait plus rien. En pleine crise d'angoisse, il a peur de tout. Il se dit qu'il devient fou. Il a des pulsions suicidaires. Un jour, il fait un geste très symbolique de sa psyché : il avale des tubes de peinture, ses tubes de couleur, comme s'il voulait entrer dans ses tableaux, dans ses univers figés qui devaient lui procurer une sécurité physique et psychique. On le fait vomir, on lui fait des lavements. Son suicide est raté. Au même moment, selon Théo, ses toiles commencent à intéresser le marché de l'art.

En septembre, Vincent recommence à peindre mais ses toiles témoignent de son état psychique : il se peint apeuré, affaibli, terrassé, les verts ont remplacé les jaunes. Il demande à sortir de l'asile. Théo est d'accord. Mais où aller ? Pissarro suggère Auvers-sur-Oise, au nord de Paris, où exerce et vit le Dr Gachet, ami des impressionnistes. Ainsi Vincent serait en sécurité, il pourrait peindre car les paysages sont beaux et la ville calme.

Cela va prendre des mois. À Noël, il fait une nouvelle crise d'angoisse, aiguë. Il écrit à sa mère, il se reproche tout du passé avec son père. Il rumine ses peurs et ses regrets. Il est dans la péjoration de tout. Il refait une tentative de suicide en avalant de nouveau ses couleurs mais cette fois il ajoute de l'essence de térébenthine, qui peut être nocive. Mais il n'a pas d'intoxication aiguë, ce qui laisse supposer qu'il n'en a pas bu beaucoup. Les médecins veulent lui confisquer son matériel. Théo intervient pour qu'ils le lui laissent.

Vincent souffre de maniaco-dépression, avec des états anxieux graves. L'alcool a sans doute aggravé ses angoisses et son autodénigrement car il a beaucoup bu avant d'être à l'asile. Il existe très peu d'arguments pour parler d'une syphilis évolutive. Tous ses symptômes coïncident avec une maladie bipolaire grave.

C'est le moment où, enfin, son travail commence à séduire le public : Vincent Van Gogh a un franc succès au Salon des indépendants.

Pendant ce temps, Théo prépare savamment l'arrivée de Vincent à Auvers-sur-Oise. Il rencontre le Dr Gachet, qui est convaincu de pouvoir soigner son frère.

À Saint-Rémy, le médecin en charge de Vincent signe le mot guérison et le peintre sort de l'asile le 17 mai 1890. Il retourne tout d'abord à Montmartre dans un petit appartement au 8, cité Pigalle. Toulouse-Lautrec, Pissarro viennent le voir… Ils se rendent rue Clauzel chez le père Tanguy où des centaines de toiles de tous ces peintres sont entreposées !

Vincent arrive à Auvers-sur-Oise le 20 mai 1890, accompagné par Théo. Il est très attendu par le Dr Gachet. Il aime ce petit village, et l'auberge Ravoux où il va habiter. Vincent peint de nouveau tout le temps. Il fait des portraits de tous les gens du village. Vincent est passionné par les étendues de jaune des champs de blé. Il peint comme captivé par sa couleur préférée. Il travaille comme une « locomotive », dit-il. Les champs de blé aux corbeaux, la rue à Auvers, la mairie d'Auvers le matin du 14 juillet…

Mais son moral s'érode un peu plus chaque jour et ses angoisses reviennent très vite. Il s'inquiète de l'évolution de sa vie, de la charge qu'il représente pour Théo. Ce sera le facteur déclenchant de sa dernière tentative de suicide, celle qui l'emportera : être un poids dans la vie de Théo qui allait partir en vacances avec sa femme et son bébé, en Hollande. Vincent a sans doute vécu la perspective de ce départ comme un abandon, une solitude à venir insurmontable.

Le dimanche 27 juillet 1890 dans l'après-midi, Vincent quitte l'auberge Ravoux. Personne ne voit le petit pistolet qu'il a pris à l'aubergiste ou acheté. Il se rend dans un champ et bien maladroitement, se tire une balle dans le thorax de sa main droite, sans doute tangentiellement. Le cœur, l'aorte et les gros vaisseaux ne sont pas touchés car il ne meurt pas. Il a une hémorragie interne dans les poumons mais pas de manière excessive ni rapide, ce qui explique qu'il a pu se relever et marcher vers l'auberge. Ravoux le voit rentrer vers 20 h 30, mains sur le thorax, penché en avant, titubant. Il monte le petit escalier pour gagner sa chambre à l'étage. L'aubergiste va le voir. Vincent s'est allongé sur le lit, il ouvre sa chemise et dit : « Voilà, j'ai voulu me tuer, je me suis raté. »

Ravoux redescend les marches quatre à quatre et court chercher le Dr Gachet. Il est 21 heures. Gachet accourt avec sa bobine à induction, une pratique aussi folle qu'irréaliste et totalement inutile qui consistait à envoyer au patient du courant électrique ! Il examine la plaie, la balle est restée dans la partie thoracique. L'hémorragie interne continue dans le champ pulmonaire. Pour Gachet et l'un de ses confrères appelé en urgence, la balle s'est dirigée vers la colonne vertébrale, mais ce n'est qu'une hypothèse car si la balle avait atteint la moelle, Vincent n'aurait pas pu se relever et marcher jusqu'à l'auberge. Ils décident de ne pas l'emmener consulter un chirurgien à Paris ni à l'hôpital car ils estiment que c'est foutu. Ils se contentent donc de regarder Vincent se vider de son sang à cause de l'hémorragie interne. Le Dr Gachet avait une aversion pour la chirurgie, peut-être même qu'il n'y croyait pas et préférait les cultures ésotériques… Vincent n'a jamais eu de chance avec les médecins !

Adossé à son oreiller, Vincent, le teint pâle, demande à fumer sa pipe et à boire (l'hémorragie donne soif). Gachet ne reste même pas au chevet de son malade, il fait porter une lettre à Théo puis rentre dormir chez lui, laissant son fils de seize ans garder Vincent seul dans sa petite chambre de l'auberge. Théo, prévenu, arrive à bride abattue le lendemain matin. À son arrivée, Vincent lui dit : « Encore raté… Ne pleure pas, je l'ai fait pour le bien de tous. »

La rumeur entre-temps est parvenue aux gendarmes qui viennent interroger Vincent pour confirmer que ce dernier a bien voulu mettre fin à ses jours – ce qui est réprimé. Vincent confirme son geste. Il était bien incapable de mentir.

Dans la chambre mansardée, Vincent fume sa pipe. Théo s'est assis sur une chaise à côté du lit. Comme dans toutes les plaies par balle, l'hémorragie précède l'infection. Le soir, la fièvre monte. Le poumon droit a dû se remplir de sang, un hémothorax, et la dyspnée est arrivée. Vincent a du mal à respirer. Théo s'assied sur le lit et cale la tête de Vincent au creux de son bras, comme un père endort son enfant. « Je voudrais pouvoir mourir ainsi », murmure Vincent. La dyspnée s'aggrave, le choc hémorragique et l'infection aussi, Vincent dit : « Je voudrais rentrer maintenant. »

Il meurt d'un arrêt cardiaque à 1 h 30 du matin, le mardi 29 juillet 1890, par une chaude nuit d'été.

Au matin, le Dr Gachet dessine (comme un pied) le portait de Vincent sur son lit de mort. Le charpentier se met à l'ouvrage pour faire le cercueil. L'enterrement est prévu à 14 h 30 le mercredi 30 juillet. Mais le curé d'Auvers-sur-Oise vient dire qu'il ne dira pas la messe ni ne fera l'inhumation et ne prêtera pas son corbillard car il s'agit d'un suicide… la compassion de l'Église de l'époque ! C'est le curé de la ville de Méry qui céda son attelage, mais lui aussi refusa de faire une cérémonie.

Les amis arrivent, Tanguy, Pissarro, Toulouse-Lautrec… On a installé le cercueil dans la pièce du fond de l'auberge Ravoux, qui servait d'atelier à Vincent. Autour de la bière sont exposées ses dernières toiles. Son chevalet, sa palette, son pliant et ses pinceaux sont posés devant la bière, comme s'ils attendaient de partir au travail. Après une exposition du corps, le cercueil est fermé et paré d'un drap blanc recouvert de fleurs, des tournesols, des soleils, des dahlias jaunes, des fleurs jaunes en quantité pour dire combien il était attaché à la nature. À 15 heures, ses amis soulèvent le cercueil et le portent sur le corbillard. Théo pleure à gros sanglots, sans s'arrêter. La petite assemblée en cortège se rend directement au cimetière sans cérémonie religieuse, avec comme seule musique les pleurs des uns et des autres. Ils longent sous le soleil brillant et chaud de l'été les champs de blé que Vincent aimait tant. La sueur au front et les larmes dans les yeux, le cortège arrive dans le cimetière qui vient d'être créé au milieu de ces grands champs. Le cercueil est descendu dans la tombe le long du mur. C'est une journée où Vincent aurait tant aimé peindre la nature et savourer toutes ces couleurs de l'été, le jaune des blés… Le Dr Gachet se croit obligé de lire un discours mais il pleure tellement que personne ne comprend bien ce qu'il voulait dire. Seul le silence pouvait être à la mesure de la grandeur de Vincent Van Gogh. Théo écrit à sa mère : « La vie était un tel fardeau pour lui ; mais maintenant comme cela se produit souvent, chacun est plein d'éloges pour son talent… » De retour à l'auberge Ravoux, Théo propose aux amis de prendre des toiles de Vincent. C'est le Dr Gachet qui en prend le plus, avec l'aide de son fils ! En rassemblant les affaires de Vincent, Théo trouve dans sa poche une lettre inachevée, comme un brouillon, qui se termine par « Eh bien mon travail à moi, j'y risque ma vie et ma raison y a sombré à moitié (bon) mais tu n'es pas dans les marchands d'hommes pour autant que je sache, et tu peux prendre parti, je le trouve, agissant réellement avec humanité, mais que veux-tu ? » Vincent toujours pensait à Théo, au problème de l'argent et du travail.

Théo continua d'entreprendre de faire connaître l'œuvre de son frère. Lui-même souffrait d'infection pulmonaire, sans doute de tuberculose, et de calculs rénaux. Il souffrait de pyélonéphrite. Six mois après le décès de Vincent, il eut un accident vasculaire cérébral qui engendra une paralysie puis un coma compatible avec une hémorragie méningée. Théo mourut le 25 janvier 1891. Inhumé d'abord à Utrecht où il vivait avec sa femme et son enfant, il fut exhumé et enterré à côté de Vincent à Auvers-sur-Oise en 1914.

Les deux frères sont l'un à côté de l'autre, comme ils aimaient être. Leur tombe est recouverte de lierre et régulièrement des gens demandent dans leurs dernières volontés que leurs cendres soient répandues sur leur tombe… ce conglomérat de cendres de gens venus du monde entier aurait amusé Vincent, qui est avec son frère pour l'éternité.

Les tableaux de Van Gogh se contemplent tous les jours. Regardez un champ de blé, des oliviers au vent, des étoiles, une maison au soleil et Vincent est là. Ne troublez jamais l'artiste qui crée car il fait un univers.

Vincent Van Gogh est mort à trente-sept ans.

SITTING BULL
– *Tatanka-Iyotanka he miye* –
L'Indien qui dérangeait l'Amérique

Décembre 1890, Dakota. Dans la réserve sioux de Standing Rock, McLaughlin, l'administrateur du camp, est furieux. Sitting Bull et sa tribu, enfermés dans cette réserve, entament la danse des Esprits. Sur des rythmes de tambours, une basse au temps et des tambourins à la croche, tous les membres de la tribu dansent, un peu comme dans une rave party d'aujourd'hui, ils sont excités. Refusent d'arrêter, malgré les ordres de McLaughlin, et affirment que leurs tuniques sont à l'épreuve des balles. L'agent du gouvernement a peur d'un soulèvement.

Alors il nomme quarante-trois d'entre eux policiers. Ce sont des frères d'armes et même des parents de Sitting Bull, mais qui ne l'aiment pas. Le truc le plus fallacieux pour diviser un groupe : donner du pouvoir aux traîtres, favoriser les inimitiés qui vont scinder l'ensemble.

Ce 15 décembre 1890, le matin est glacial, le jour pas encore levé. Afin de ne pas réveiller les autres membres de la tribu, les policiers sioux arrivent doucement à cheval devant la cabane où dort le chef. Ils l'encerclent, ouvrent la porte à coups de crosse de fusil et pénètrent tous dans la pièce. Ils allument une allumette puis la lampe à pétrole accrochée au mur. Réveillé en sursaut, Sitting Bull se dresse dans son lit. Les Indiens vêtus de neuf en soldats de l'armée des États-Unis l'attrapent sans ménagement. Tout va très vite. Weasel Bear tient son bras droit, Eagle Man son bras gauche. Ils le relèvent. Sitting Bull est nu. Le lieutenant Bullhead, qui dirige l'escouade, lui pose la main sur l'épaule et dit : « Je t'arrête. » Le sergent Shave Head ajoute : « Frère, nous sommes venus pour te capturer. » Red Tomahawk ajoute, menaçant : « Si tu te débats, tu seras tué sur place » et il lui passe les bras autour de la taille. Fait prisonnier, Sitting Bull dit juste « *hau* », oui en sioux. Il n'y avait pas de garde autour du chef. Juste deux vieux qui sortent rapidement dans le noir et sa femme qui leur lance : « C'est bien la jalousie qui vous pousse à agir ? »

Elle alerte ses fils : « Ils sont venus chercher votre père, sellez le cheval gris. » Les soldats habillent Sitting Bull en le maintenant de force, cherchant à l'humilier. Ils sont jeunes, énervés et apeurés. Dans la panique, ils ont même failli lui mettre les mocassins de sa femme. « Il n'est pas nécessaire que vous m'aidiez. Je peux m'habiller tout seul. Pourquoi me faire tant d'honneur ? » dit Sitting Bull. Vêtir un homme en vue d'une grande cérémonie était en effet un honneur pour les Sioux.

Les policiers vont et viennent bruyamment dans la pièce. Dehors, d'autres membres de la tribu qui entendent l'agitation commencent à arriver. Dans la nuit glaciale, tous entendent et voient comment est traité leur chef, l'homme-médecine, leur guide, leur chef de guerre.

Tout va très vite et Sitting Bull finit par se mettre en colère. Il décide de s'asseoir. Les policiers le remettent debout et le poussent jusqu'à la porte. « Laissez-moi ! Laissez-moi marcher seul ! » s'écrie Sitting Bull, mal fagoté, une jambière à la cheville, déshonoré. Il est violemment tiré jusqu'à la porte. Toute sa tribu est à présent devant la cabane. La pression monte entre les deux groupes de Sioux.

Tout d'un coup, Sitting Bull se rebelle. Il arc-boute ses jambes et ses bras sur le chambranle de la porte de la cabane, refusant d'avancer. Eagle Man lui donne des coups de pied dans les jambes. Énervés, les policiers le soulèvent pour le porter.

Une fois dehors, ils le reposent. Mais un des policiers continue de le frapper dans le dos avec la pointe de son revolver. Les Indiens de la tribu protestent, faisant barrage. Sitting Bull, toujours maintenu fermement, est désormais au milieu d'un cercle de policiers.

Tentant d'éviter les coups et de se dégager, il dit : « Vous êtes venus me capturer. Mais il faut que j'y aille. J'y vais. » Les policiers de plus en plus apeurés le tabassent de plus belle. « Tais-toi ! Tais-toi ! Reste tranquille. Fais ce qu'on te dit. » Les Indiens font masse devant eux « Reculez ! Laissez-nous passer ! Fichez le camp ! » hurle le sergent Eagle Bear.

L'un des fils de Sitting Bull, sourd et muet, est fou de rage de voir comment on traite son père. N'y tenant plus, il attrape le sergent et commence à le secouer. Les femmes se mettent à gémir.

L'aurore a du mal à poindre tandis que devant la cabane le ton monte. « Cernez notre homme, mettez-vous en cercle autour de lui ! », hurle à son tour le sergent Shave Head. La situation est de plus en plus confuse. Sitting Bull est toujours ceinturé par trois policiers, entouré d'un cercle d'Indiens en uniforme et en armes. Tout autour, sa tribu, tous les hommes armés, vocifère de plus belle. Étrange ambiance où les membres d'une même tribu, y compris des parents, s'opposent bloc contre bloc.

Le cheval gris, que Sitting Bull utilisait pour les représentations avec Buffalo Bill dans le Wild West Show – spectacle qui contribuait à la communication gouvernementale, en exploitant les Sioux et leur chef – n'est toujours pas sellé. Sortant du cercle pour attraper le cheval et l'amener à côté du chef, un policier voit que derrière chaque cabane, chaque tas de bois, chaque recoin, il y a un Sioux embusqué, armé.

Les femmes se lamentent, les enfants pleurent, de plus en plus de Sioux arrivent, eux aussi armés. Autour de Sitting Bull les policiers sont très nerveux.

Soudain, la voix de Strikes-the-Kettle couvre le brouhaha : « Relâchez-le ! Laissez-le tranquille ! Vous n'êtes que des gamins, vous êtes très jeunes, vous ne pouvez pas vous battre ! Laissez-le libre. » Les Indiens insultent leurs frères policiers, les menacent. La pression monte encore d'un cran. De part et d'autre les armes sont sorties. C'est un duel fratricide, provoqué par le gouvernement qui a bien manipulé les Indiens qui sans le savoir vont faire le sale boulot politique.

L'aurore pointe ses premières lumières. Deux hommes de Sitting Bull à cheval rejoignent le groupe, leurs selles couvertes de grelots tintent. Armés eux aussi, ils cherchent leurs cibles.

Soudain, l'une des femmes de Sitting Bull s'exclame : « Sitting Bull, tu as toujours été un homme courageux, quel sera l'avenir ? »

Au même instant, son cheval gris est amené, sellé, tiré par le policier qui était parti le chercher.

Les autres policiers poussent le chef vers lui. Gray Eagle, le beau-frère de Sitting Bull, qui est du côté de la police, lui dit : « Beau-frère, obéis à l'agent. Suis-nous. »

« Non ! Je n'irai pas ! Va-t'en ! Va-t'en ! » le repousse Sitting Bull. « Très bien ! rétorque Gray Eagle. J'aurai essayé de te sauver. » Sans insister, il rentre dans la cabane et ordonne à sa sœur, la femme du chef : « Allez chez moi, de l'autre côté de la rivière. Ne prends pas le parti de ton mari, il se trompe. »

Un autre fils de Sitting Bull déboule alors, fendant la foule agitée : « Tu as toujours prétendu être un chef courageux et aujourd'hui tu te laisses emmener par ces poitrines de fer ? »

« Personne ne sera tué, intervient Bullhead, celui des jeunes Indiens qui dirige les policiers. Nous sommes simplement venus chercher Sitting Bull. Cheveux Blancs (l'agent du gouvernement) le veut aussi. Il va faire construire une maison pour le chef à proximité de lui afin que lorsque son peuple aura besoin de quelque chose il puisse l'obtenir tout de suite. »

Mais cela ne calme absolument pas les esprits.

Les policiers continuent de pousser Sitting Bull vers son cheval. Ils sont quarante-trois policiers en cercle, leurs armes pointées sur le chef fermement tenu, face à une foule d'Indiens en furie. Soudain tout se fige. Sur la droite, Bullhead voit arriver en courant un Sioux portant une winchester enroulée dans une couverture. C'est Catch-the-Bear. Furieux, il crie : « Relâchez-le ! Relâchez-le ! » et se met à faire le tour du cercle des policiers, son fusil à la main, la pointe de son canon enfoncée dans leur ventre, l'un après l'autre. « Ne fais pas ça, beau-frère, ne dis pas ça », avertit l'un d'entre eux en saisissant Catch-the-Bear par l'épaule.

Mais Catch-the-Bear ne l'écoute pas. Brusquement, il arme sa winchester dans un bruit de cliquetis fugace. Il regarde Sitting Bull, derrière lui tous ses guerriers émérites, Strikes-the-Kettle, Brave Thunder, Spotted-Horn-Bull, Blackbird et devant lui le cercle des policiers sioux. Il hurle : « Où est Bullhead ? Montre-toi ! » Les deux Indiens se haïssent. « Je suis ici », répond Bullhead, à côté de Sitting Bull. Ce dernier s'écrie alors, d'une voix forte et solennelle :

« Je n'y vais pas ! Faites de moi ce que vous voulez ! Je n'y vais pas ! Allez ! Allez ! Battez-vous ! Allons-y. » Il vient de donner son dernier ordre, le signal, à sa tribu qui va s'autodétruire pendant que les commanditaires, les généraux, les politiques américains, tranquillement à l'écart, se félicitent de ce suicide.

Catch-the-Bear lève immédiatement son fusil, tire et touche Bullhead à la jambe. Le sergent est projeté en arrière. Sitting Bull se débat comme un beau diable contre les trois policiers qui le maintiennent. En se tournant et en tombant à terre, Bullhead lui tire dessus. Touché au flanc gauche et en arrière, à la hauteur des dixième et onzième côtes, en regard de la rate, le chef sioux se fige et vacille. C'est alors que Red-Tomahawk lui tire une balle dans le dos. Sitting Bull s'écroule instantanément. Un cri s'élève de la foule : « Vous vouliez le faire ! Ça y est, c'est fait. » S'ensuivent une fusillade et des corps à corps d'une grande violence. Les tirs sont nombreux, dans tous les sens, dans des bruits assourdissants, si assourdissants qu'ils couvrent les cris. Des deux côtés on tombe. Les policiers rampent jusqu'à la cabane, certains sont poignardés, atteints par des balles, d'autres frappés avec des casse-tête.

Le cheval gris de Sitting Bull, en entendant les balles siffler, soulève un sabot et s'incline comme dans le spectacle qu'il a l'habitude de donner avec son maître. Les policiers croient à une vision de l'esprit de Sitting Bull. Aucune balle ne l'a atteint ! Il reste comme assis à côté du cadavre de son maître.

La fusillade ne cesse pas pour autant. Les policiers se sont réfugiés dans la cabane et la tribu de Sitting Bull est tout autour, et dans le bois. Bullhead a reçu plusieurs balles, il est étendu sur le lit du chef, victime d'une hémorragie externe abondante. Certains de ses hommes sont éventrés. En bougeant un matelas, ils voient sortir un des fils de Sitting Bull, Crowfood, qui s'était caché. « Mon oncle, supplie-t-il, je veux vivre ! Vous avez tué mon père, laissez-moi partir. » Couvert de sang, Bullhead ordonne : « Tuez-le ! Ils m'ont tué. » Red Tomahawk frappe à la tête Crowfood qui s'écroule à la porte où les autres policiers le criblent de balles.

En l'espace de quelques minutes, douze Sioux sont morts, dont Sitting Bull, mais aussi les chefs Spotted-Horn-Bull, Brave Thunder, les guerriers Catch-the-Bear, Blackbird, Jumping Bull et l'un des fils du chef. Du côté des policiers, on compte sept victimes et beaucoup de blessés.

Les policiers ont tiré presque toutes leurs munitions, soit environ deux cents cartouches par homme, ce qui témoigne de la violence de l'affrontement.

Comment les Sioux en sont-ils arrivés à ce duel fratricide ? Sitting Bull a grandi avec la guerre de son peuple contre les Blancs. Dès le début de leur colonisation les Américains ont pourchassé les Indiens avec un racisme, une haine profonds. Sitting Bull naît entre 1830 et 1835. On ne le sait pas précisément car pour les Indiens la date de naissance n'est pas importante. Il naît dans le Dakota du Sud, où les terres sont belles, giboyeuses, avec de grandes prairies surplombées de magnifiques cimes. Sa tribu, nomade, campe au bord des rivières. C'est tout sauf un peuple de sauvages, ils ont des rituels, des codes sociaux, un savoir-faire de culture artistique, d'élevage, de chasse, et surtout un respect profond, fusionnel, avec la nature. Ils pêchent la truite et la perche dans les grandes rivières. Ils chassent le cerf, la biche, le wapiti, l'antilope, l'ours, le lapin et surtout le bison, mais en respectant les troupeaux, et ils ne tuent que pour manger. Le bison est pour eux une proie particulièrement importante car toutes les parties de l'animal sont utilisées : sa viande est la base de leur nourriture, sa peau devient vêtement, literie, tipis, sacs, matériel pour les chevaux, les sabots sont transformés en colle, les tendons en cordes pour les arcs, les cornes en armes, en cuillères, en bols, le sang permet les peintures, du crin on fait des oreillers, la bouse sert de combustible. La civilisation sioux est une civilisation d'économie écologique. Et bien entendu, l'animal absolu pour les Sioux, excellents cavaliers, est le cheval. Plus vous êtes important, plus vous avez de chevaux.

La famille est au cœur de leur vie. Les enfants sont sacrés et entourés. On ne les frappe jamais. La polygamie existe, mais la norme est la monogamie. Les hommes et les femmes sont à égalité. L'homme chasse et fait la guerre. La femme est l'autorité de la famille. La liberté individuelle est totale tant qu'elle ne nuit pas à la tribu.

Les Sioux connaissent l'art de la guerre et savent se battre. Dans cet art, la conduite de l'homme d'honneur par excellence consiste à ne pas tuer son ennemi mais à le frapper avec la main ou le toucher. Ils dénomment cela « le coup », mot emprunté aux premiers colons français.

Pour les Sioux Lakota les plus grandes vertus sont la bravoure, la force d'âme, l'endurance à la douleur physique, par exemple avec la danse du Soleil. Ils n'expriment jamais ni souffrance, ni sentiments, ni émotions. Mais pour eux la générosité compte beaucoup. Ils célèbrent les valeurs des individus, mais pas par les biens matériels, et il faut redistribuer aux plus démunis de la tribu. Enfin, la sagesse acquise grâce à une vie spirituelle intense est pour eux primordiale.

Dans cette société très humaine et hiérarchisée, Sitting Bull s'est fait connaître comme homme-médecine car il avait une bonté d'âme, un altruisme, un profond souci de la nation sioux. Son peuple passait avant tout ; nous dirions aujourd'hui qu'il pratiquait la bienveillance comme mode de vie en société.

À son époque, les Sioux Lakota comptaient environ vingt mille membres, divisés en sept bandes avec des chefs de guerre : Red Cloud, Crazy Horse et Sitting Bull. Mais entre eux, ils étaient les Lakota, la nation. Ils chantaient et dansaient beaucoup. Une fois par an, ils avaient une coutume : se faire percer le corps en étant suspendu. C'était un jeu. Sitting Bull se faisait suspendre par des cordes à partir de crochets plantés dans sa poitrine et dans le dos. Pendant ce supplice, il implorait le Grand Mystère de donner à son peuple bonne santé et nourriture. Ils étaient aussi fiers de montrer leur bravoure. Un jour, Sitting Bull fut blessé dans un combat singulier avec un Crow. Il tua son ennemi et le scalpa, tel était leur rituel du vainqueur. À cause de cette blessure, il boita toute sa vie. Les Blancs montraient les batailles avec des récits et des peintures comme une épopée alors que les Indiens montraient le carnage par des dessins pour évoquer leur courage. Rien n'arrêtait un guerrier Sioux.

Les Blancs avaient envahi leur pays, le Dakota. Parce qu'ils voulaient toutes les richesses de leur territoire dont bien entendu l'or. Les Indiens se fichaient pas mal de l'or. Ils n'aimaient pas les Blancs qui voulaient les tuer, et tuaient les animaux. Menés par Red Cloud, ils firent la guerre pour les chasser. L'armée américaine se retirera en 1868, avec le traité de fort Laramie, qui mit fin aux hostilités. Malheureusement, ce traité les bernait : les Sioux se retrouvaient désormais tous regroupés dans une réserve. Sitting Bull disait que « sa nation fondait comme la neige au soleil ». En effet, peu à peu, la réserve était réduite par le gouvernement américain. Au départ, ils avaient des terres, les Black Hills, terres sacrées des Sioux depuis toujours. Inviolables.

Jusqu'au jour où le général Custer, à la tête du septième régiment de cavalerie, décida de s'y attaquer en prétendant qu'il y avait de l'or. Les exactions des chercheurs d'or remirent les Sioux sur le sentier de la guerre. Le gouvernement voulut alors les chasser.

« Je n'ai l'intention de vendre aucune partie de mon pays. Je refuse que les Blancs viennent couper du bois près des rivières, surtout les chênes. J'aime beaucoup les petits bosquets de chênes. J'aime les contempler. Et j'éprouve du respect pour eux car ils résistent aux tempêtes de l'hiver et à la chaleur de l'été. Comme nous, ils apprennent à croître et à se développer au contact des saisons », dit Sitting Bull, qui était devenu le plus grand chef de toute la nation sioux sans jamais accepter le moindre compromis. La liberté de son peuple était au-dessus de tout pour lui. Il écrivait des chants ; il se dessinait avec des pictogrammes, à cheval avec un bison assis à côté de lui. « Vous êtes des imbéciles, disait-il, si vous acceptez de devenir des esclaves pour un peu de graisse de porc, du sucre, du café et quelques galettes. »

Lui chantait *Je suis le loup solitaire qui erre ici et là dans le monde*. Il était un *wichasha wakan*, ce qui signifie qu'il avait des visions prémonitoires (une alouette lui annonça qu'il serait tué par des Sioux) et faisait des prophéties, après la danse du Soleil, qui se réalisaient. Par exemple il vit l'attaque de la rivière Little Big Horn. Cette bataille de légitime défense, le 26 juin 1876, marqua un tournant. Elle dura vingt minutes. Le septième régiment du général Custer y fut massacré, avec un tiers de pertes. Sitting Bull n'assista pas à cette bataille, c'est Crazy Horse qui la mena avec les Cheyennes, mais il l'avait conçue.

Cette grande victoire entraîna des représailles avec la politique de la terre brûlée : l'armée américaine se mit à tuer non seulement les guerriers mais aussi les femmes et les enfants.

Sitting Bull se réfugia au Canada mais après quatre ans de fuite, le peuple affamé revint et reprit les armes. Il a été le dernier à rendre son fusil.

Le gouvernement voulait faire des Sioux des fermiers, mais eux ne voulaient pas.

En 1885, Sitting Bull fait le show avec Buffalo Bill. Il donne aux pauvres dans la rue l'argent que son spectacle lui rapporte tout en continuant de négocier avec le gouvernement. En 1888, il refuse de vendre ses terres, et il n'a jamais signé de nouveau traité.

Enfermés dans la réserve, les Sioux vivent désormais comme en prison. En dix ans, tout ce qui donnait un sens spirituel à leur existence leur a été interdit et toute leur culture a disparu. Ils ont pourtant créé une religion, tous les membres de la tribu devaient danser la danse des Esprits. Ils croyaient que les ancêtres reviendraient, que les Indiens iraient dans les montagnes, puis qu'il y aurait un déluge et que tous les Blancs seraient tués. Sitting Bull défendait cette danse sacrée. Celle qu'il dansait avec son peuple quand McLaughlin, l'administrateur de la réserve, furieux, leur avait ordonné d'arrêter, ce 15 décembre 1890. Et que Sitting Bull avait refusé d'interrompre.

Cette lente agonie du peuple sioux n'est rien d'autre qu'un génocide de cette fin du XIXe siècle. McLaughlin redoutait cette danse des Esprits. Alors il a cette idée machiavélique de nommer quarante-trois Sioux pour faire arrêter Sitting Bull. Ils étaient tous de la même tribu, parents, amis, et les voilà avant que l'aurore ne se lève en train de chevaucher dans le froid vers la cabane de leur chef…

Dans le froid glacial le jour s'est levé. Sitting Bull gît étendu sur le dos devant sa cabane au milieu d'une grande flaque de sang. L'armée américaine est arrivée, sauvant les policiers sioux qui allaient être massacrés.

Leurs amis s'en prennent au corps de Sitting Bull, qui a déjà sept impacts de balles, en le frappant à la tête jusqu'à lui fracasser la mâchoire du côté gauche. À la fin de la matinée, ils se mettent à plusieurs pour déplacer le corps, sans aucune solennité. Puis le cadavre est emporté par l'armée avec ceux des policiers. Les Sioux tués qui défendaient leur chef sont abandonnés sur place, comme pour marquer la rupture entre les Sioux qui ont abdiqué et ceux qui ont refusé d'obéir.

L'administrateur McLaughlin conclut, l'air satisfait : « Le coup de feu qui a tué Sitting Bull a mis fin définitivement à la domination de la tradition ancienne parmi les Sioux de la réserve de Standing Rock. » Sa machination criminelle a fonctionné.

Alors que les policiers tués sont inhumés avec les honneurs militaires, un simple soldat est chargé de mettre le corps de Sitting Bull dans une boîte en bois, sans aucun égard.

La boîte mesure soixante centimètres de large et de haut sur un mètre quatre-vingt-dix de long. Son cadavre massif y rentre difficilement. Sitting Bull est toujours recouvert de la couverture tachée de sang qu'on a posée sur lui devant la cabane. Aucun rituel sioux ne lui est accordé. Puis on hisse la boîte sur un tombereau tiré par un vieux mulet. Arrivé au cimetière de Fort Yates et afin de faire disparaître le corps, on ouvre la boîte et on verse vingt-deux litres de chaux sur le cadavre. Puis on cloue le couvercle. Chaque soldat présent y plante un clou. Une fois au fond du trou, on le comble de terre qui produit de la fumée au contact de la chaux. Personne en dehors des soldats n'assiste à son inhumation. Pourtant, c'est toute une civilisation qui est enterrée avec lui.

Ainsi disparut Sitting Bull, homme-médecine, grand chef sioux. La presse fut très critique sur cet assassinat et pas dupe de la finalité de ce crime politique. Le président Benjamin Harrison déclara au *New York Herald* : « Sitting Bull était le principal élément perturbateur de sa tribu et sa disparition permettait de régler les problèmes sans nouvelles effusions de sang. » Passant évidemment sous silence qu'il avait fait s'entre-tuer les Sioux dans un duel fratricide. Le *Chicago Tribune* parla d'assassinat de Sitting Bull et accusa l'administrateur McLaughlin, prouvant par leur enquête qu'aucun des quarante-trois policiers venus arrêter le chef n'était ami avec lui.

Le gouvernement américain ira pourtant encore plus loin en massacrant trois cents hommes, femmes et enfants à coups de mitrailleuse quelques jours plus tard, le 29 décembre 1890 à Wounded Knee, là encore alors qu'ils dansaient la danse des Esprits. Décidément, l'armée américaine avait quelque chose contre cette danse !

Très longtemps après, des travaux eurent lieu au cimetière de Fort Yates pour embellir la sépulture. Une simple planche de bois marquait la tombe. La fouillant, des ouvriers auraient trouvé un squelette complet à la tête fracassée, ce qui peut correspondre aux restes du grand chef sioux. Une stèle de marbre fut posée avec, inscrits dessus, ces simples mots : « Sitting Bull, mort le 15 décembre 1890, chef des Sioux Hunkpapas. »

Les Sioux se battent toujours aujourd'hui pour exister et défendre leurs terres dont les Black Hills, la plupart obtenues par des traités que Sitting Bull avait négociés ou gagnés par la force. Il reste le symbole du génocide contre les *natives* en cette fin du XIXe siècle.

Sitting Bull est mort entre cinquante-cinq et soixante ans.

PAUL VERLAINE

Un dernier vers

Paris, 8 janvier 1896, il fait froid, la rue pue et le ciel de Baudelaire pèse comme un couvercle : les sans-grade, les pauvres, les damnés de la terre, les parnassiens, les poètes et les amoureux de la littérature viennent de perdre l'un de leurs génies : Paul Verlaine.

S'il avait eu ne serait-ce qu'un tout petit pourcentage de ce que son travail, ses œuvres ont rapporté, il aurait vécu tel le prince qu'il rêvait d'être dans ses ivresses les plus prolifiques. Mais alors aurait-il créé ?

Sa vie n'a en effet été que misère et création. Ses passions, ses excès l'ont précipité jusqu'à ce lit de mort où il repose désormais, au 35 de la rue Descartes, en plein Quartier latin. L'odeur de la rue remonte de la Bièvre qui coule tel un égout à ciel ouvert en contrebas. Le mur de sa petite chambre, tapissé d'un papier peint composé de sages bouquets de fleurs désuets, à intervalles réguliers, n'est pas du tout à l'image de son art, cette façon si foisonnante d'évoquer la nature, le symbolisme de sa poésie, la richesse de ses mots.

Au poète il ne reste que quelques cheveux en couronne, une barbe très fournie et grisonnante. Son front bombé paraît disproportionné par rapport à la face. Mais il semble enfin apaisé de ses souffrances – on dirait *Le Dormeur du val* de Rimbaud, son ancien amant. Pourtant le poète a été atteint par bien plus de balles en plein cœur que le pauvre soldat. Les balles de la vie, des chocs émotionnels aux peurs (dont celle de la guerre pendant la Commune de Paris où il a servi dans la garde nationale), sans oublier les traumatismes sociaux, et surtout les cartouches des ivresses, ces innombrables bouteilles d'alcool bues qui représentent des tonneaux, des barriques.

Comment tenir l'écriture, le travail, lorsque les moyens matériels ne suivent pas ? Verlaine a vécu pauvre avec de rares embellies qui le poussaient chaque fois à retourner dans l'ivresse : dès qu'il gagnait un peu d'argent, il le claquait aussitôt dans la fête et l'alcool. Il fréquentait assidûment le mouvement parnassien, Théophile Gautier et tous ses congénères, de François Coppée, Anatole France, Charles Baudelaire, Villiers de l'Isle-Adam à Stéphane Mallarmé. Tout ce beau monde ne buvait que rarement de l'eau. Verlaine voulait gagner l'ivresse, ce moment sublime où toutes les audaces et la subtilité de la création sont possibles. Écrire et boire, tel pourrait être le résumé de son existence.

Plusieurs maladies ont touché Verlaine au cours de sa vie, qui ont fini par provoquer sa mort. La première d'entre elles était banale à l'époque : le rhumatisme articulaire aigu. À la suite d'une infection, la bactérie se logeait dans l'articulation et remontait souvent aussi jusqu'au cœur. Comme il n'y avait pas d'antibiotiques, la bactérie vivait sa physiopathologie et les germes se baladaient comme chez eux dans le corps humain ! Verlaine en a gardé une « ankylose du genou gauche ».

La deuxième était l'alcoolisme. Verlaine avait une vie festive et prolifique. De bar en taverne, il buvait de tout et tout le temps. Les alcools alors en vogue étaient le vin et l'absinthe, plus ou moins bien faite. Leur qualité était douteuse et il n'y avait jamais de contrôle à l'époque.

Du côté de ses amours, licites comme illicites (l'homosexualité était alors considérée comme un crime), là aussi Verlaine vivait dans l'excès, avec ses maîtresses comme avec ses amants. Il aurait pu décliner la devise des parnassiens, « l'art pour l'art », en « l'amour pour l'amour ». Son histoire avec Rimbaud, des tendresses aux colères jusqu'aux coups de feu, l'a conduit en prison. C'était une vraie passion amoureuse, jusqu'à la rupture fracassante. À la mort de Rimbaud en 1891, cinq ans avant la sienne, il écrivit : « Son souvenir est un soleil qui flambe en moi et ne peut s'éteindre. » Tout flambait en Verlaine et il en a beaucoup souffert car il aimait aimer, l'amour, la vie, sans rien retenir, ce qui sûrement donne par-delà le temps à sa poésie ses merveilleuses fulgurances. Mais toutes ces amours ont aussi laissé des traces dans son corps, tout sauf poétiques celles-là : la syphilis, le gonocoque, et toutes les maladies sexuellement transmissibles… Verlaine a tout attrapé, comme presque tous ses contemporains, à une époque où aucun traitement n'existait.

Doucement mais sûrement, il a aussi usé son organisme par le tabac – le gris, il fumait la pipe –, sans oublier une alimentation très probablement négligée et remplacée par l'alcool… Il n'existait alors aucune prévention non plus.

Fréquemment il séjournait dans les hôpitaux de Paris, un peu comme aujourd'hui les SDF habitués des mêmes services d'urgence ou ces malades qui ne savent plus où aller en dehors de l'hôpital. Il y a quasiment passé les dix dernières années de sa vie. D'une certaine manière, l'Assistance publique a contribué aux créations du maître de la poésie. Les médecins, qui aimaient son travail, le traitaient avec empathie et générosité. Le poète aimait tant cet hébergement qu'il en a fait des textes fort instructifs sur l'état de fonctionnement des structures de l'AP, ses médecins, son personnel… une sorte de chronique hospitalière à la fois critique et bienveillante. Il remerciait régulièrement les établissements !

Cela avait commencé le 22 juillet 1886, où il est hospitalisé pendant deux mois à l'hôpital Tenon, dans le XXe arrondissement, car sa jambe gauche est infectée.

J'étais à l'hôpital. Lequel ? Vraiment le sais-je ?
Étant si coutumier et du fait et du bien, écrit-il.

Après Tenon, c'est Broussais, dans le XIVe, jusqu'au 13 mars 1887 ; s'ensuit Cochin du 19 avril 1887 au 16 mai 1887, date à laquelle il part en convalescence à l'asile de Vincennes à Saint-Maurice jusqu'au 9 novembre 1887, puis de nouveau Broussais où il séjournera toute l'année 1889. Il y décrit sa jambe en « pâté de foie ». Une cure lui est payée par une souscription des riches curistes à Aix-les-Bains à l'été 1889. Il revient à Cochin en 1890, puis c'est Saint-Antoine en 1891, encore Broussais (il aura fait deux ans et demi à Broussais !), Saint-Lazare, Saint-Louis en 1893 et 1894 car sa jambe est infectée d'une vingtaine de furoncles. Et enfin Bichat du 5 décembre 1894 au 5 janvier 1895... Et cela sans compter les nombreux courts séjours qu'il a effectués en étant ramassé ivre mort par la police, car sur ordre du préfet il était chaque fois conduit aux portes des hôpitaux (les anciens services d'urgences) pour être pris en charge. Il écrit : « Ah je bois, c'est pour me saouler et non pour boire. »

À chaque séjour, il produit de nouveaux poèmes qui paraissent en recueil ou dans diverses revues littéraires. Il aime les odeurs d'éther et de phénol qui parfument tout l'hôpital – « le sang bat plus calme », constate-t-il. N'y aurait-il pas un côté hypocondriaque chez le poète qui semble se sentir si bien à l'hôpital qu'il en retrouve l'inspiration ? Non, les maladies évoquées plus haut existent réellement, mais à la fin du XIXe siècle si les diagnostics sont souvent justes et la sémiologie précise, les traitements sont absents et les médecins démunis.

En sortant de Bichat à l'hiver 1895, quasiment un an jour pour jour avant sa mort, il est suivi par un jeune médecin, le Dr Malbec, qui exerçait au bureau de Bienfaisance, un accueil des pauvres – à cette époque on n'a pas encore inventé la Sécurité sociale et se soigner coûte très cher ; l'accès aux soins est réservé aux riches.

Verlaine s'installe alors chez sa maîtresse Eugénie Krantz dite Ninie Mouton (à cause de ses cheveux bouclés), une ancienne beauté et danseuse du bal Bullier, du côté du Val-de-Grâce, dans le VIe arrondissement. Leur passion est trop souvent proportionnelle aux bouteilles qu'ils vident ensemble, et leur relation par conséquent tumultueuse.

Tu bois, c'est affreux presque autant que moi.

Je bois, c'est honteux, plus encore que toi, écrit Verlaine.

Cette dernière année, quand il peut, et si sa jambe gauche peut le porter, il se traîne de son petit logis au café pour picoler. Il écrit toujours car son génie ne s'épuise pas mais il désespère. Il n'a plus d'argent. Paradoxe : il est connu et reconnu, mais ses livres ne font pas sa richesse.

Le 30 mars 1895, alors qu'il fête ses cinquante et un ans, il écrit :

N'importe, ah buvons donc tandis que
Ce docteur a le dos tourné
Un petit coup à ce damné
Âge mûr venu dont je bisque.

Dans le même temps, il envoie des messages à son médecin pour lui demander de venir le consulter chez lui, certainement parce qu'il a de plus en plus de mal à marcher. « Mon cher Docteur, si cela ne vous dérange pas trop, pourriez-vous passer un de ces jours à la maison ? Je vois mieux, mais la marche !... Tout à vous. »

Le 5 décembre 1895, la douleur à sa jambe gauche s'aggrave, toujours avec un important œdème, et des ulcères. Un rhume se complique de fièvre. La fièvre s'élève et le fait délirer un peu. Le diagnostic de la grippe influenza est posé. La France est, comme chaque hiver, confrontée à une épidémie. Il se plaint de nausées et de vomissements fréquents qui sont le plus souvent associés à la cirrhose alcoolique. Il a du mal à corriger un poème intitulé *Mort* que deux rédacteurs de la revue *Rouge* lui demandent de relire.

Le 16 décembre, il écrit encore à son médecin : « Docteur, serez-vous assez bon pour venir me voir et donner de sérieux conseils au sujet de ma santé rhumatisante et influenzée ? Je souffre beaucoup et j'ai besoin, je crois, d'un régime aussi sévère que vous le jugerez convenable. Votre malade tout soumis et votre ami tout dévoué. Paul Verlaine 39, rue Descartes. »

Puis, le 29 décembre : « Je vais mieux mais la marche ! » Il ne parvient plus du tout à se déplacer.

Bon pied bon œil oh je ne les ai plus
Puisque je rampe en vertu d'une arthrite,
Et que je vois si peu, grâce à l'invite
De verres à me trahir résolus.

Nouvelle lettre le 30 décembre : « Cher Docteur, depuis votre dernière visite, ma santé a empiré. J'ai des insomnies incessantes, des nervosités presque continuelles, les vomissements n'ont pas cessé. Enfin, je me trouve très mal, et je souffre beaucoup. Venez donc le plus tôt possible. Je vous assure que je ne triche pas et je ne comprends rien à ces pituites sans cause logique. Veuillez me donner le bon conseil, fût-il sévère, et me croire votre fidèle et dévoué. » Dans une seconde lettre, juste après, il se plaint de vomissements. Ces derniers sont dus à son alcoolisme qui a engendré sa cirrhose. Sans oublier sa probable insuffisance cardiaque très souvent par rétrécissement de la valve cardiaque mitrale dû au rhumatisme articulaire aigu. Et il est épuisé. Avait-il des varices œsophagiennes et des saignements itératifs provoquant une anémie qui pourraient expliquer sa fatigue ? Il termine néanmoins sa missive avec humour : « Pour votre gai pochard, dites une prière. »

C'est à ce moment-là qu'il compose l'un de ses derniers poèmes, d'une beauté incroyable, *Dernier espoir* :

Il est un arbre au cimetière
Poussant en pleine liberté,
Non planté par un deuil dicté,
Qui flotte au long d'une humble pierre.
Sur cet arbre, été comme hiver,
Un oiseau vient qui chante clair
Sa chanson tristement fidèle.
Cet arbre et cet oiseau c'est nous :
Toi le souvenir, moi l'absence
Que le temps – qui passe – recense...
Ah, vivre encore à tes genoux !
Ah vivre encor ! Mais quoi, ma belle,
Le néant est mon froid vainqueur...
Du moins, dis, je vis dans ton cœur ?

Le début de l'année 1896 n'est pas meilleur. Le dimanche 5 janvier, Verlaine est fébrile, très fatigué, et il continue de vomir de temps en temps, ce qui engendre une déshydratation. Le médecin ordonne des sinapismes pour « tenter de réveiller l'organisme abattu ». Il s'agit d'une pâte contenant notamment de la moutarde qu'on posait sur le thorax… sans effet !

Le mardi 7, l'espace de quelques heures, il se sent mieux. Quelques amis fidèles viennent lui rendre visite. Le poète mange à peine mais boit… du blanc ! Il apparaît à tous très mélancolique. Le soir, sans doute en insuffisance cardiaque aggravée par l'atteinte pulmonaire due à cette grippe qui ne guérit pas, il se recouche, à bout de forces. Il reçoit les derniers Sacrements.

Dans la nuit du 7 au 8, il est très agité. Eugénie le veille. Mais comme il est fréquent dans tous les couples, et d'autant plus ceux où l'alcool est consommé à flots, ils se disputent. Sur la raison que son ancienne maîtresse, Esther, est venue le voir, ce qui n'a pas été du tout du goût d'Eugénie. Elle décide alors d'aller boire des coups chez les voisins, laissant Verlaine seul dans la chambre avec le portrait de son père comme unique compagnie.

Dans la nuit, il s'est levé et il s'est effondré sur le parquet, tout nu, sans doute sa jambe gauche l'a-t-elle lâché. Avec la dyspnée de la grippe, sa cirrhose, son insuffisance cardiaque probable, le fait de rester à même le sol dans cet appartement très mal chauffé a probablement entraîné une hypothermie. Eugénie rentre mais ne parvient pas à le remettre dans le lit et elle n'alerte pas les voisins (les secours n'existent pas à cette époque). Elle reste seule. Le couvre d'un édredon et attend le petit jour pour demander de l'aide.

Les amis arrivent, mais il est probable que le poète a perdu connaissance et que la somme de ses pathologies ajoutée à l'hypothermie et à la déshydratation, a provoqué soit un infarctus du myocarde, soit une embolie pulmonaire massive, soit un choc septique dû à la grippe qui a de toute façon aggravé son état.

À 8 heures du matin, Paul Verlaine meurt d'un arrêt cardiaque sans souffrir davantage que de coutume.

Le sculpteur Vittorio Méoni voulut faire un moulage de son visage, un masque mortuaire. Mais il fallait l'autorisation de la préfecture de police. Il attendit le jeudi. Autorisation en main, il retourne chez le poète. Cependant la décomposition a déjà commencé, les traits se sont affaissés. Le mouleur pose alors du plâtre sur le visage de Verlaine mais en l'enlevant il le défigure, la barbe en partie enlevée ainsi que les sourcils et des morceaux de peau. Ce moulage déformé sera donné en cinquante exemplaires à ses amis.

Ses funérailles ont lieu le lendemain matin très tôt, par un froid glacial, en l'église Saint-Étienne-du-Mont à Paris. Sans la présence d'aucun officiel. La direction des Beaux-Arts s'est contentée de payer les 500 francs des obsèques. Sur le cercueil de nombreuses fleurs, des roses, des lilas, des œillets, seuls ornements de la cérémonie, mais à l'orgue Gabriel Fauré ! Puis un petit corbillard l'emmène au cimetière des Batignolles. Stéphane Mallarmé, François Coppée, Maurice Barrès… prennent chacun la parole avant l'inhumation. Il paraît que lorsque le cercueil fut descendu dans la tombe où reposaient ses parents, Eugénie aurait crié : « Verlaine, tous tes amis sont là ! »

Hasard ou signe de raffinement d'un hypothétique au-delà ? Toujours est-il que dans la nuit qui suivit ces obsèques, le bras de la statue de la Poésie, qui décore le faîte de l'Opéra Garnier, tomba précisément là où le cortège était passé quelques heures plus tôt…

Paul Verlaine est mort à cinquante et un ans.

FÉLIX FAURE
L'érection présidentielle

Jeudi 16 février 1899, 21 h 55, au palais de l'Élysée, le président de la République vient de mourir. Si Félix Faure est le premier président à mourir à l'Élysée, il n'est pas le premier malade à mourir dans ces circonstances si peu morales pour un chef de l'État mais tellement banales pour la médecine…

Félix Faure était un coureur de jupons, comme on disait en cette Belle Époque – aujourd'hui, on parlerait de dépendance au sexe ou de baiseur effréné. Rien n'a changé, les hormones sexuelles font toujours la loi et bien souvent la politique. À cette époque point de réseaux sociaux, point d'Internet, d'immédiateté permanente, de rumeurs démesurées, pas de photos, pas de télévision ni de radio, mais quand même une presse très puissante comptant des centaines de journaux, d'opinion et de caricatures, et qui souvent paraissent deux fois par jour !

Grand, physique imposant, Félix Faure est arrivé à la présidence de la République à cinquante-quatre ans presque par hasard : Jean Casimir-Perier a effectué un très court mandat. Il aime le prestige et les honneurs dont il tirera son surnom de « président soleil », en analogie avec le Roi-Soleil. Tel un monarque républicain, il interdit à ses vieux amis de le tutoyer, il fait apposer ses initiales « FF » sur toute la vaisselle de l'Élysée, des objets à son effigie sont vendus dans les magasins : pipes, parfum, bonbons Félix Faure ! Il va jusqu'à créer le costume officiel de président de la République : un habit bleu satin broché d'or, pantalon et gilet blancs, épée à poignée de nacre… là, le conseil des ministres met le holà ! À cette époque, comme aujourd'hui, il arrive un moment où si le président pète les plombs, la classe politique peut bloquer les choses. Il ne fallait pas franchir cette ligne : la presse le caricature coiffé d'une couronne et le socialiste Millerand dit de lui : « Ce pauvre sire n'est pas un président mais un figurant. »

Son mandat est marqué par l'antisémitisme de l'affaire Dreyfus. Félix Faure ne veut pas d'un procès en révision pour défendre ce capitaine accusé, à tort, de trahison. La France se déchire entre dreyfusards (convaincus de l'innocence de Dreyfus) et antidreyfusards (convaincus de sa culpabilité). La tribune d'Émile Zola dans *L'Aurore*, « J'accuse », sous-titrée « lettre au président de la République » fera date non seulement dans l'histoire de la presse mais dans l'histoire des intellectuels français. Bien que franc-maçon et hostile à l'antisémitisme, Félix Faure refuse d'intervenir dans ce procès : « Le président de la République ne saurait s'ériger en juge suprême », dit-il.

Clemenceau le décrit comme « un Tartuffe épais au-dessous de l'inintelligence » ou encore « toujours content de lui, dépourvu de culture, taille et mentalité de tambour-major, trouvant tout facile parce qu'il ignore jusqu'à l'existence des problèmes, le devoir public lui apparaissait en attitudes, en poses de théâtre d'où l'action d'État se traduisait nécessairement chez lui en naturel cabotinage ». Toute ressemblance avec des femmes et hommes politiques contemporains ne serait pas fortuite… je vous laisse les trouver !

Le président est un athlète, il a traversé l'estuaire entre Le Havre et Deauville à la nage, il fait de l'équitation, de la gymnastique. Il est également l'initiateur des chasses présidentielles à Rambouillet. Couché à minuit, il se lève à 5 heures du matin et fixe ses premiers rendez-vous à 6 heures ! Il fume énormément, la pipe et le cigare, mange de façon pantagruélique. Par exemple, à l'occasion de la visite du tsar Nicolas II en 1896, il fait servir par Potel et Chabot le menu suivant : huîtres de Marennes, consommé aux nids de salanganes (une sous-espèce de martinet qui sécrète un mucus mucilagineux et comestible pour faire son nid), crème de volaille, carpes de la Creuse glacées sauce française, selle de faon aux graines de pin, suprême de poularde aux truffes du Périgord, puis terrines de homard toulousaines, barquettes d'ortolans des Landes, oranges de Nice gratinées et citrons de Provence glacés, et s'ensuivent faisans flanqués de perdreaux sous croustades, truffes au champagne, foie gras à la parisienne, salade Francillon, aubergines farcies fermières, cœurs d'artichaut à la créole, et pour finir, au cas où il resterait le moindre millimètre d'espace dans les estomacs : abricots et reines-claudes Montmorency, gaufres Condé, glaces aux avelines... Ce n'est plus un menu, c'est un suicide calorique ! Car évidemment des vins accompagnent ces plats : sauternes, château-lamothe, mouton-rothschild, aloxe-corton, chambertin, château lurs-saluce, château-yquem, veuve Cliquot... sans oublier les digestifs, armagnac, cognac et compagnie.

À l'époque, on n'avait aucune idée des effets de tels repas sur la santé. Être pléthorique est un signe de réussite sociale. Félix Faure est ainsi un très bon vivant qui ignore l'hypertension artérielle qu'il a sûrement depuis des années – hypertension très probable vu les malaises qu'il a parfois, et le témoignage du Pr Odilon-Marc Lannelongue qu'il consulta à plusieurs reprises, et qui parle d'artériosclérose. L'hypertension artérielle accompagne cette atteinte des artères. C'est une maladie sournoise, vicieuse, même si les symptômes à cette époque sont mal connus : la fatigue, les douleurs thoraciques, les céphalées et toutes les conséquences sur l'appareil cardio-vasculaire. Félix Faure était en outre un grand consommateur d'aphrodisiaques, ces substances qui traînent toujours dans le commerce des fantasmes, et qui sont au mieux comme un placebo ou inutiles, et au pire dangereuses. Le président avalait une pilule de cantharide avant de faire l'amour. Ne cherchez pas, heureusement, ce produit a disparu. Il était à base d'une mouche espagnole séchée et réduite en poudre, qui donnait la cantharidine, le principe actif probablement adrénergique. En fait, ce produit irritait les muqueuses, donnant une sensation de chaleur et donc parfois cette irritation provoquait des érections et des gonflements du gland. Mais il tuait, entraînant des hémorragies, notamment de l'appareil urinaire et rénal ! La dose était létale à partir de 50 mg. Mais Félix Faure aimait séduire et voulait être le plus vaillant possible avec des érections dignes de l'obélisque de la Concorde ! Compliqué sans aide : les excès, le dépôt de cholestérol dans les artères et le tabac faisaient que bander était probablement un souvenir de jeunesse.

Comme il était jadis d'usage à la cour des rois, Félix Faure a une maîtresse attitrée, Marguerite Steinheil, dite Meg. Elle est mariée à un artiste peintre mais elle le trompe avec les puissants de la société. Elle prétend avoir été la maîtresse de Zola, François Coppée, Ferdinand de Lesseps, le fils du tsar Alexandre II… En 1897, elle rencontre Félix Faure à Chamonix. Ils deviennent amants. Pour se dédouaner vis-à-vis du mari, le président lui commande un tableau pour la présidence de la République, intitulé *La remise des décorations par le président de la République aux survivants de la redoute brûlée*. Marguerite habite dans un hôtel particulier de l'impasse Ronsin, dans le XVe arrondissement de Paris. Félix Faure lui écrit tous les jours, des lettres cachetées à la cire blanche si c'est urgent et à la cire bleue si rien ne presse. Ils avaient les SMS et les réseaux sociaux qu'ils pouvaient ! Il la couvre de bijoux de chez Lalique, de cadeaux… Pour se retrouver, c'est à l'Élysée. Meg entre par la petite porte donnant sur les jardins à l'angle de la rue du Colisée et de l'avenue des Champs-Élysées. « De là, après avoir traversé le rez-de-chaussée, je gagnais le petit salon bleu où le président m'attendait pour notre travail. » Le charme et l'élégance dans le langage, Meg racontera tout, dix ans après la disparition de son amant, lors d'un procès où elle est accusée de la mort de son mari et de sa mère (elle sera relaxée sous les applaudissements de la foule, sous le charme). Elle ajoutera dans ses Mémoires : « J'étais devenue sa fille fleur confidente », affirmant même que Félix Faure lui « avait demandé de devenir son historiographe en lui confiant des lettres et des documents secrets ».

Les médecins du président lui conseillent de ménager son cœur à cause de son artériosclérose, c'est-à-dire du dépôt de cholestérol le long de ses artères, mais ça ne l'empêche pas de fumer ni de manger énormément.

Son directeur de cabinet, Louis Le Gall, raconte que le 14 février 1899, alors qu'il range des papiers, le président lui dit « un jour qui n'est pas loin peut-être, ma maladie de cœur me jouera un vilain tour et l'une de ces crises où je souffre tant et où, chaque fois, il me semble que je vais passer, m'enlèvera brutalement ». Probablement souffre-t-il d'angor, c'est-à-dire d'angine de poitrine. C'est un risque majeur d'infarctus et de crise cardiaque à cause des plaques d'athérome qui bouchent les artères du cœur. Comme un geste prémonitoire, il confie alors un document secret à Le Gall : la convention militaire qui lie la France à la Russie. Il s'assure qu'il n'a pas oublié le code secret du coffre et lui ordonne de récupérer la clé dans son trousseau au cas où il ne serait plus en état de la lui remettre.

Le lendemain, le 15 février, Félix Faure ne sort pas, il ne va pas monter à cheval. Il s'inquiète même de sa santé auprès du gouverneur militaire de Paris.

Le 16 février, il ne se réveille qu'à 7 heures, il a mal dormi et se sent encore trop fatigué pour monter à cheval. Il dit qu'il se sent « les jambes molles ». Ce qui en soi ne signifie pas grand-chose mais peut être le signe avant-coureur d'une poussée d'hypertension artérielle. De 9 heures à midi, il assiste au conseil des ministres mais au moment de remonter dans ses appartements au premier étage, il ressent un malaise, sans chute ni perte de connaissance ni douleur particulière. Il décide de se reposer jusqu'à 15 heures, devant recevoir ensuite le cardinal Richard, archevêque de Paris, puis le prince Albert Ier de Monaco.

À 15 h 30, croyant que c'est Meg qui le rejoint, il avale un comprimé de son aphrodisiaque, la cantharide. Raté, c'est l'archevêque ! Félix Faure a dû avoir des picotements, des démangeaisons présidentielles dans son slip et des brûlures à la verge pendant toute l'audience ! Le cardinal lui remet un message du pape en faveur des écoles libres, pour demander de l'argent de l'État et aussi plaider la cause de Dreyfus.

Imaginons les irritations présidentielles tout au long de l'entretien – on comprend le mot du général Bailloud, chef de la maison militaire de l'Élysée, parlant d'une « audience longue et tendue »... au propre comme au figuré.

Puis c'est le tour d'Albert de Monaco qui vient aussi plaider pour le capitaine Dreyfus – cela fait deux ans que le prince le défend. Par la suite, il confiera que Félix Faure lui a paru très fatigué, se levant pour aller poser sa tête contre la vitre de la fenêtre, sûrement afin de la refroidir, ce qui peut correspondre à la poussée hypertensive ou aux effets de sa pilule.

Enfin, Marguerite Steinheil arrive à 18 heures, mais pas dans le salon bleu, lieu habituel de leurs rendez-vous, car les tapisseries y sont en travaux. Le président reprend une pilule de cantharide avec un verre de vouvray, puis reçoit sa maîtresse dans le salon argent, là où Napoléon Ier a abdiqué en 1815. Les symboles de l'histoire sont parfois cocasses : à l'image de l'Empereur, Félix Faure s'apprête sans le savoir à signer sa fin, lui aussi, dans ce salon, avec sa plume personnelle.

À 18 h 30 Marguerite Steinheil pousse un hurlement. Le Gall accourt. Félix Faure est étendu par terre vêtu de son seul gilet. Meg est nue, protégeant comme elle peut sa poitrine de ses bras. Scène incroyable que le directeur de cabinet va devoir gérer dans l'intérêt du président et de la République ! Le plus probable est que Félix Faure a eu un malaise et perdu connaissance quelques instants, ce qui expliquerait la panique de sa maîtresse. Car il s'est réveillé, bien qu'il reste allongé en se tenant la tête. Il s'agit d'une céphalée brutale hyperalgique témoignant de la rupture d'anévrisme cérébral. Le Gall presse la maîtresse du président de se rhabiller. Vite, elle enfouit ses cheveux sous son chapeau, passe sa jupe, son corsage et remet son manteau, ses chaussures. Raccompagnée par les huissiers, elle file dans une voiture qui l'attendait. Oubliant dans la précipitation son corset, que Le Gall gardera comme souvenir dans son bureau – après tout, c'est en quelque sorte la cause du mal du président, et donc une pièce historique.

L'hémorragie cérébrale post-coïtale est relativement fréquente dans un cas pareil. Eh oui, faire l'amour, c'est aussi flirter avec la mort ! Redoutable pathologie, qui a pour cause la malformation artério-veineuse du réseau vasculaire cérébral ou l'hypertension artérielle sévère. Le plus probable dans le cas de Félix Faure est qu'il a rompu son anévrisme pendant l'effort que représente la relation sexuelle. Le coït entraîne en effet des phénomènes considérables au niveau cérébral et des hyperpressions face auxquels l'état vasculaire doit être impeccable, sinon c'est la rupture et l'hémorragie dans la tête qui conduit à la mort. Et bien entendu, il y a l'effet de cette pilule aphrodisiaque et aux effets indésirables sur le rein… Était-elle aussi néfaste pour les artères du cerveau ? C'est possible quoique impossible à démontrer – le fait que le président en ait pris deux doses en deux heures pose tout de même question. Pourrait-il être mort d'une surdose d'aphrodisiaques ?

C'est l'alerte à l'Élysée. En urgence, on envoie chercher un médecin et un prêtre… (On les fait venir en même temps à l'époque… preuve du peu d'espoir qu'on avait dans la médecine.)

Le Gall enlève à la victime le faux col qui le gênait pour respirer et avec l'aide des huissiers l'allonge sur un canapé. Un certain Dr Humbert, de passage à l'Élysée pour voir un de ses amis, accourt au chevet du président et diagnostique une indigestion : il lui fait respirer de l'éther ! Totalement inutile. Félix Faure murmure alors : « Je sais que je suis mortellement touché, faites diligence pour que le curé de la Madeleine soit près de moi. » Sa fille et son épouse sont arrivées entre-temps. Il dit à cette dernière : « Ma pauvre femme, je viens d'être frappé d'un coup qui ne pardonne pas ; le moment est venu où je vais vous quitter. » Pour sûr, le « coup » ne pardonne pas mais sa femme ne l'accuse de rien. Lui ne se soucie pas de sa maîtresse qui à la même heure est à moitié nue dans la voiture qui la ramène chez elle.

On envoie chercher le Pr Odilon-Marc Lannelongue et un prêtre. À l'église de la Madeleine, il n'y a personne. Mais un des gardes républicains voit passer devant les grilles du palais, rue du Faubourg-Saint-Honoré, un homme en soutane. Il l'arrête. C'est l'abbé Renault qui vient de dîner chez sa sœur rue Boissy-d'Anglas. Le garde l'informe que le président est au plus mal. « Le président a-t-il encore sa connaissance ? demande l'abbé. – Oh non, monsieur le curé, on l'a fait partir », répond le garde. C'est la panique à l'Élysée. Le Gall est parti prévenir le président du Conseil, Charles Dupuy, un homme rondouillard qui s'écrie : « Nom de Dieu ! C'est le deuxième qui me claque dans les mains ! » – il était le Premier ministre de Sadi Carnot quand ce dernier fut assassiné à Lyon par un anarchiste italien.

Le temps passe et l'hémorragie se répand. À 20 heures, Félix Faure perd de nouveau connaissance. L'abbé Renault décrira le président comme ayant « le visage très rouge et ses lèvres gonflées ». Enfin arrivé au chevet du chef de l'État, Lannelongue constate : « Avant qu'il soit 10 heures, le président ne sera plus ! Il est un symptôme qui ne trompe pas, ses paupières inférieures sont tombantes. Si le président n'a pas été terrassé comme frappé d'un coup de massue, c'est que la congestion s'est produite à la base du crâne et qu'ainsi le sang n'afflue que peu à peu au cerveau. Mais rien désormais ne peut l'arrêter et la mort est certaine dans le court délai que je vous indique. » Même si la localisation de la lésion n'est pas forcément juste, le diagnostic et le pronostic de Lannelongue le sont, ce qui souligne l'importance de la clinique et de la sémiologie en médecine.

Doucement mais sûrement l'hémorragie cérébrale continue son travail. Difficile de dire si l'érection est restée jusqu'à la fin comme l'ont décrit les journaux caricaturistes et les rumeurs. Vu l'état de choc neurologique qu'elle entraîna, cela est peu probable.

Progressivement, le coma est devenu de plus en plus profond. Les centres respiratoires cérébraux ont fait que Félix Faure a suffoqué avec de grandes pauses respiratoires accompagnées de vomissements dus à l'hypertension intracrânienne. Comme, à cette époque, il n'y avait pas d'oxygène ni de respiration artificielle, personne n'a rien pu faire d'autre que le regarder mourir.

Son pouls s'arrête à 21 h 55. « N'ayant pas les saintes huiles pour l'extrême-onction, je lui donnai l'absolution », dira l'abbé Renault.

Lannelongue signe le certificat de décès : « Félix Faure était atteint de sclérose des artères et c'est cet état qui a déterminé l'accident mortel. » Il a raison mais il s'ajoute sans doute une hypertension sévère, une hypercholestérolémie, un diabète très probable et bien entendu cet aphrodisiaque aux effets secondaires non négligeables. Bien entendu la cause est l'effort du rapport sexuel, donnant à Félix Faure cette place unique dans l'histoire d'être le seul président de la République mort à l'Élysée et par l'amour… une sorte de déclinaison du « French kiss ».

Depuis, ce président décédé en plein exercice de ses fonctions masculines fait rire. « Félix Faure remplissait ses charges avec un dévouement, un tact et une solidité à toute épreuve… des jouissances qui en multipliaient et en rehaussaient les attraits » (*Le Figaro* du 18 février 1899). « Félix Faure n'est pas mort en épectase mais quelques heures après » (*Le Canard enchaîné*). « Faure est retourné au néant, il a dû se sentir chez lui. Il a voulu vivre César et il est mort Pompée » (Clemenceau). Etc.

Félix Faure fut, évidemment, enterré en grande pompe, mais en l'absence de sa maîtresse, elle aussi entrée dans l'histoire de France à la fois avec élégance et dans un éclat de rire national.

Félix Faure est mort à cinquante-huit ans.

YVES-MARIE LE GUILVINEC

Tous les marins sont des chanteurs

22 mai 1900 sur le *Grand Banc*, un très beau doris, par 45° 58′ nord et 52° 05′ sud, à environ 400 mètres de la côte de Terre-Neuve. Deux hommes disparaissent dans une mer déchaînée comme si elle les avait avalés goulûment. Yves-Marie Le Guilvinec était pourtant un marin confirmé et aguerri. Toujours flanqué de son ami Gael Le Floch qui, lui, resterait un inconnu à jamais. Alors que Yves-Marie était connu, pas comme le loup blanc mais comme un loup des mers – en réalité il était plutôt un renard des mers tant il était rusé dans la vie.

Poète et marin breton, il connaissait la mer et elle le reconnaissait par ses chansons… oui, la mer a des oreilles et elle garde tous ses secrets, mais le jour où elle va parler, ramener sur terre toutes les conversations, la houle sera audible, et vous verrez le tsunami de révélations ! Et la mer entendait ce poète, ce chanteur, ce navigateur, chanter ses compositions.

Sa santé, il la soignait lui-même avec un régime bien particulier à base de vin qui ferait des émules, notamment le Dr Emmerich Maury, auteur du best-seller des années 1970-1980 *Soignez-vous par le vin*[1]. Il a été retrouvé dans ses carnets de bord des thérapeutiques iconoclastes : pour éviter ses crises de migraine, Yves-Marie buvait chaque matin (à la suite) un calva et un verre de rouge frais. Comme il disait, « ce n'est pas de l'alcool, c'est une médecine ». A-t-il bu au moins une fois de l'eau après son engagement dans la marine à treize ans ? Nul ne sait. Le marchand de vin en bas de chez lui était riche et Yves-Marie Le Guilvinec l'appelait l'apothicaire. Altruiste, il aimait aussi prendre soin des autres marins. À ceux qui souffraient de gonorrhée chronique à force de fréquenter les bordels dans tous les ports de toutes les mers, il recommandait d'arrêter le rhum, de lui préférer le whisky tourbé, plus riche en minéraux selon lui, et surtout d'avaler deux coupes de mousseux avant toute relation sexuelle. Pour toute la traumatologie, si fréquente à bord des bateaux, il revenait au rhum, mais un rhum arrangé : au gingembre pour le mal de mer, au citron en cas de tempête… il n'était pas rare que les marins se trompent dans les dosages et recettes, mais personne ne s'est jamais plaint. Pour les crises de foie, il recommandait trois verres de blanc le midi, une pinte de bière à 17 heures, un verre d'absinthe le soir avant le souper et du cidre à volonté pendant. (Imaginez le nombre de marins qui avaient des problèmes de foie !)

1. Emmerich Maury, *Soignez-vous par le vin*, [1974], Paris, Jour, nouvelle édition, NiL, 2011.

Mais qui avait commencé, interrogeait Le Guilvinec, le foie ou l'alcool ? Éternel débat d'aubergiste : l'œuf ou la poule ? En tout cas les marins aimaient se faire soigner par lui : non seulement ils croyaient en ses traitements si généreux, mais cela leur donnait un excellent alibi pour emporter quantité de bouteilles à bord…

Sa passion pour l'alcool était surtout pour gagner l'ivresse car l'ivresse lui donnait l'inspiration. Plein comme la mer, rond comme une quille : c'est ainsi qu'il écrivait ses poèmes. C'est au cours de ses campagnes en mer qu'Yves-Marie Le Guilvinec a composé son œuvre, des dizaines de chansons dont *Tu as menti comme la bagasse que tu es*, *Il faut être fou, gueusard ou bosco* et *Avec le thon* dont Léo Ferré, qui habitait l'île du Guesclin, sur le territoire de la commune de Saint-Coulomb, entre Saint-Malo et Cancale, s'inspira vraisemblablement pour écrire l'une de ses plus belles chansons.

Il chantait ou plus exactement hurlait ses chansons tout en naviguant. Lorsqu'il barrait, il était toujours ivre – il prétendait que cela le maintenait éveillé, mais plus d'une fois il a été retrouvé ronflant comme un ouragan les pieds accrochés au gouvernail, le navire faisant des ronds dans l'eau.

Alors bien entendu il se blessait régulièrement, et presque à chaque fois la figure ou la tête. À tel point que, malgré son jeune âge, son visage était recouvert de tant de cicatrices qu'on aurait dit un vieillard. Par bonheur, jamais rien de grave, à part la fois où, voulant remettre les étoiles en bon ordre, il grimpa en haut du mât d'où il tomba bien vite et bien fort dans le filet de poissons qui venait d'être remonté. Notre marin-poète a toujours eu de la chance, et cette chance s'inscrivait sur sa figure, laissant apparaître à chaque incident une marque tel un souvenir, avec le temps on aurait dit une carte de géographie. Il aimait raconter l'histoire de chacune de ces cicatrices, enfin plutôt les histoires, car les versions variaient en fonction de son humeur et de ses interlocuteurs.

Il avait une tocade, bien singulière pour un navigateur : prendre des bains sur le pont du navire ! Il installait sa baignoire blanche à la proue, la remplissait d'eau douce récupérée des pluies puis s'y plongeait avec des kilos de savon. Ainsi il était reconnu de loin lorsqu'il prenait son bain par une sorte de petit nuage de mousse s'élevant de son bateau et semant au vent des bulles de savon.

Il ne ratait jamais une seule campagne pour Terre-Neuve. Et en ce mois de mai 1900 le navire tanguait fort, annonçant une tempête. Comme à son habitude, Yves-Marie tanguait plus que le navire. Il cherchait le vent, le cap, les vagues, tout en hurlant une de ses fameuses chansons, *Il faut être fou, gueusard...* en l'occurrence. Lorsque soudain... le capitaine Morgan Bornach du chalutier le *Krampouezh*, qui suivait le *Grand Banc*, vit tout du drame. Il vit arriver une vague plus haute que les autres et Le Guilvinec sortir sur le pont en levant les bras au ciel. Le navire disparut une première fois. Un moment après il réapparut, sans mât, avec sur le pont dévasté Yves-Marie comme figé, droit dans ses bottes, les bras croisés, le menton en galoche. Que disait-il ? Ses paroles se sont perdues, en revanche le capitaine Bornach est formel : le poète se mit à esquisser des pas de danse comme dans un fest-noz. Totalement improbable ! Il ne tenait plus le gouvernail, il semblait rire de la situation perdue, et dansait. La vague suivante engloutit de nouveau le navire. Lorsqu'il réapparut, il était retourné. La pluie, le vent, le froid, la tempête, l'obscurité qui tombait, tout a empêché les recherches. Ainsi Bornach nota simplement sur son journal de bord : « Nous montons dans la mâture et aussitôt nous voyons le doris à la dérive, retourné. J'ai jugé qu'il ne restait plus rien à faire, aussi j'ai fait filer la chaîne pour étaler le navire. »

Comme disait Rimbaud, « Il n'y a pas de hasards ou il n'y a que des hasards » : c'est dans un vide-grenier à Saint-Lunaire (Ille-et-Villaine) que François Morel, feuilletant de vieilles revues rongées par les embruns, découvrit une brochure de 1894 intitulée *La Cancalaise* où douze chansons d'Yves-Marie Le Guilvinec étaient reproduites et illustrées par l'auteur, et décida avec Gérard Mordillat de lui rendre hommage.

Certains soirs, au large de Terre-Neuve, il paraît que des marins entendent encore une voix chanter ou hurler… Mais faut-il croire ces paroles de marins qui se soignent toujours selon les posologies d'Yves-Marie ?

Yves-Marie Le Guilvinec disparut en mer à trente ans.

JEAN JAURÈS

C'est la paix qu'on assassine

Paris, 31 juillet 1914. Le corps sans vie de Jean Jaurès est étendu sur une table du Café du Croissant, à l'angle des rues Montmartre et du Croissant, dans le IIe arrondissement. Dans toute la capitale, puis dans la France entière, on entend les cris du peuple qui hurle sa peine devant cet assassinat. Dès le lendemain, la France va entrer en guerre et précipiter des millions de soldats et de civils dans les tombes. Farouche défenseur de la paix, Jean Jaurès avait tout compris de la problématique du conflit qui s'annonçait : les États s'armaient et la montée des nationalismes galvanisait les foules. Un nationalisme belliqueux que le député socialiste du Tarn, laïque qui avait vigoureusement défendu la loi de 1905 de séparation des Églises et de l'État, héros du peuple de gauche, combattait avec talent, conviction et détermination.

Fin juin 1914, la France n'a qu'une conversation : la guerre aura-t-elle lieu ? L'attentat à Sarajevo contre l'héritier de l'Empire austro-hongrois, l'archiduc François-Ferdinand, tué par les nationalistes serbes en Bosnie, en pleine rue, bouleverse la géopolitique et relance les tambours de guerre. Partout en Europe les populismes grondent. Il flotte dans Paris une odeur de guerre. Une loi a été débattue au Parlement pour faire passer la durée du service national de deux à trois ans et elle a déchaîné les passions. La majorité des jeunes appelés se prépare à rejoindre leur régiment avec frénésie, malgré les défilés des pacifistes. Il y a un élan pour aller combattre ainsi qu'une grande effervescence politique. Beaucoup de politiques voient en effet dans la perspective de cette guerre l'occasion d'une sorte de revanche de la défaite de 1870, comme si la France, depuis la Révolution, avait pour habitude de faire la guerre à intervalles réguliers et d'enterrer sa jeunesse dans les champs de bataille !

Dans ce contexte, et alors que l'été chauffe doucement la capitale, un homme de vingt-neuf ans, Raoul-Marie-Alexandre Villain, rumine une haine tenace contre les pacifistes. Orphelin de mère à l'âge de quatre ans (cette dernière est morte d'aliénation mentale, comme il était d'usage de dire à l'époque), il a été élevé chez les jésuites, mais n'a pas achevé ses études. À vingt et un ans, il s'engage dans l'armée, mais les autres soldats se moquent de lui et il est rapidement réformé. Le moindre propos pacifiste, le moindre chant antimilitariste – et ne parlons pas de *L'Internationale* ! – le plonge dans de terribles furies intérieures. D'un patriotisme exacerbé, il est obsédé par l'idée de récupérer l'Alsace-Lorraine annexée par les Prussiens depuis la guerre de 1870. Il dit : « Dès mon enfance la question de l'Alsace-Lorraine s'est emparée de mon esprit. Rien de ce qui y touchait ne me laissait indifférent. »

Villain est un homme ambigu qui aurait aimé être mais qui n'arrive même pas à paraître. Il aurait voulu être historien, chercheur, écrivain, voyageur... C'est un homme qui se cherche et qui ne se trouve pas. À vingt-six ans, il se lance dans des études supérieures mais les professeurs l'éconduisent rapidement, constatant une intelligence bien au-dessous de la moyenne, inversement proportionnelle à sa vanité. Derrière la façade de l'homme poli, timide et doux que tous ceux qui l'ont côtoyé évoqueront à son procès, il a cette rage, cette haine inextinguible contre les pacifistes, et cette obsession que la France reprenne l'Alsace-Lorraine. C'est lancinant en lui. Il part un temps en Grèce, voyage payé en partie par son père et son frère qui lui donnent de l'argent pour vivre, ce qui lui permet d'errer, sans but, en se donnant des allures de grand lecteur des œuvres classiques. Il écrit à son père ses désillusions familiales, son chagrin de l'absence de sa mère qu'il cherche bêtement. Il fait un autre voyage en Angleterre et apprécie une personne qui lui dit : « Faites comme si j'étais votre mère, demandez-moi ce qu'il vous faut », comme s'il en avaient trouvé une. Il cherche à calmer sa souffrance affective, son immaturité, par des apparences, des postures toutes plus inappropriées les unes que les autres. Il est l'homme sans but, sans travail, sans place sociale, sans apprentissage, sans culture... seulement empli de frustrations. Grand paranoïaque, il se convainc tout seul d'un but et sa première idée est de tuer le Kaiser. Il va jusqu'à en faire le serment, avant de songer que « Guillaume II est peut-être le souverain d'Europe le plus connaisseur en art ! ». Alors il renonce. Mais des idées de meurtre continuent de tourner dans son cerveau malade et malgré ses confessions à ses rares amis, aucun ne tente de l'en dissuader.

En 1913, voyant l'effet que les idées pacifistes du journal *L'Humanité*, conduit par Jaurès, produit sur les jeunes soldats, sa haine se cristallise sur le tribun socialiste : « Je considère Jaurès comme le plus grand ennemi de l'idée française et de notre puissance militaire. » À partir de là, ses idées d'extrême droite et son esprit militarisé se développent avec une paranoïa de plus en plus forte.

Lui aussi a suivi les débats passionnés sur la loi des trois ans – vigoureusement combattue par le député du Tarn –, qui a comme objectifs d'augmenter le service militaire de deux à trois ans et la capacité militaire de la France. Dans sa vanité maladive, il estime que la première nécessité est d'avoir une artillerie lourde.

En mai 1914, Jaurès ne cesse d'organiser des réunions, d'écrire, de mobiliser contre la guerre, de prendre toutes les initiatives politiques possibles pour conduire le socialisme européen vers ses idées humanistes et pacifistes. La haine de Villain monte en puissance, et encore d'un cran lorsqu'il découvre que Jaurès menace d'une grève générale si la mobilisation est déclarée. Mais comme il est seul, n'appartient à aucun groupe, personne ne repère le processus psychopathologique : c'est un loup solitaire qui va bientôt passer à l'attaque. Il ne tient pas compte de son père.

Le déclic se produit avec l'attentat de Sarajevo, qui signe dans son esprit une sorte d'arrêt de mort contre Jaurès. Rien ne pourra l'arrêter.

Le 29 juillet 1914, il revient à Paris après l'enterrement d'une parente à Reims. Son père s'inquiète de lui, il l'a trouvé très excité, il sent que quelque chose ne tourne pas rond dans la tête de son fils. Il lui adresse un télégramme lui demandant de revenir le voir avant la mobilisation générale, quasi certaine maintenant. Ce même 29 juillet, la rupture diplomatique entre l'Autriche et la Serbie met en effet le feu aux poudres. À son procès, Villain dira avoir été « effrayé du danger que pourrait courir la patrie par suite du mauvais vouloir de gens comme ceux-là : j'ai pensé qu'eux aussi se trouvaient menés par Jaurès. Ceci m'a amené à l'idée de tuer cet homme que je sentais néfaste. » Le deuil et la guerre imminente semblent ainsi les deux facteurs déclenchants du passage à l'acte criminel chez cette personnalité paranoïaque.

Il prend alors le bus pour se rendre à Passy, rue de la Tour, là où habite Jaurès. Il est déjà armé car il a emprunté une arme à un de ses amis. Or ce jour-là Jaurès est à Bruxelles où il prononce un discours sur la paix devant le bureau socialiste international.

Faisant chou blanc, Villain rentre chez lui. Le lendemain, le 30, il achète un autre revolver et des balles.

Le soir, il dîne à Montparnasse, puis se rend sur les Grands Boulevards où il tombe devant une manifestation contre la guerre. Pour lui, c'est une tentative insupportable de désordre et de résistance à la police : l'idée de tuer Jaurès tourne dans sa tête comme une épilepsie idéative incontrôlable. Il est 22 heures ce 30 juillet 1914 et Villain se dirige à présent vers les bureaux de *L'Humanité*. Mais voilà, il ne sait pas à quoi ressemble sa « cible », il ne l'a jamais vue ! Alors il se renseigne auprès d'un ouvrier.

Jaurès vient de sortir du journal avec des collègues. Ils traversent la rue pour aller dîner au Café du Croissant. Derrière les vitres, Villain observe longuement l'homme politique, un peu comme une bête féroce repère sa proie. « Je n'ai pas tiré parce que je sentais que c'était un acte trop grave » : ce soir-là, des barrières sociales et psychologiques l'empêchent encore de commettre un assassinat.

Il rentre à son hôtel, 44, rue d'Assas, dans le VIe arrondissement. Le lendemain, il déjeune de nouveau vers Montparnasse, retourne à son hôtel, en ressort vers 16 heures. Il erre dans Paris, au jardin du Luxembourg, voit les gros titres des journaux et s'inquiète de l'état physique de l'armée française… Il se sent investi d'une mission politique sans comprendre vraiment les tenants et les aboutissants de tout ça, en plein dans son délire paranoïaque : le processus psychopathologique est lancé, le loup solitaire part à l'attaque. Il dira qu'il voulait « passer sa colère sur Jaurès ». Arrivé au journal, au 142, rue Montmartre, il demande au concierge où est ce dernier.

En ces heures cruciales, le député du Tarn et directeur de *L'Humanité* met en œuvre tout ce qu'il peut pour tenter d'éviter la guerre. Le matin, à son domicile, 8, villa de la Tour, il a travaillé avec son ami le sociologue Lévy-Bruhl. Puis il est allé à la Chambre assurer aux députés socialistes : « Nous allons continuer notre campagne contre la guerre, dût-on nous fusiller. » En fin de journée, il se rend au journal avec Pierre Renaudel, son bras droit, et Jean Longuet, le petit-fils de Karl Marx. Il doit y préparer un nouvel article, qu'il conçoit comme un nouveau « J'accuse », avec du style, précis, et des argumentations construites pour éviter la boucherie de la guerre qui touchera principalement les classes populaires, les ouvriers, les paysans et le peuple… Les riches s'en sortent toujours.

Il est 21 heures. Avant de s'y atteler, il décide d'aller dîner avec ses collaborateurs. Ils hésitent entre Le Coq d'Or, au 135, rue Montmartre, et le Café du Croissant. Jaurès préfère ce dernier, plus calme – ils doivent parler et travailler. Va donc pour le Croissant. L'équipe traverse la rue aux pavés surchauffés par la journée de grand soleil, c'est un doux soir d'été. Le Café du Croissant a sa devanture à l'angle des deux rues, Montmartre et du Croissant, avec quatre fenêtres. C'est un établissement de bonne tenue, le menu y est excellent et comble l'appétit de Jaurès, bon vivant. Autour de lui à table s'installent le député de Metz au Reichstag Georges Weil, le secrétaire national du Parti socialiste Louis Dubreuilh, Renaudel, Longuet, les frères Renoult, Ernest Poisson et sa femme Marguerite, militants des coopératives. Il fait chaud, la fenêtre est ouverte, seulement couverte d'un brise-bise. Jaurès s'assied sur la banquette de moleskine, dos à la rue. La conversation ne tourne évidemment qu'autour de l'actualité, de la guerre imminente. Y a-t-il encore une chance de l'empêcher ? Le secrétaire de rédaction arrive avec les dernières nouvelles : elles sont mauvaises. Londres ne fera pas de médiation pour éviter l'escalade vers la guerre. Jaurès est consterné. Le repas se termine, le patron de *L'Humanité* a choisi une belle tarte aux fraises.

Dans la rue, Villain s'approche du café ; s'en éloigne ; y revient ; tourne et retourne, mais personne ne surveille ni ne s'inquiète de l'attitude de ce passant agité. Le souvenir de la manchette du journal *L'Humanité* contre la guerre lui rappelle alors le danger, ses craintes… il repasse devant la fenêtre, à côté de la porte d'entrée, donnant sur la rue Montmartre. Il écarte le brise-bise de sa main gauche, prend son revolver de la main droite et sous une « impulsion immédiate », dira-t-il au procès, il tire. Une étincelle rougeâtre avec une détonation comme un pneu qui éclate. Jaurès s'affaisse sur la banquette. La balle est entrée à l'arrière de son oreille droite. Une deuxième détonation retentit mais la balle s'écrase sur le cadre d'une glace. Marguerite Poisson hurle : « Ils ont tué Jaurès ! »

Renaudel, sur qui Jaurès s'est affalé, se redresse pour appliquer une serviette sur l'hémorragie provoquée par l'impact. Des gens courent chercher un médecin. D'autres s'élancent à la poursuite du tireur, qui s'éloigne aussitôt sans vraiment fuir, calmement, jetant son revolver par terre. Marguerite Poisson et le patron du Croissant, accompagnés d'un télégraphiste et d'un agent de police, le rattrapent. Il se fait frapper avant d'être escorté jusqu'au commissariat.

La nouvelle se répand dans Paris à la vitesse d'un vent mauvais. Sur le perron de l'Élysée, Malvy, le ministre de l'Intérieur, s'exclame, face à la horde de journalistes qui le presse : « C'est abominable ! Un agent de l'Allemagne n'aurait pas mieux travaillé. »

Un médecin arrive mais ne peut que constater le décès : Jaurès est mort sur le coup.

Après son arrestation, Villain déclare à la police : « J'ai donc abattu le porte-drapeau, le grand traître de l'époque de la loi de trois ans, la grande gueule qui couvrait tous les appels de l'Alsace-Lorraine. Je l'ai puni, et c'était le symbole de l'heure nouvelle et pour les Français et pour l'étranger. » Par « heure nouvelle » il entend une France où l'on verrait le devoir avant tout, où les individus n'écouteraient plus leur intérêt personnel et mourraient pour la patrie. Un discours fanatique, d'extrême droite, mais avant tout celui d'un psychopathe paranoïaque passé à l'acte criminel.

Pendant ce temps, Jaurès a été allongé sur deux tables dans le café. Dans la rue la foule crie : « Jaurès ! Jaurès ! », « Ils ont tué Jaurès, c'est la guerre »... De fait, l'assassinat de cet homme politique majeur par un déséquilibré marque un tournant dans l'histoire de la France.

Au procès, le Dr Paul, le médecin légiste de la préfecture de police de Paris, constatera : « L'orifice d'entrée arrondi à neuf centimètres au-dessus du pavillon de l'oreille droite et à quatorze centimètres de l'arcade sourcilière droite. La balle a traversé complètement une partie de l'hémisphère cérébral droit qu'elle a fait éclater, provoquant une profonde hémorragie, et elle s'est logée au milieu de l'hémisphère cérébral gauche. La balle a été tirée à un peu plus de quatre ou cinq centimètres de la tête. » La mort a été instantanée et la réaction belliqueuse du peuple tout aussi immédiate : Jaurès meurt, emportant avec lui tout le pacifisme de l'époque.

Après la Grande Guerre, qui a fait des millions de morts, le procès de l'assassin de Jaurès s'ouvre le 24 mars 1919. Les médecins l'ont reconnu maître de ses actes malgré les antécédents psychiatriques de sa mère, et la préméditation a été retenue. Pourtant… pourtant, Villain a été acquitté ! Certains prétendent que la défense ne l'a pas suffisamment attaqué, préférant jouer sur la mémoire de Jaurès. D'autres que c'est un verdict politique, une stratégie dans le courant unitaire de la France qui a suivi la victoire sur les Allemands. Toujours est-il que les manifestations contre ce verdict inique furent nombreuses chez les ouvriers et les intellectuels.

Comble de l'ironie et des aberrations de la justice, madame Jaurès a été condamnée à acquitter les frais de justice du procès (mais il se peut que ce soit une rumeur). Raoul Villain mourra assassiné à son tour par un républicain espagnol, en 1936 à Ibiza.

Jean Jaurès a été inhumé à Albi le 4 août 1914, avec « les manifestations ultimes des forces pacifistes », comme l'a dit la CGT. Trois jours après le début de cette guerre, la première mondiale, qu'il avait mis toutes ses forces à éviter.

Le 23 novembre 1924, la gauche revenue au pouvoir a fait transférer ses cendres au Panthéon, occasion de grandes manifestations populaires.

Jaurès est mort à cinquante-quatre ans.

CLAUDE DEBUSSY
Une vie en blanches et noires

25 mars 1918, le silence tombe sur Claude Debussy au 24, square du Bois-de-Boulogne dans le XVIe arrondissement de Paris. La France n'en finit pas de compter les morts de la Grande Guerre et n'en voit pas le bout. Les canons tonnent sur la capitale. Le pays est dans la souffrance du rationnement et de la terreur de la guerre. Dans ce contexte, la mort de ce musicien, compositeur et interprète, prix de Rome en 1884 et décoré de la Légion d'honneur en 1903, n'a pas beaucoup d'échos, même s'il est connu internationalement par tous les compositeurs, les directeurs de théâtre de l'époque et le monde de l'art.

Claude Debussy avait plus qu'un cancer digestif multimétastasé, c'est-à-dire qui avait envahi de nombreux organes de son corps. La maladie avait pris le pouvoir sur sa physiologie, sur son paraître, sur son être et sur son âme, avec une lenteur sadique comme des sables mouvants qui vous entraînent inexorablement sous terre. À l'époque aucun traitement ne soigne ce mal. Les médecins ne peuvent que constater sa physiopathologie, sans pouvoir l'empêcher.

Son agonie a commencé à l'été 1919 par des douleurs abdominales effroyables, comme des coups de poignard, partant de l'anus et remontant dans tout le ventre. Forcément, il a dû y avoir d'abord du sang dans les selles, sans doute attribué à des hémorroïdes. Personne ne s'en est inquiété plus que cela. Alors il a attendu que ça passe... Il vit avec sa compagne Emma, ancienne maîtresse de Gabriel Fauré. Ils ont une fille, née le 30 octobre 1905, qu'ils ont prénommée Claude-Emma mais qu'ils appellent Chouchou. Tout va bien dans leur vie, même si matériellement, la précarité du métier d'artiste rend les choses difficiles.

Il finit par consulter, on lui diagnostique un simple trouble intestinal, et on lui prescrit un régime sévère – en réalité, les médecins l'ont affamé ! Dans sa correspondance il se dit très fatigué, d'autant que la douleur l'invalide déjà beaucoup. Il reste souvent au lit. Il dit qu'il marche « comme un homme qui a oublié le numéro de sa chambre d'hôtel » – son style témoigne de son humour et de sa dérision.

Il souffre et les médecins lui font prendre de la morphine et de la cocaïne, et y ajoutent diverses décoctions, pour le soulager. À l'époque les opiacés sont déjà bien connus, prescrits et vendus. Mais son cancer du rectum continue sa lente et inexorable progression.

Il doit continuer de travailler pour nourrir sa famille et se soigner, ce qu'il fait avec un grand courage. Debussy va notamment à Londres pour un concert et il écrit à propos du metteur en scène qu'il ne supporte pas : « Il voit des plafonds où il n'y a rien du tout et imagine toutes sortes de choses… J'ai rarement eu, comme ce jour-là, le désir de tuer quelqu'un. » Malgré sa maladie, sa fatigue, il est obligé d'aider à la création de ce spectacle et de faire « l'électricien, le machiniste et Dieu sait quoi encore… ».

C'est l'époque où Claude Debussy s'essaye aux opéras et au ballet. Il travaille, mais à son rythme : « N'oubliez pas que je suis un compositeur paresseux et qu'il me faut parfois des semaines avant de décider si un accord est préférable à un autre », écrit-il à Giulio Gatti-Casazza, directeur du Metropolitan Opera de New York qui lui avait commandé des opéras. Debussy est une star de la musique et de la création. Malgré sa notoriété, sa vie n'est pas simple car on est en train de basculer dans la guerre.

Il honore ses contrats, il voyage beaucoup pour travailler et gagner de l'argent en allant diriger des orchestres en Autriche, en Hongrie, à Vienne… Ses voyages sont longs et épuisants. Dans une lettre, il juge cette ville « lourdement fardée, où l'on fait un abus de la musique de Brahms et de Puccini et où les officiers ont des poitrines de femmes et les femmes des poitrines d'officiers ». À Budapest il dit : « Le Danube est très beau mais il refuse d'être bleu comme le proclame la fameuse valse. » Il garde toujours son humour.

Il a quarante-cinq ans. Il commence à travailler au projet qu'il a depuis bien longtemps, *Le Martyre de saint Sébastien*. Deux semaines avant la première, il se met à dos le Vatican qui n'en veut pas ! L'archevêque de Paris va même jusqu'à menacer d'excommunication les catholiques qui assisteront à cet opéra. La première est quand même programmée, le 21 mai 1911, même si elle est annulée : le matin, le ministre de la Guerre assistait à un meeting d'aviation à Issy-les-Moulineaux. Sans doute découvrait-il ce qu'étaient un aéroplane et surtout le mécanisme de l'hélice. Toujours est-il qu'il s'est approché de trop près et il a été découpé en charpie. Le deuil national aussitôt décrété annule le concert de Debussy.

Un mois plus tard, le 25 juin, il est tellement fatigué qu'il s'évanouit pendant un concert. Son médecin exige qu'il se repose. Il part alors en vacances à Houlgate avec sa femme Emma et sa fille, Chouchou, tout en travaillant sur sa rhapsodie pour clarinette. Mais il est plutôt déprimé, et pendant ce temps son cancer du rectum continue de se développer et les métastases, sortes de satellites cancéreux, essaiment en se diffusant lentement, surtout au foie et aux poumons.

De retour à Paris, il rencontre Stravinsky pour la première de *L'Oiseau de feu*. « Stravinsky dit : mon oiseau de feu, mon sacre, comme un enfant dirait : ma toupie, mon cerceau, écrit-il alors. Et c'est exactement cela : un enfant gâté, qui met de temps en temps ses doigts dans le nez de la musique. C'est aussi un enfant sauvage qui porte des cravates voyantes et baise les mains des femmes en leur marchant sur les pieds. Quand il sera vieux, il sera insupportable, il ne pourra tolérer aucune autre musique que la sienne, mais pour l'instant il est inouï. »

Debussy savait que la maladie le rongeait, sans la connaître. Il était sujet à des crises de douleurs abdominales fréquentes. « Je me laisse aller à une inactivité ridicule et j'use le meilleur de mes forces à la combattre : c'est un jeu aussi stupide que dangereux et qui me laisse un goût amer dans la bouche », écrit-il à son ami Godet. « On en sort diminué et surtout on a perdu son temps à combattre quelque chose qui n'existe pas. On ne peut plus demander pourquoi. C'est dur d'admettre qu'on devient faible. »

Nous sommes en 1913, et la maladie l'étreint doucement. Il écrit très souvent à Godet. Par exemple : « Si ma femme pour des raisons de famille n'insistait pas obstinément pour rester à Paris, je vous demanderais de me trouver un petit coin de Savoie où je pourrais me baigner dans la vraie lumière et me débarrasser de cette ambiance de fausse grandeur qui, quoi qu'on fasse pour s'y dérober, finit toujours par se glisser sous votre porte. Je suis hanté par la médiocrité et j'ai peur… Dieu sait que ce n'est pas mon attitude. »

Pour gagner sa vie, il écrit des articles et des comptes rendus de concerts pour la Société musicale indépendante. Sa préoccupation est que les compositeurs doivent suivre la vieille tradition de la simplicité de l'art français. Un thème revient souvent dans ses papiers : le goût. « La beauté d'une œuvre d'art doit demeurer cachée, c'est-à-dire qu'on ne peut jamais exactement savoir "comment c'est fait". Gardons à tout prix cette magie particulière à la musique car par essence la musique est plus apte à la contenir que n'importe quel autre art. Au nom des dieux anciens, n'essayons pas de l'expliquer ni de tenter de priver la musique de ce mystère. Au contraire, respectons le bon goût afin que la musique soit belle et qu'elle garde son secret. »

En février 1913, il se lance dans un nouveau défi, un ballet pour enfants, *La Boîte à joujoux*, pour lequel il s'inspire des poupées de sa fille Chouchou ! Mais il ne vivra pas assez longtemps pour voir son ballet monté.

Sa situation financière est très précaire. Ses concerts ne lui rapportent que de maigres cachets et ses dettes se creusent. Ses œuvres, comme *Le Martyre de saint Sébastien*, ne connaissent pas le succès. Il doit en venir à supplier les directeurs de théâtre de lui donner de l'argent car il n'en a plus.

L'Institut de France, l'Académie, le voulait immortel alors qu'il luttait contre la mort, rongé par un mal épouvantable. Il s'efforça de reculer l'élection de cette institution, lui, si moderne, ne voulait sans doute pas être enfermé dans le temple du classicisme !

Août 1914 : la guerre éclate. Debussy a cinquante-deux ans, il est trop âgé pour être appelé. « À mon âge je serais tout juste bon à faire un planton », dit-il. La peur grandit à Paris à cause des Taubes, ce surnom de pigeon donné aux aéroplanes allemands venus bombarder la capitale. Debussy est très angoissé par cette guerre. « Je ne suis qu'un tout petit atome accablé par un terrible cataclysme. »

Les théâtres ferment les uns après les autres. La culture est toujours la première victime des guerres. Les concerts sont annulés, les membres de son ballet partent. Le fils et le gendre de sa femme sont appelés sous les drapeaux comme beaucoup de ses musiciens. Il écrit à Godet, en Suisse : « Je ne suis plus le même, je me sens terriblement petit. » Il y a la guerre, mais aussi sa propre bataille contre le cancer.

Car la maladie s'aggrave. Il souffre en plus d'un zona. Très déprimé il va jusqu'à dire « le suicide serait la solution ». Seule Chouchou lui permet de tenir car elle incarne « la réalisation d'un de [ses] désirs les plus chers ».

Il redoute que les Allemands gagnent Paris et veut protéger coûte que coûte Chouchou et sa femme. Malgré sa santé, ils partent donc pour Angers. Debussy est exténué par le voyage, mais à Angers la situation est moins stressante qu'à Paris. Il passe son temps à lire les journaux. En apprenant la victoire de la bataille de la Marne, en septembre, il décide de rentrer à Paris. « Je ne puis travailler tant que les soldats jouaient les uns du clairon, les autres du tambour », écrit-il encore. Ces sons et ces rythmes lui évoquent les meilleurs thèmes des « deux Richard : Wagner et Strauss. Si vous aimez les moralités, vous apprécierez peut-être ce rapprochement ! ».

Mais il parvient quand même à écrire « ses études ».

Entre-temps, les douleurs se font intenables, avec des alternances de constipation et de diarrhée, des hémorragies anales : son état devient alarmant. En décembre 1915, il est décidé de l'opérer de toute urgence. Très probablement le chirurgien a-t-il réalisé une fulgurance de la tumeur, c'est-à-dire enlevé par l'anus une partie de la tumeur. Il a beaucoup de chance de se sortir sans hémorragie ni infection d'un tel geste. Dans les quarante-huit heures précédant cette opération, il a trouvé la force d'écrire une petite chanson de Noël.

C'est ça qui le fait tenir : se concentrer sur le travail et la création. « J'ai encore trop à dire, la voix, par exemple, je trouve qu'on ne lui a pas encore donné sa vraie place dans la musique », écrit-il à son ami le Dr Louis Pasteur Vallery-Radot.

Le 31 janvier 1916, sa femme Claude écrivit à son tour à ce médecin et ami : « Le plus terrible est fait. Il ne soupçonne pas la gravité de son état (je l'espère), il va mieux mais ce sera long, très long. On m'a promis qu'il ne souffrirait plus. Surtout quand vous viendrez (car vous viendrez, n'est-ce pas ?), ne lui montrez pas votre inquiétude. » Debussy était très amaigri, les traits tirés, il parlait peu.

La maladie prend de plus en plus de place dans sa chair et son âme. Les médecins le laissent couché le plus souvent possible. Il se demande souvent si c'est la peine de se battre pour si peu de chose. « Je souffre comme un damné », écrit-il encore.

Il dort très mal, ne trouvant, dit-il, le sommeil qu'une fois sur dix. Sa maladie, « cette fidèle servante de la mort », évolue désormais de plus en plus vite malgré les suites de la chirurgie et les morphiniques qu'on lui donne pour calmer ses douleurs.

Sa fille et sa femme souffrent de toux et les médecins recommandent de changer d'air. Pour le bien de Chouchou, la famille part à Arcachon. Claude a fait l'effort de faire le voyage. Mais rien ne va : le vent, la vie dans l'hôtel. Il a de plus en plus de manies, par exemple il déteste les petites tables d'hôtel inférieures à soixante-quinze centimètres !

De retour à Paris, les médecins lui garantissent que c'est l'effet de la morphine et qu'il doit être patient. Il ne semble pas convaincu. « Je suis dans une salle d'attente, je suis un pauvre voyageur espérant un train qui ne viendra jamais », écrit-il à son ami médecin.

Il y a une brève période de mieux, et le 5 mai 1917 il peut jouer une sonate à la salle Gaveau. Il est alors très maigre, exténué, le visage cendreux, de temps en temps contracté de grimaces à cause de ses douleurs abdominales. Ce sera la dernière fois qu'il jouera à Paris.

Quelque temps plus tard, il décide d'aller à Saint-Jean-de-Luz se reposer. Fin septembre 1917, il pourra y donner un concert avec un de ses amis. Mais son état s'est de nouveau aggravé et il rentre à Paris au mois d'octobre.

L'hiver 1916-1917 fut une période de grande pénurie pour les Français. Debussy continua quand même de travailler et de toucher un peu d'argent par un éditeur, ce qui lui permit d'acheter du bois pour se chauffer. Mais la nourriture manquait.

Le 24 mars, son ami Vallery-Radot vient le voir chez lui. Cachexie et hyperalgie, Debussy est au plus mal. Ses mains tremblent. La maladie est en train d'achever la destruction du corps du maître de musique. Il suffoque, sans doute à cause de l'insuffisance respiratoire provoquée par les métastases. Il s'éteint le lendemain, le 25 mars, à 10 heures du matin, probablement emporté par une embolie pulmonaire due au cancer.

Comme la guerre a affecté la diffusion des journaux et réduit leur pagination, il n'y eut pas d'avis de décès. Le cortège prit les rues étroites de Montmartre avec quelques-uns de ses amis. Les pas font un bruit sourd. Le cortège se dirige vers le cimetière dans l'indifférence générale, avec en bruit de fond, sourd, celui des bombes de l'armée allemande sur Paris.

Chouchou ne survécut qu'un an à son père, elle mourut d'une diphtérie le 14 juillet 1919. Comme Debussy voulait être enterré au cimetière de Passy, car il le trouvait moins triste que les autres, Chouchou et lui se sont retrouvés dans le même caveau. Emma Debussy les rejoignit en 1934. Dans la mort comme dans la vie, ils reposent tous les trois au pied des arbres de Passy.

Claude Debussy est mort à cinquante-cinq ans.

FRIDA KAHLO

Dans la maison bleue

13 juillet 1954. À Coyoacan, dans la banlieue sud de Mexico, à l'angle de la rue de Londres et de la rue Allende, la casa Azul, la maison bleue, illuminée par le soleil, est devenue noire et froide. Au matin, Frida Kahlo a été retrouvée morte dans son lit. L'absence envahit cette maison où elle a vécu toute sa vie. Cette artiste peintre laisse une œuvre époustouflante, qui illustre une vie de douleur. Dans sa chambre il y a ce lit qui n'a jamais été source de repos pour elle. Ses corsets aux murs, et en haut du lit le miroir qui lui permettrait de se peindre. Diego est arrivé, il vient la voir une dernière fois dans leur maison, leur havre de jouissance et de création. Tous les deux sont communistes, dans la droite ligne de la révolution mexicaine, ils sont les artistes qui ont marqué l'action politique culturelle révolutionnaire du Mexique, aussi bien dans les luttes sociales que dans la valorisation de la culture mexicaine. Comment Frida est-elle morte, au terme d'une telle vie de souffrances ? Comment sa peinture a-t-elle été l'exutoire de ses propres maux, à

l'image de son tableau *Racines*, de 1943, où elle semble disparaître dans une terre stérile, le visage résigné par la souffrance alors qu'une végétation verdoyante la prend dans ses lianes ?

Pour bien comprendre le terrible destin de Frida Kahlo, il faut savoir qu'à l'âge de six ans elle a eu la poliomyélite. Maladie virale effroyable que nous avons un peu oubliée dans notre époque moderne grâce à la vaccination. Frida en a gardé comme séquelles visibles une atrophie de la jambe et du pied droit. Et une conséquence sournoise, qui s'est révélée avec le temps : une atteinte de sa moelle épinière par une scoliose. C'est sur ce terrain bien fragile que survient le drame de sa vie : l'accident.

Nous sommes le 17 septembre 1925. Frida a dix-huit ans. Assise à côté de son amoureux, elle se trouve dans le bus qui l'emmène à l'école. Brillante étudiante, elle veut faire des études de médecine. « Je suis montée dans le bus avec Alejandro, raconte-t-elle, je me suis assise près de la main courante et Alejandro à côté de moi. Quelques instants plus tard, le bus a percuté un tramway de la ligne Xochimilco. Le tramway a écrasé le bus à l'angle de la rue. Le choc nous projeta vers l'avant et la main courante me transperça comme l'épée transperce le taureau. Un homme voyant la terrible hémorragie me ramassa et m'allongea sur une table de billard jusqu'à l'arrivée de la Croix-Rouge. Je perdis ma virginité, mon rein se ramollit, je ne pouvais plus uriner et ce dont je me plaignais le plus était la colonne vertébrale. »

L'homme qui l'a évacuée et allongée sur la table de billard sortie à la hâte d'un café lui a enlevé la tige métallique en tirant dessus ! « Frida se mit à hurler si fort, écrit Alejandro, que lorsque l'ambulance de la Croix-Rouge arriva, son cri réussit à couvrir la sirène. »

Elle est polytraumatisée. En état d'urgence absolue, comme on dirait aujourd'hui, mais inutile de comparer ce que l'on fait de nos jours à ce que les secours ont pu faire alors. À l'hôpital de la Croix-Rouge de Mexico, les médecins ne sont pas optimistes. La barre du bus a vraisemblablement pénétré par la crête iliaque gauche et longé le périnée en frôlant le massif osseux sans toucher de gros vaisseaux – par chance, sinon elle serait morte d'hémorragie massive. Puis la barre a déchiré l'utérus, le vagin et percé la grande lèvre gauche.

Le diagnostic est terrible : anurie, provoquée par le choc hémorragique, fractures des quatrième et cinquième corps vertébraux de la colonne lombaire, fractures des côtes, luxation de l'épaule gauche, triple fracture du bassin, onze fractures de la jambe droite et le pied droit est écrasé. On l'opère des membres, mais les médecins lui donnent peu de chances. En 1925, un tel polytraumatisme est souvent mortel : on n'a pas d'antibiotiques, ni les médicaments et les techniques opératoires efficaces. Mais Frida se réveille de l'opération, et la ténacité qui caractérisera toute son existence la fait survivre. C'est en quelque sorte le début de sa vie.

Elle survit, mais les fractures des deux vertèbres viennent compliquer la scoliose héritée de sa poliomyélite. Il n'y a alors pas de chirurgie du rachis, et pour seule thérapeutique la pose d'un corset en plâtre, cuir ou acier. Des corsets qui enlacent tout l'abdomen et une partie du thorax, provoquant non seulement une sensation d'étouffement mais aussi des infections dermatologiques.

Frida reste alitée trois mois avant de pouvoir sortir de l'hôpital. Elle s'établit chez ses parents à la casa Azul. Après l'accident, sa mère est mutique pendant un mois tandis que son père qu'elle aime tant, et qui a bâti la maison bleue, se dévoue pour elle. Des mois durant, les corsets en plâtre se succèdent pour tenter de consolider les vertèbres, mais c'est un échec. Son corps n'est qu'incessantes douleurs, comme si on lui plantait en permanence des aiguilles dans le dos. Sa mère lui installe alors un lit à baldaquin avec un miroir ainsi qu'un chevalet. Frida se met à peindre en autodidacte. C'est sa liberté, sa réalité, ses rêves, sa création !

Elle doit rester allongée tout le temps. Contrainte d'arrêter ses études, la jeune fille brillante qui voulait devenir médecin se retrouve piégée entre ses espoirs et ses déceptions inhérentes à la science. Elle peint son premier autoportrait à la robe de velours en 1926. Son visage est alors clair sur un fond sombre de mer agitée… Le modernisme et le style de Frida Kahlo naissent là, dans la désespérance de la souffrance du corps, comme si elle nous disait : ne lâchez rien, tout est toujours possible. La maladie comme énergie créatrice. Tout semblait fini mais en fait tout commence pour elle. Elle sublime le courage par son art et sa volonté. C'est cette énergie de douleur qu'elle va canaliser pour en faire une force de construction artistique et créatrice.

Elle écrit à son premier amoureux Alejandro, qui ne vient jamais la voir : « Je ne pourrai jamais rien faire avec cette maudite maladie, et si c'est vrai à dix-neuf ans, je ne sais pas ce que ça donnera plus tard. Je maigris de jour en jour… je suis horrible avec cet appareillage énorme et inutile. Maintenant je vis sur une planète de douleur, transparente comme la glace, mais c'est comme si j'avais tout appris d'un seul coup, en quelques secondes… j'ai vieilli en un instant. »

Sur le plan médical, c'est très compliqué : l'immobilisation engendre la fonte musculaire, ce qui aggrave les douleurs à type de lombosciatiques, et des sensations « d'endormissement du côté droit ». Elle peut vivre avec son handicap. Cette douleur lancinante, permanente, sans possibilité d'être calmée ni apaisée malgré les quantités de morphine administrées fait qu'elle souffre en plus du reste d'un psychotraumatisme.

Des mois et des mois plus tard, elle boite mais elle finit par arriver à remarcher, clopin-clopant, avec une talonnette sous le talon de son pied droit et en gardant parfois son corset.

La casa Azul devient son univers entouré d'animaux, de fleurs, d'amis, d'artistes et de gens qui viennent la voir, même si elle finit toujours par se retrouver seule, compressée dans son corset comme une huître dans sa coquille fixée au rocher de son lit avec autour un océan de solitude. « Je me peins parce que je passe beaucoup de temps seule, explique-t-elle, et parce que je suis le motif que je connais le mieux. »

Le 31 avril 1927, elle écrit à Alejandro : « Comme j'aimerais expliquer minute par minute ma souffrance. Vendredi on m'a posé ce nouvel engin en plâtre. Depuis, c'est un vrai calvaire, comparable à rien. Je ressens comme une asphyxie, une douleur atroce dans les poumons et dans tout le dos. Quant à ma jambe je ne peux même pas la toucher. Je ne peux presque pas marcher et encore moins dormir. Figure-toi qu'on m'a suspendue par la tête pendant deux heures et demie, ensuite par les pointes des pieds pendant plus d'une heure, pendant qu'on séchait tout ça avec de l'air chaud. [...] Je vais devoir endurer cette torture pendant trois ou quatre mois et si ça ne me soulage pas, sincèrement, je préfère mourir, parce que je suis au bout du rouleau. Ce n'est pas seulement la souffrance physique, c'est aussi que je ne peux rien faire, je ne peux pas marcher, je suis complètement désespérée et surtout tu n'es pas là... » Mais c'est la fin de cet amour, Alejandro disparaît de sa vie.

C'est en 1929 qu'elle rencontre Diego Rivera. Le jeune artiste travaille alors sur une de ses fresques monumentales pour l'Éducation nationale. En 1960, il racontera leur première rencontre : « J'entendis une fille me crier : “Diego ! S'il vous plaît, descendez de là ! Il faut que je vous parle de quelque chose d'important !” »

C'est l'amour. Trois ans après l'accident, elle épouse Diego, le 21 août 1929. Ce peintre est extrêmement populaire au Mexique, et reconnu dans le monde entier pour ses immenses fresques murales racontant l'épopée de la révolution mexicaine, le peuple et la culture amérindienne. Ami de Picasso, de Modigliani, il sort la peinture des musées pour la mettre sur les murs, dans la rue… Diego, c'est le *street art* des années 1920 !

Il a vingt ans de plus qu'elle. Mais au-delà de cet écart d'âge, ce que lui reprochent les parents de Frida, c'est qu'il est communiste. Mais elle l'est aussi ! Un communisme proche du peuple, en quête de vérité, de paix, d'éducation, de culture et de progrès social. Elle écrit que pour ses parents « ce mariage ressemblait à celui d'un éléphant et d'une colombe ». Diego a la beauté conquérante des soi-disant laids. Il est massif et gros, elle est frêle et maigre. De lui elle écrit encore : « Le voyant nu, on pense immédiatement à un enfant grenouille debout sur ses pattes de derrière. Sa peau est d'un blanc tirant sur le vert, comme celle d'un animal aquatique. » Leur amour est immense et fusionnel. Malgré ses maîtresses à lui, malgré ses amants et maîtresses à elle, ils resteront ensemble jusqu'au bout.

Il l'aide à tenir face aux douleurs. Mais plus le temps passe, plus ces douleurs la rongent. Et il y a cette autre douleur : la maternité. Elle fait une première fausse couche. Elle ne peut pas mener une grossesse à terme en raison du traumatisme et de son utérus cicatriciel. Elle aurait tant voulu. Au fil des années, tandis qu'elle devient de plus en plus frêle, Diego grossit comme s'il portait l'enfant qu'ils ne pourront jamais avoir, malgré de nombreuses tentatives.

En 1931, le couple fait un premier voyage à San Francisco pour consulter des médecins américains dont le Dr Leo Eloesser. Chirurgien thoracique de l'hôpital de San Francisco, ce dernier connaît Diego et il accepte de s'occuper de Frida. Il lie une relation de confiance avec la jeune femme. De son côté, elle ne cesse de chercher la solution à ses maux, ce qui explique sa passion pour la médecine, les sciences, la physiologie qui inspirent ses œuvres. Le médecin va un temps évoquer une syphilis, mais les examens sont négatifs. Grâce aux progrès de la radiographie, c'est lui qui constate l'importante scoliose dont elle souffre. Mais c'est son picd droit qui devient rétractile et sa jambe droite de plus en plus atrophique. Les troubles de la marche et les souffrances du dos s'aggravent.

De San Francisco, le couple se rend à Detroit. Frida est nostalgique du Mexique même si elle écrit : « Le Mexique est, comme toujours, désorganisé et dans un état infernal ; la seule chose qu'il garde, c'est l'immense beauté de la terre et des Indiens. Chaque jour, la laideur des États-Unis en vole un petit morceau. C'est bien triste, mais personne n'empêchera le gros poisson de manger le petit. »

Nous sommes en 1932, et elle est prise en charge à l'hôpital Henry Ford de Detroit. Elle est de nouveau enceinte. Au bout de quatre mois de grossesse, les médecins ne prennent pas de risque et procèdent à l'avortement. C'est un drame pour Frida qui voulait vraiment « un petit Diego ». Elle devra subir au cours de sa vie d'autres avortements et de nombreuses fausses couches. Sur cet autre drame intime, ses peintures transfigureront encore ses maux : Frida se peint sur un lit d'hôpital avec des fœtus, une image du corps en souffrance, en sang, avec en fond le paysage de Detroit. Pendant ce temps, Diego peint une nouvelle fresque immense pour une exposition.

De retour à Mexico, elle fait une nouvelle fausse couche en 1934 et une infection à son pied droit oblige à l'amputer de ses orteils. La cicatrisation, très lente, nécessitera deux autres opérations du pied droit. Mais, toujours, malgré les douleurs incessantes, Frida résiste.

Toujours à la recherche de solutions pour aller mieux, Frida repart à New York en 1938. Elle va y montrer ses œuvres mais aussi consulter des médecins. L'un d'entre eux parvient enfin à faire cicatriser son pied droit. Mais elle se fatigue beaucoup et perd l'appétit concomitamment à son alcoolisme. C'est une période difficile, elle fait comme elle peut pour calmer ses angoisses et ses douleurs d'autant qu'elle vient de se séparer de Diego. Leurs infidélités mutuelles ont (momentanément) eu raison de leur couple.

En 1939, elle est de passage à Paris et souffre d'une infection rénale qui sera sans conséquence grave. Les médecins soulignent qu'elle boit alors une bouteille de cognac par jour ! Elle déteste cette ville et les surréalistes qui pourtant souhaitent qu'elle les rejoigne. À leur propos elle écrit à Diego, le 16 février 1939 : « Tu n'as pas idée comme ces gens sont des putes. Ils me font vomir. Ils sont si foutrement intellectuels et si pourris que je ne les supporte plus. J'aimerais mieux m'asseoir par terre dans le marché de Toluca pour vendre des tortillas que d'avoir quoi que ce soit à voir avec ces connards d'artistes parisiens. Ils passent des heures à réchauffer leurs précieuses fesses aux tables des "cafés", parlent sans arrêt de "culture", d'"art", de "révolution" et ainsi de suite, en se prenant pour les dieux du monde, en rêvant de choses plus absurdes les unes que les autres et en empoisonnant l'atmosphère avec des théories et encore des théories qui ne se réalisent jamais. Le lendemain matin, il n'y a jamais rien à manger chez eux parce qu'aucun d'entre eux ne travaille. Ils vivent comme des parasites aux crochets d'un tas de salopes pleines aux as qui "admirent" leur génie d'"artistes". De la merde, rien que de la merde, voilà ce qu'ils sont… Bordel ! Ça valait le coup de venir jusqu'ici, rien que pour voir pourquoi l'Europe est en train de pourrir sur pied et pourquoi tous ces incapables sont la cause de tous les Hitler et Mussolini. Je te parie que je vais haïr cet endroit jusqu'à la fin de mes jours. Il y a quelque chose de tellement faux et irréel chez eux que ça me rend dingue. » Et pour conclure elle n'aime pas l'exposition de Paris qu'elle visite car « elle est envahie par cette bande de fils de putes lunatiques que sont les surréalistes », et trouve « superflue toute cette saloperie » qui est exposée !

Picasso écrit pourtant à Diego : « Ni Derain, ni toi, ni moi ne sommes capables de peindre une tête comme celle de Frida Kahlo » et il offrira même à Frida des boucles d'oreilles en forme de main qu'il a fabriquées lui-même !

Rentrée au Mexique, Frida souffre de plus en plus. Un médecin décide de la lester de poids de vingt kilos pour en quelque sorte étirer la colonne. Totalement inutile et sans doute cela a-t-il encore aggravé ses douleurs… Comme elle est connue, les médecins s'opposent entre eux pour savoir si une opération au niveau de son rachis serait judicieuse. On n'en était qu'aux débuts de ce type de chirurgie, avec en plus tous les risques d'anesthésie et de surinfection de l'époque.

En 1940, Frida retourne à San Francisco où le Dr Eloesser l'hospitalise et réalise un examen très douloureux : l'injection intrarachidienne d'un produit opaque, le lipiodol, afin de visualiser le canal lombaire. Il révèle de nouveau sa scoliose et peut-être une malformation, dite spina bifida, à savoir une mauvaise fermeture du canal lombaire – sans doute là aussi une séquelle de la poliomyélite. Le médecin lui prescrit du repos et un sevrage de l'alcool. « Je ne suis pas malade, écrit Frida. Je suis brisée. Mais je me sens heureuse de continuer à vivre tant qu'il me sera possible de peindre. » Heureuse aussi car elle a retrouvé Diego : ils se remarient le 8 décembre 1940, de nouveau amoureux et fusionnels.

Mais, progressivement, son état continue de se détériorer, ce qui se manifeste par un amaigrissement important, des fatigues intenses et un moral qui n'est pas bon.

Le 24 juin 1944, elle écrit au Dr Eloesser : « Putain que c'est pénible d'avoir à supporter ces appareils, mais si tu savais à quel point j'allais mal avant qu'on me les mette… j'allais un peu mieux grâce au corset mais là, je suis en pleine rechute et je perds espoir car visiblement rien ne peut soulager ma colonne. D'après les médecins d'ici, j'ai une inflammation des méninges, mais je ne comprends pas bien : si ma colonne doit être immobilisée pour éviter que les nerfs s'irritent, pourquoi ce foutu corset n'empêche pas les douleurs ? » Elle se peint en petit cerf transpercé de flèches symbolisant ses douleurs, ses désespoirs, tel saint Sébastien criblé de flèches, symbole du Mexique !

On l'a dit, les corsets ont comme conséquence de faire fondre la masse musculaire. Lorsqu'ils lui sont enlevés, elle ressent une absence de soutien : comme si elle n'était plus capable de tenir debout. Elle se peint alors de face, le corps ouvert avec des tiges métalliques en guise de colonne, un corset et des clous partout sur un fond désertique et un ciel voilé. Elle montre ses douleurs profondes, définitives et généralisées : c'est la colonne brisée.

En 1945, le produit injecté lors de nouveaux examens radiologiques et autres ponctions lombaires engendre une hypertension intracrânienne avec des céphalées intenses et des vertiges. Frida semble cumuler toutes les pathologies liées à son état. C'est l'époque où, inspirée par le livre de Sigmund Freud *Moïse et le monothéisme*, paru en 1939, elle réalise son œuvre magistrale, *Moïse ou la naissance du héros*. Elle y met toute son interprétation du livre de Freud et du monde, mélangé à ses propres maux. Et confie à son journal intime : « On n'est rien d'autre qu'un fonctionnement – ou la partie d'une fonction d'ensemble. Nous nous dirigeons vers nous-mêmes, à travers des millions d'êtres, pour revenir à un. »

En juin 1946, elle va consulter à New York le Dr Wilson, spécialiste de la chirurgie du rachis. La médecine militaire a fait faire de nombreux progrès à cette chirurgie pendant la Seconde Guerre mondiale. On opère donc Frida du rachis en lui posant un dispositif métallique reliant quatre vertèbres lombaires entre elles. Puis, une nouvelle fois, elle reste allongée durant trois mois, désormais lestée de ce nouveau corset en acier.

Les années passent, les situations se ressemblent, avec son handicap et ses souffrances. D'autres opérations sont tentées : on lui pose des broches, on lui fait des greffes d'os pour consolider les vertèbres. Mais sa cicatrice au dos s'infecte. Frida exprimera cette nouvelle douleur dans son tableau *Arbre de l'espérance tiens-toi droit*, une œuvre en deux parties, l'une claire où elle est de dos avec des cicatrices qui saignent, l'autre où on la voit en robe rouge sang sur un fond sombre.

En 1950, le Dr Farrill, à Mexico, tente une nouvelle greffe osseuse pour essayer de soulager son dos. Elle va rester à l'hôpital presque une année entière. « J'ai bu pour noyer mon chagrin mais il a appris à nager, le maudit, écrit-elle. Et aujourd'hui j'en ai marre d'être sage et comme il faut. » Elle peint toujours sur le chevalet dans son lit, notamment ce tableau où elle est allongée et vomit sur son chevalet ses organes et aussi un magma de peurs. Son lit est une terre aride et sans végétation, « sans espoir ». Elle se déplace désormais en fauteuil roulant. Elle écrit : « J'ai été malade un an. Sept opérations à la colonne vertébrale. Le Dr Farrill m'a sauvée. Il m'a redonné la joie de vivre. Je suis encore sur un fauteuil roulant, je ne sais pas si je remarcherai bientôt. Je porte un corset de plâtre, un épouvantable fardeau qui m'aide malgré tout à soulager mon dos. Je n'éprouve pas de douleurs. Je suis seulement ivre de fatigue et comme c'est normal très souvent désespérée. Un désespoir qu'aucun mot ne peut décrire. En revanche j'ai envie de vivre. J'ai recommencé à peindre. »

En 1951, toujours enserrée dans son corset, comme si la maladie l'avait emprisonnée, surgit une grosse complication : sa jambe droite atrophiée s'infecte. Les médecins diagnostiquent une gangrène et décident de l'amputer en dessous du genou droit. Bien que très faible, elle parvient à rire de cette amputation prochaine dans sa chambre où elle a suspendu ses anciens corsets. Elle se fait photographier embrassant l'amour de sa vie, Diego, elle étant telle la Belle au bois dormant, mais une Belle au bois dormant communiste : elle a peint la faucille et le marteau sur sa chemise. Toujours l'humour qui la caractérise ! Elle dit aussi : « Des pieds, pourquoi est-ce que j'en voudrais si j'ai des ailes pour voler ? »

Tout en continuant de peindre allongée sur son lit, elle prend beaucoup de Demerol, un morphinique, mais elle boit aussi, l'alcool calme ses angoisses, ce qui crée un cocktail dangereux. Son style – des autoportraits où elle projette sur la toile la force de ses souffrances – est désormais connu et reconnu dans le monde entier. Elle se met également à peindre des « natures vives », comme elle les appelle, se représentant à travers des pastèques éventrées, des grenades éclatées, des pulpes écrasées.

En juin 1954, elle contracte une pneumonie. Cela fait des mois qu'elle est allongée sur son lit de la casa Azul. À l'époque, il n'y a aucune prévention des risques thromboemboliques, c'est-à-dire des caillots qui se forment dans le système sanguin et qui risquent d'atteindre les vaisseaux des poumons, provoquant une embolie pulmonaire.

Le 2 juillet, malgré son infection pulmonaire et la réprobation des médecins, elle se rend en fauteuil roulant à une manifestation organisée par le Parti communiste avec ce peuple mexicain qu'elle aime tant. Une photo prise ce jour-là la montre les traits tirés mais combative, brandissant de main gauche une pancarte avec une colombe de la paix.

Elle s'éteint dans la nuit du 13 juillet, sans doute emportée par une embolie pulmonaire. Aucun élément ne permet de suggérer un suicide, même si on sait que malgré l'amour de Diego, elle était alors très déprimée. Le dernier tableau qu'elle nous laisse, *Viva la vida*, est enjoué, et elle était en train de terminer un portrait de Staline.

Le 13 juillet 1954 est en réalité la conséquence de toutes les années de souffrances endurées : trente-deux opérations, vingt-huit corsets dont un en acier, trois en cuir et vingt-quatre en plâtre, sans compter les ponctions lombaires, les actes de radiologie avec opacification, les fausses couches et trois interruptions médicales de grossesse, les infections et un moral souvent au plus bas. « Je n'ai jamais peint mes rêves. J'ai peint ma réalité », écrivait-elle. Et encore, ses derniers mots dans son journal : « J'espère que la sortie sera joyeuse, et j'espère bien ne jamais revenir. Frida. » Quelques jours avant sa mort, comme une prémonition, elle avait offert une bague à Diego pour leur vingt-cinquième anniversaire de mariage en lui disant : « Je sens que je vais te quitter plus tôt que prévu. »

Frida Kahlo a eu des funérailles nationales et reçu de multiples hommages du monde entier.

À sa demande, elle fut incinérée car elle ne voulait pas être enterrée couchée ayant trop souffert dans cette position ! Ses cendres ont été déposées dans une urne de la forme de son visage et l'urne posée sur son lit à baldaquin.

Après ce jour funeste, la casa Azul est restée figée dans le temps, comme si Frida l'habitait encore. Diego n'y a plus jamais remis les pieds après le jour de la mort de Frida et il a donné la maison au gouvernement du Mexique, exigeant seulement qu'une pièce où Frida avait entreposé des objets reste condamnée jusqu'après son propre décès.

Il fallut attendre 2004 pour que la directrice de la casa Azul, devenue un musée national, obtienne l'autorisation de casser le mur. Elle découvrit une salle de bains cachée où Frida avait laissé des objets, des centaines de photographies, des corsets et des dessins… comme si elle nous disait que tout continue même après la mort. Frida Kahlo et Diego Riviera font partie pour toujours de l'histoire du Mexique, qu'ils ont marquée de leur art et de leur style.

Frida Kahlo est morte à quarante-sept ans.

BILLIE HOLIDAY

Le blues jusqu'au bout de la vie

17 juillet 1959, un point d'orgue s'écrase sur la musique, suivi d'un silence qui dure encore. Billie Holiday, l'une des plus belles voix du jazz, vient de mourir au Metropolitan Hospital de Harlem, à New York. Le piano pleure en noir et blanc, la contrebasse ne répond plus à la batterie dont les baguettes se croisent, les bois, les cordes de la guitare n'ont plus d'accord en tête, le saxophone est si humide que nul ne peut voir ses larmes et les autres cuivres attendent une reprise qui ne viendra plus. Les musiciens quant à eux boivent un peu plus que d'habitude… si c'est encore possible ! Billie est une voix de plusieurs octaves avec une tessiture de baryton, rocailleuse et surtout totalement modulée par le rythme du blues, ce jazz qui vient de la terre des oppressions raciales. Allez-y, écoutez sa musique, sa voix en lisant ce texte, et vous verrez : la magie se fait discrète, sensuelle, généreuse… Billie est là ! La vie est envahie par le blues, nous voici aux États-Unis dans les années de

l'après-Première Guerre mondiale, les années de la Prohibition, de la ségrégation, des crises sociales. Billie Holiday a consacré sa vie au jazz, mais la vie ne l'a pas épargnée et une fois la musique arrêtée, elle a dû tout supporter des violences sociales, raciales et physiques.

De son vrai nom Eleanora Fagan, Billie Holiday grandit dans les années 1920 à Baltimore. Le ghetto lui forgera un caractère combattant à l'école de la rue, habituée aux bagarres elle sera toujours prête à en découdre, à répondre aux insultes, aux humiliations que sa couleur de peau engendre car à cette époque aux États-Unis le racisme est présent jusque dans les lois. Son père est absent. Guitariste de jazz, il comptera beaucoup pour elle, dans une carence affective jamais comblée autrement que par l'alcool et les drogues. Sa mère travaille comme femme de ménage et cuisinière pour les Blancs le jour. La nuit, elle travaille à l'hôpital du secteur où elle lave par terre et aide aux soins des malades. Et pour arrondir les fins de mois, il arrive qu'elle se prostitue. Terrible situation des Noirs pauvres dans cette Amérique du racisme quotidien.

Pauvre, Billie commence sa carrière à quatorze ans. Elle est un millefeuille de psychotraumatismes dès l'enfance avec un viol à onze ans, puis les réprimandes de la ségrégation à l'adolescence, les violences au quotidien, de ses proches, de la rue, et la bascule sans ménagement dans le monde adulte. Malgré toute cette violence elle travaille sa voix, en quelque sorte elle suit les traces de son père qui doit lui manquer (plus tard elle appellera tous ses maris et amants « Dad »).

Ses dons impressionnants attirent très tôt la jalousie des autres artistes. À quinze ans elle prend le nom de Billie Holiday, Holiday le nom de son père, et Billie car c'était le surnom qu'il lui donnait. Comme la plupart des musiciens de jazz, elle apprend tout à l'oreille et ne lit pas la musique – cet apprentissage leur était-il interdit et réservé aux Blancs ? Une chose est certaine, les Noirs n'avaient pas accès à la culture comme les Blancs. Nous sommes au début des années 1930 et elle chante dans les clubs de Harlem toutes les nuits. À dix-sept ans, elle fait ses véritables grands débuts grâce à un producteur de chez Columbia, John Hammond, captivé par cette jeune chanteuse de quatre-vingt-dix kilos et qui chante comme jamais il n'a entendu personne chanter. Le premier enregistrement a lieu avec le clarinettiste Benny Goodman. Pour Billie, c'est le début de la notoriété mais cette notoriété n'empêche pas le racisme dont elle est victime. Régulièrement humiliée dans les salles de spectacle où elle se produit, elle souffre des lois ségrégationnistes : dans un club de l'*uptown*, à New York – la partie chic de Manhattan –, géré entre autres par Glenn Miller, elle n'a pas le droit de se mêler au public, de parler à un Blanc, de se rendre dans la salle ni au bar ni aux toilettes ! Mais dès qu'elle chante, par exemple *I've Got My Love to Keep Me Warm*, tout le public est avec elle. Et on vient de plus en plus l'écouter. En 1935, elle rencontre Lester Young, saxophoniste ténor de génie, et ils deviennent amis pour toujours. Lui joue de son saxophone rafistolé en chaloupant et elle chante à la perfection, de sa voix chaude profonde. Leur succès est énorme.

Duke Ellington aussi la fait chanter. Tant de succès n'empêche pas Billie de boire, de l'alcool plus ou moins bon. Et de commencer à utiliser les drogues – marijuana, héroïne, cocaïne et opium – que la mafia distribue à tout-va pour remplacer le manque à gagner de ses trafics d'alcool sous la Prohibition, désormais abolie. La pègre gère toujours ses profits avant tout comme une économie d'offre et de demande. Billie fume énormément, dont beaucoup de cannabis. L'alcool et le cannabis pour calmer ses angoisses et son désespoir ? Sans doute.

Le décès de son père, le 1er mars 1937, la bouleverse. C'est pourtant ce même mois qu'avec l'orchestre de Count Basie elle se lance dans une tournée monumentale de plus de mille kilomètres par jour. Dans son autobiographie écrite avec William Dufty, *Lady Sings the Blues*, elle explique : « Ce qui est remarquable dans l'orchestre de Basie, c'est qu'on travaille sans partition. » On sent dans ce livre l'ambiance de cette musique, la fête avec les musiciens, la joie de vivre ce métier, le seul où le verbe travailler est remplacé par le verbe jouer ! La musique est le rêve de Billie, et elle le vit par tous les bouts.

Nouvelle tournée en 1938, cette fois avec le clarinettiste Artie Shaw, où elle se retrouve la seule Noire dans un orchestre de Blancs avec un juif à sa tête. Il défendra toujours sa présence sur scène et fera tout pour qu'elle soit respectée. Parvenue dans le Sud, la tournée deviendra tellement épouvantable de racisme que cela poussera Billie à arrêter définitivement les grands orchestres. Dans le même temps elle sombre de plus en plus dans l'alcool et la drogue – ses amis les plus proches.

Elle arrive à jouer au Café Society, le premier club antiségrégationniste, très à la mode à New York. Elle y chante *Me, Myself and I* qui résonne comme un cri de solitude qui lui va tellement bien. La drogue y étant interdite, elle se fait apporter ses doses par un chauffeur de taxi et va fumer ses joints dans sa voiture dans Central Park entre deux sets.

Elle est alors vraiment alcoolique et toxicomane, ce qui ne l'empêche pas d'enregistrer avec les plus grands car elle est devenue la référence de la chanson de jazz : Art Tatum, Benny Carter, Dizzy Gillespie… Elle passe à l'Apollo, salle mythique : désormais, Billie Holiday est une star.

Tout son argent passe dans ses addictions – elle est piégée dans la dépendance physique et psychique. En amour, elle n'a pas de chance. Elle se marie d'abord avec Jimmy Monroe, qui la bat. C'est lui qui l'a rendue dépendante à la cocaïne et à l'opium car c'est un trafiquant. Il sera arrêté pour cela. Billie divorce.

Sa carrière malgré tout continue avec un succès fabuleux : le 18 janvier 1944, elle est la première artiste noire à se produire au Metropolitan Opera de New York ! Elle est alors au zénith de sa carrière.

En 1947, son imprésario lui fait faire une première cure de désintoxication… vaine : à peine sortie de la clinique, elle est arrêtée et mise en prison pour détention et usage de stupéfiants. À cette époque, les usagers de drogues sont considérés comme des délinquants et emprisonnés sans soins… Billie écope d'un an de prison ferme à Alderston en Virginie. Aucun traitement de faveur pour la star : elle nettoie les cuivres, elle s'occupe des cochons et de la ferme du pénitencier.

Elle sort de prison le 16 mars 1948, sevrée de force de l'alcool et des drogues mais aussi ruinée. Et déjà, le 27 mars 1948, elle triomphe au Carnegie Hall dans un concert unique de vingt et une chansons et six rappels devant deux mille sept cents spectateurs. Personne n'a oublié sa voix, son talent, son jazz. Mais la police lui retire sa carte de travail pour avoir enfreint les règles de « bonne moralité », ce qui signifie qu'elle ne peut plus chanter dans les clubs (où l'on vend de l'alcool), mais uniquement dans les salles de spectacle et les théâtres (qui eux n'en vendent pas, mais sont évidemment plus difficiles à remplir car beaucoup plus grands). Billie se remet à boire, à se droguer et à fumer comme avant son incarcération…

Son alcoolisme l'use. Bien entendu, elle paie les conséquences lentes et régulières sur sa santé – atteinte hépatique et cardiaque… – mais surtout, socialement, elle ne tient plus les rythmes des enregistrements. Sa réputation de junkie alcoolique, le fait qu'elle soit surveillée par la police… les engagements se font rares. Même si elle chante le *Billie's Blues*, qui devient un tube toujours présent dans les sets de jazz.

Mais, fin 1950, elle triomphe à Chicago avec un jeune qui débute : Miles Davis. Elle est encore dans le jeu, et son talent est intact. De nouveau, elle triomphe dans toutes les grandes villes… tout en fumant plus de cent cigarettes par jour !

Elle se met en couple avec un autre homme, John Levy, elle chante *Sugar* et *Summertime*, mais la malchance amoureuse la poursuit… John lui vole tous ses cachets tout en la bourrant de coups de poing ! Elle le quitte en 1951, de nouveau ruinée.

Elle a une aventure avec une actrice, Tallulah Bankhead, dont le témoignage la disculpant lui permet d'éviter la prison car Billie est arrêtée une nouvelle fois par la police, à San Francisco, en possession d'héroïne.

Cette même année 1951, elle rencontre son nouvel amant et futur mari, Louis McKay, qu'elle connaît de Harlem lorsqu'elle avait seize ans. Il se montre tout aussi violent avec elle que ses hommes précédents, mais il essaie de la faire sortir de la drogue et de relancer sa carrière.

Sans carte de travail, pas de retour possible à New York, alors Billie continue les tournées, très fatigantes, et n'arrête pas de boire. Le blues est dans son sang et sa désespérance dans chaque injection d'héroïne dans ses veines.

Elle a seulement trente-neuf ans lorsqu'elle part pour sa première tournée en Europe. Elle boit énormément mais adore prétendre qu'elle est en bonne santé. À Pleyel à Paris (où elle mélange le Pernod et le cognac), elle est tellement ivre qu'elle ne pourra chanter que sept chansons. Boris Vian, grand fan de jazz, commentera, non sans une pointe d'humour :

« Ces années n'ont pas changé un brin son talent, il a ceci de commun avec les vins de qualité qu'il s'améliore si possible. » De retour aux États-Unis, elle donne un concert exceptionnel au Carnegie Hall. Mais l'alcool et les drogues font désormais des ravages difficiles à cacher : non seulement ils lui abîment de plus en plus la voix, mais surtout elle oublie les départs des chansons, les paroles…

La tristesse va de nouveau accompagner sa vie avec la mort de Charlie Parker en 1955, *When a Woman Loves a Man*.

En 1956, elle boit du gin au petit déjeuner et des verres de bière remplis de cognac, *You Got to My Head*. Chaque soir les musiciens se demandent si elle va pouvoir chanter *Night and Day*, l'un de ses plus grands tubes. Elle est probablement la chanteuse de jazz la plus célèbre au monde, et elle vit un enfer de dépendance à l'alcool et aux drogues qui l'emporte doucement. Sa voix se voile, s'étouffe, sa diction devient inaudible, elle se contente de psalmodier. Elle ne porte plus que des manches longues pour cacher sur ses bras les piqûres d'héroïne et les ulcères dus aux piqûres qui ne cicatrisent plus. Elle couvre ses mains d'un mouchoir pour cacher les traces de sang aux points de ponction des seringues. Ses jambes sont gonflées d'œdèmes dus à l'insuffisance cardiaque droite qui accompagne la cirrhose alcoolique. Mais sa rage de se battre ne faiblit pas et elle continue d'affirmer : « Je ne suis jamais malade. »

Lors d'un concert à Hollywood au Jazz City, victime d'un malaise elle s'effondre dans sa loge. Elle a le visage décharné, un teint cireux, un ictère des conjonctives, toujours des œdèmes des membres inférieurs, signant l'insuffisance hépatocellulaire. On la place sous une tente à oxygène toute la nuit… et c'est tout ! Le lendemain, elle se dit en pleine forme et repart à ses concerts. La maladie peut continuer sa destruction.

En février 1956, elle est arrêtée avec Louis McKay à Philadelphie en possession de drogues. On la libère moyennant 7 500 dollars de caution. Billie a très peur du procès et ne veut pas retourner en prison. Elle rentre à New York et retourne en cure de désintoxication, totalement inutile car elle est, en fait, en pleine crise de panique et boit tout le temps. Pour éviter de témoigner contre McKay, elle décide de se marier avec lui (on n'a pas à témoigner contre son époux) mais une fois le jugement, clément, prononcé, McKay la quitte définitivement.

Elle s'installe à Manhattan, dans un appartement de la 87e Rue. Ruinée, elle ne fait plus rien. Que boire. Se piquer. Regarder la télé. Un avocat et un jeune musicien s'occupent d'elle et lui font enregistrer un album en février 1958, *Lady in Satin*. Sa voix est fragile et les arrangements de violon changent du jazz classique. Billie a du mal à chanter, se chauffe la voix au gin, son élocution est vaseuse, voire incompréhensible.

C'est dans cet état physique difficile qu'elle reprend l'avion pour une nouvelle tournée européenne démarrée le 1er novembre 1958 mais la lune n'est plus très bleue quand elle se met à chanter. À

Milan, elle arrive ivre sur scène. La tournée italienne est annulée. Le 11 novembre, à Paris, elle séjourne à l'hôtel Caumartin, à côté de l'Olympia où elle doit se produire. Elle boit cognac sur cognac. Le soir elle entre en scène les cheveux lissés en arrière, de grandes boucles pendant aux oreilles, dans une belle robe beige brodée de perles avec sur la hanche une grande orchidée. Et de nouveau ivre. Elle se retient au piano à queue. La salle de mille places est pleine. Les deux premières chansons ? Elle n'y arrive pas. La salle siffle et hue. Puis sa voix revient, comme avant, et c'est sublime, mais elle ne tient que huit chansons. N'ayant plus un sou, elle doit rester à Paris et chanter au Mars Club pour réunir la somme de son billet de retour. Elle est censée y faire trois sets par soir mais elle n'est capable de tenir aucun engagement. Dans *Avec mon meilleur souvenir*, Françoise Sagan raconte : « Vers minuit quelqu'un pousse la porte suivi d'un groupe bruyant. C'était Billie et ce n'était pas elle. Elle avait maigri, elle avait vieilli et sur ses bras se rapprochaient de plus en plus des traces de piqûres. »

Rentrée à New York, elle enregistre son dernier disque, *Billie Holiday*, de nouveau bouleversée, le 15 mars 1959, par la mort de son ami Lester Young, lui aussi alcoolique.

Elle continue de donner quelques concerts mais ses amis la reconnaissent à peine car elle a maigri de plus de 25 kg. Elle ne va pas bien du tout.

Le 30 mai 1959 au matin, elle s'effondre sur le tapis de sa chambre. Le Dr Caminer réussit à la faire admettre à l'hôpital. À l'époque, les malades toxicomanes et alcooliques ne sont pas considérés comme des malades mais comme des délinquants : au vu de toutes les traces de piqûres, elle est laissée sur un brancard dans un couloir du Metropolitan Hospital de Harlem.

Son médecin parvient à lui avoir une chambre, la 6A, au douzième étage. Billie est placée sous une tente à oxygène et perfusée mais avec difficulté tellement ses veines sont abîmées par la drogue. Son état général est déplorable : une cirrhose alcoolique très grave avec une insuffisance hépatocellulaire, une insuffisance cardiaque droite et une insuffisance rénale auxquelles s'associent forcément des troubles ioniques et sanguins comme l'anémie.

Un spécialiste du célèbre Rockefeller Institute venu à son chevet parvient à ce que Billie soit traitée par méthadone pendant quinze jours pour lui permettre de surmonter le manque.

Dès qu'elle va un peu mieux, la tente à oxygène est enlevée et elle refume en cachette ses cigarettes préférées, les Pall Mall. Elle reçoit des quantités de messages et de fleurs, de Sinatra à Ella Fitzgerald, de Count Basie à Harry Bellafonte.

Le 11 juin, c'est le drame : une infirmière découvre une dose d'héroïne dans la boîte à mouchoirs au fond de sa table de nuit. Comme le veut la loi à l'époque, elle dénonce Billie ! Le 12 juin, la police perquisitionne sa chambre et malgré son état clinique ils la mettent en état d'arrestation à l'hôpital ! Tout lui est confisqué, ses romans-photos, son électrophone, ses disques, on coupe son téléphone, on lui retire ses fleurs… Comble de l'humiliation pour cette star du jazz très malade, on prend ses empreintes digitales et des photos anthropométriques ! Deux policiers la veillent dans la chambre et un dans le couloir. Elle est traitée comme une grande criminelle, elle qui ne fut que souffrance et addictions, elle qui a traversé la ségrégation et toutes les humiliations faites aux femmes noires et pauvres… opprimée jusque dans la maladie, jusque dans ses derniers moments…

Ses proches tentent de lancer une pétition adressée au maire de New York afin d'alléger ses conditions d'hospitalisation, mais aucune célébrité ne la signe pour ne pas être compromise… comme si cette pauvre Billie était un risque ! Mais ses avocats se démènent et obtiennent devant la cour de justice qu'elle soit libérée sur parole et sous leur responsabilité.

Cela dit, les traitements de l'époque ne sont pas très performants pour soigner tous ses maux. Mais elle va mieux, doucement. Elle se fait coiffer et elle se fait belle. Une infirmière lui laisse même boire une bière. Le 9 juillet, les médecins lui accordent glaces, bonbons et fruits… évidemment pas de sel en raison de son insuffisance cardiaque et hépatique afin d'éviter l'aggravation des œdèmes.

Mais le 10 juillet, elle fait un brutal œdème aigu du poumon doublé d'une pyélonéphrite. Elle sombre dans le coma typique de la défaillance cardio-pulmonaire aiguë.

Le 15 juillet, son dernier mari McKay est à son chevet, avec William Dufty, le journaliste qui a coécrit son autobiographie.

Billie fait un arrêt cardiaque et meurt dans la nuit du 17 juillet 1959 à 3 h 10. L'infirmière chargée de sa toilette mortuaire apporte à McKay une liasse de billets de 500 dollars enroulée avec du scotch qu'elle a retrouvée cachée dans son vagin – comme une cachette intime pour payer ses doses… son indispensable drogue.

Dans son autobiographie, Billie avait écrit : « Qui peut dire que son combat contre la drogue est terminé, à part au moment de mourir » ?

Billie Holiday est morte à quarante-quatre ans.

ANDRÉ BOURVIL
La tactique du gendarme face au crabe

23 septembre 1970, la France se réveille en apprenant la mort d'une star du cinéma, et perd un ami, un parent, un proche : Bourvil. Bourvil incarnait le Français dans toute sa complexité, sa fragilité, son intelligence.

La maladie est toujours une injustice, une identité particulière qui dessine le tragique d'un destin. Bourvil le savait, il avait tout compris, mais il était déterminé à se battre contre son cancer. Dans ces années-là, le crabe ne se soignait que très rarement. Alors, le comédien a vécu de longues années avec des insomnies, des peurs, une tristesse, une désespérance de savoir l'échéance inéluctable. Mais il n'en parlait pas et devant la caméra, il faisait bonne figure, tout était rire, force et adversité face au mal.

Son drame commence alors qu'il est au sommet de sa carrière. Tout va bien. Bourvil est connu, enchaîne les succès, il a une épouse, une vie sentimentale heureuse et deux beaux enfants. Le 15 août 1967, il est en train de tourner le film comique *Les Cracks*, à

Aubenas, en Ardèche. Il interprète un cycliste. Le tournage s'effectue avec les moyens de l'époque : la caméra est posée dans une voiture qui roule au milieu d'un peloton de cyclistes. Dans la scène, un triporteur poursuit Bourvil. Mais avec la vitesse, l'ensemble du peloton est projeté dans un fossé. C'est l'accident. Et la panique, car Bourvil est coincé sous le triporteur et les vélos enchevêtrés. Il parvient à se relever bien qu'il souffre, mais il marche. Par sécurité, il est conduit aux urgences de l'hôpital. On lui trouve un banal hématome dans le bas du dos, sinon le bilan est normal. Il profite d'être à l'hôpital pour demander si on peut lui enlever l'abcès qu'il a « derrière une oreille ». Le chirurgien enlève une masse sans doute hétérogène. Comme il a des doutes, il l'envoie à l'anatomopathologie. Quelques jours après, le résultat revient : c'est une tumeur cancéreuse. Sidéré, Bourvil garde cette information pour lui.

La prise de sang confirme le diagnostic, avec un taux de globules blancs et une vitesse de sédimentation très élevés, une probable anémie, et surtout, l'électrophorèse des protéines (à savoir une étude très spécifique, notamment des immunoglobulines) montre une hypersécrétion qui prouve un cancer du type myélome de Khaler. À l'époque, la médecine appelle cela le cancer des os car l'abondance de ces immunoglobulines sécrétées par des cellules sanguines, les plasmocytes, va détruire le tissu osseux. Le comédien n'en parle qu'à sa femme et à son frère. Il ne veut pas se résigner, il veut se soigner, vivre, guérir. Il consulte des dizaines de médecins, des rebouteux… et c'est finalement à l'institut du cancer de Villejuif qu'il est pris en charge où il reçoit un traitement de radiothérapie au cobalt et débute une chimiothérapie avec l'anticancéreux de l'époque, l'Endoxan, et des corticoïdes.

Bourvil est un homme de courage alors malgré des douleurs de plus en plus fortes il continue de tourner. L'altération de son état va avec une probable atteinte rénale, hépatique et splénique. Sur le tournage du *Cerveau*, commencé à l'été 1968, personne ne sait qu'il est très malade. Mais un jour, au cours d'une scène, il est pris de douleurs effroyables au dos. Il ne dit rien. Il s'accroche au vivant, il fait abstraction de la douleur par une force mentale inouïe. Et continue le tournage. Mais il est fatigué, pâle, le visage de la souffrance. Gérard Oury s'en inquiète. Quelque temps plus tard, il a une paralysie de la langue ou une paralysie faciale. Oury appelle le médecin de famille de Bourvil, qui ne veut rien lui dire, dans le respect du secret médical. À force d'insister, le réalisateur finit par apprendre que son acteur vedette n'a plus que quelques mois à vivre.

Malgré le traitement, la maladie progresse. Doucement, sournoisement, les cellules cancéreuses se développent et s'emparent de son corps. Sans doute avec, aussi, une hypercalcémie, car le myélome détruit les os. Désormais le mal se voit car le comédien maigrit beaucoup.

Mais Bourvil ne renonce pas ! Jamais ! Sans jamais évoquer la gravité de son mal, il continue de travailler tel Don Quichotte se battant contre les moulins. Il faut tenir. Il est d'autant plus courageux qu'à l'époque la morphine, pour lutter contre la douleur, n'est pas prescrite facilement.

À un ami il dit : « Tu vois, regarde comment on change, comment la maladie te détruit, comme un rabot qui t'enlève des morceaux de toi-même… mais malgré tout il faut continuer de travailler, continuer d'avancer, pour vaincre ! » Bourvil fait partie de ces malades qui ne renoncent pas et font tout pour s'en sortir, restant optimistes coûte que coûte.

Le 7 décembre 1969, c'est la première du *Cerveau*. Tout le monde est au courant de la maladie de Bourvil, et l'ambiance n'y est pas. Bourvil donne l'illusion, fait rire, rit lui-même. Il fait bonne figure, triste artiste qui joue ses dernières scènes avec la grâce du désespoir, l'énergie et l'élan du dernier instant. Cette soirée de gala est épouvantable, Oury se cache pour pleurer. La presse bien pourrie cherche à révéler le mal et l'échéance qui terrassent l'acteur.

En mars, pour faire cesser les rumeurs, Bourvil accepte dans une interview de parler de la mort à demi-mot : « Ce que je dis n'a aucune importance, d'ailleurs les acteurs sont des gens qui n'ont aucune importance. On vend des courants d'air, nous. Les acteurs dans cinq ans, cinquante ans on ne se les rappelle pas, poils au bras… J'aurais pas dû dire ça… » Il rit. Toujours cette autodérision, cette humilité incroyable, cette honnêteté intellectuelle et morale qui sont les fondements de l'homme – c'est pour cela que le public l'aime : il est vérité. Bourvil est vraiment l'incarnation de ce peuple français courageux, vaillant, digne, conquérant, faisant toujours bonne figure et ne renonçant pas.

Au matin du 11 septembre 1969, alors qu'il tourne *L'Étalon* de Jean-Pierre Mocky à Cerbère, à la frontière franco-espagnole, il fait une sorte de malaise vagal dans son lit, à l'hôtel La Vigie. Il a perdu connaissance quelques instants. Un médecin arrive vite, il lui fait une piqûre, sans doute d'atropine. Bourvil se sent mieux et il veut tourner sa scène, en demandant que personne ne parle de son malaise. Sur le plateau, à son habitude, il fait rire les gens, ne se plaint jamais. Mais Mocky s'inquiète beaucoup. Bourvil l'avait mis au courant avant le début du tournage, alors le réalisateur lui avait fait raser le crâne, officiellement pour les besoins du personnage, en réalité pour cacher les effets de la chimiothérapie.

Fin 1969, Bourvil est heureux d'avoir une proposition de Jean-Pierre Melville pour tourner dans *Le Cercle rouge*. Un de ces scénarios policiers avec plein de facettes, de jeu d'acteur, et de rencontres avec les stars du moment, Delon, Montand. Une sorte de contre-pied à tous les rôles comiques ou de simplet, en apparence, qu'il a joués. Melville lui dit qu'il va faire de son personnage un personnage sombre. Bourvil en est fier. Il dit au producteur : « Pour la rémunération, vous mettez ce que vous voulez. Zéro ? C'est zéro ce que vous voulez ? » Il est heureux que son « dernier film soit peut-être celui-là ». Le réalisateur lui montre des films noirs américains, où les acteurs sont beaux et bien habillés.

Bourvil a peur d'être mal habillé. « Je vais vous habiller chez mon tailleur », lui promet Melville. Se regardant dans la glace en faisant les essayages de ses costumes, Bourvil se trouve beau ! Malgré l'amaigrissement et le visage émacié ravagé par les douleurs chroniques : une fois de plus il fait bonne figure.

Melville lui demande de jouer sobre, sans grimace. Ce rôle est comme un dernier tour de piste de l'artiste, de l'acteur, il y a quelque chose de tragique entre cette maladie qui l'emporte et l'art qui va inscrire ce film dans l'histoire du cinéma, intemporel, inoubliable. Bourvil souffre en permanence mais joue les scènes, fait le travail. Son chapeau lui tombe sur les oreilles tellement il est maigre. Alors on bourre de coton le fond du chapeau. Toujours sans jamais se plaindre, il parle à la presse de son rôle : « C'est sans doute aussi que le personnage est assez proche de ce que je suis à la ville, je joue un personnage sérieux comme si j'étais André Raimbourg », sa véritable identité.

Mais la maladie l'use un peu plus chaque jour. Il confie sa douleur à un ami : « Regarde-moi bien, tu ne me reverras plus. J'ai un cancer, je souffre le martyre, je n'en ai plus que pour quelques mois. »

Au clap de fin de tournage il demande à Melville, ce qui ne se faisait jamais, de pouvoir retourner la scène. Melville est surpris mais il dit « oui, monsieur Bourvil ». Une nouvelle prise est lancée et là, Bourvil est lumineux, et il se met à chanter l'un de ses tubes : *La tactique du gendarme* et il rit, il a fait une blague, dans les rushes on entend toute l'équipe rire à son tour, et applaudir. Il est joyeux. Il n'oublie pas ses origines, le rire. « Ça, c'est les happy-ends », s'exclame-t-il. La boucle est bouclée.

Melville lui fait une promesse : inscrire « André Bourvil » au générique. « Depuis le temps que j'attendais ça », lui répond Bourvil qui est à la fois heureux et tellement détruit et triste. À l'apogée de son art et au stade terminal du cancer. Le destin est horrible.

Tourner lui permet d'oublier sa maladie. Alors il enchaîne… Après *Le Cercle rouge*, *Le Mur de l'Atlantique*. Ce sera son dernier film. La presse à scandale le suit à la trace, les journalistes proposent de l'argent à ses proches, aux médecins pour essayer de soutirer des informations… La presse ne lui épargne rien ! Pour faire taire les rumeurs, il donne une interview dans laquelle il déclare : « Oui, je suis un homme heureux, je fais un métier qui me plaît, j'ai une bonne santé, deux enfants formidables qui travaillent et j'ai une femme, qui est une mère extraordinaire, et quand je serai vieux j'aurai rien à demander à personne, si avec ça j'étais pas heureux alors je serais à gifler ! »

Chaque soir, il se rend à Villejuif pour son traitement. La douleur est devenue son ombre, pour essayer de le soulager on lui donne du Palfium, de la morphine, mais qui le fatigue encore plus…

Le tournage fini, il s'isole chez lui à Montainville, dans les Yvelines, avec sa femme. Très déprimé par la souffrance physique et psychique, il ne bouge plus de son lit. Son état se dégrade rapidement.

Il revient à Paris le 16 juillet 1970 pour participer à une émission de télévision qui rend hommage à Jean-Pierre Mocky, tournée sur la tour Eiffel. Au moment de s'en aller, il fait arrêter la voiture qui quitte son domicile et regarde sans rien dire une dernière fois sa maison. Arrivé au premier étage de la tour Eiffel, il est épuisé, comme le montrent les images de l'INA. Il sort de l'ascenseur et dit qu'il a la grippe, qu'il ne va pas rester longtemps. Mais il fait l'interview face à un Jean-Pierre Mocky qui lui demande, au bord des larmes « Pourquoi travaillez-vous avec moi ? – Pour gagner ma vie, j'ai deux enfants », répond-il avec un sourire. C'est très court mais il est là, toujours présent.

Il gagne ensuite son appartement parisien boulevard Suchet, suppliant sa femme de ne pas le laisser tomber dans le coma. Les douleurs sont désormais atroces, sans répit. Il ne se plaint jamais. Gérard Oury vient lui rendre visite, lui raconte le film *La Folie des grandeurs* où il veut lui donner le premier rôle au côté de De Funès que Bourvil aime beaucoup. Le cinéaste pas plus que le comédien ne croient qu'il sera en mesure de rejoindre ce tournage, mais ils font comme si, ils travaillent un peu, avec l'énergie du désespoir, l'illusion du rêve du cinéma, comme si tout allait continuer.

Bourvil s'éteint chez lui, dans la nuit 22 au 23 septembre 1970, entouré de ses proches. Ses derniers mots sont : « C'est injuste. »

Depuis, il ne cesse de faire rire petits et grands. Il est l'un des acteurs qui ont construit le cinéma français. Revoir ses succès avec de Funès est toujours un bonheur, de génération en génération la magie du comique fonctionne toujours. Ils sont nos Laurel et Hardy à nous. André Bourvil s'est trompé : il est entré dans l'histoire pour une raison, incarnant des personnages tellement à l'image des Français, chacun se retrouve en lui encore aujourd'hui. On l'aime toujours comme une étoile.

Bourvil est mort à cinquante-trois ans.

PIER PAOLO PASOLINI
Dernier virage

Lendemain de la Toussaint, 2 novembre 1975, au petit matin, sur un chemin qui mène à la plage d'Ostie. Des carabiniers entourent le corps de Pier Paolo Pasolini. Le cinéaste a été retrouvé mort, allongé sur le ventre, l'hémiface gauche contre terre, les cheveux collés de sang, son débardeur légèrement relevé au tiers de son dos, des ecchymoses sur les bras et les avant-bras, le bras gauche déformé et le bras droit sous son corps. Une mort violente, dans le paradoxe de la douceur du jour qui se lève, bercé par le bruit des vagues, le parfum de la mer Méditerranée… comme si la poésie de la nature saluait le poète assassiné.

C'est un chemin avec du sable, des grillages posés à la va-vite pour délimiter des sortes de bidonvilles, de baraques abandonnées ou peut-être squattées, des barrières en carrés de bois mal bricolés, et gisant à terre au milieu de nulle part, le cadavre supplicié de Pasolini, comme un aboutissement fatal. Un endroit livré à la pauvreté comme dans son film *Mamma*

Roma, un sacrifice comme dans son *Évangile selon saint Matthieu.*

Pasolini était plus qu'un cinéaste engagé. C'était celui qui pensait une Italie moderne et renversait les tables des certitudes ; celui qui luttait éperdument contre le fascisme, participait au communisme italien ; revendiquait en même temps son homosexualité et son catholicisme ; menaçait de dévoiler toutes les petites et grandes compromissions des politiques ; prenait la plume dans la presse pour défendre ses positions, politiques, sur l'avortement, contre la société de consommation de masse qui conduit à sa déshumanisation, détruisant la culture italienne ; c'était celui qui, inlassablement, recherchait la Vérité : voilà qu'il vient d'être éliminé sauvagement.

Cela fait plus de quarante ans, et ce meurtre, assurément politique, n'a jamais été élucidé. Qui avait intérêt à tuer Pasolini ? À qui a profité le crime ? Pourquoi et qui a prémédité la mort de cet intellectuel ? Les enquêteurs de la première heure arrêtent un jeune prostitué, Giuseppe Pelosi, l'un des amants de Pasolini, à bord de la voiture du cinéaste… et il avoue le meurtre ! Enquête facile sur fond de relations homosexuelles sulfureuses, d'une sombre histoire de rançon à propos de bobines volées de son film *Salo* que le cinéaste vient de terminer… Tout est mis en œuvre pour donner le plus vite possible une version médiatiquement acceptable. Mais rien ne colle, entre l'enquête bâclée de la police, les faits, le corps terriblement meurtri de la victime, et bientôt le procès où tout sera fait pour ne surtout pas tenter de faire éclater la vérité.

Le corps est trouvé au petit matin alors que la mort se situe vers 1 h 30 du matin. Pelosi est arrêté à 3 heures, au volant de l'Alfa Romeo de Pasolini, parce qu'il roule à contresens sur une route à trente-cinq kilomètres d'Ostie, de l'autre côté de Rome. Emmené au centre de détention pour mineurs dont il est un habitué, il n'avoue au départ que le vol de la voiture, puis déclare étrangement avoir perdu une bague qui lui est chère – la bague sera retrouvée en effet auprès du corps. Que s'est-il passé pendant toutes ces heures ? Récemment, Graziella Chiarcossi, petite-cousine et héritière du cinéaste, a révélé que la version de l'époque indiquait que la voiture à cette heure était dans une caserne de carabiniers ! Où était donc la voiture de Pasolini ? L'enquête apporte plus de questions que de réponses.

Qui a entendu, qui a vu quelque chose ? Le silence est lourd, comme dans les crimes politiques ou ceux de la mafia. Des journalistes recueillent pourtant des témoignages – la justice ne les auditionnera même pas ! Ce chemin qui mène vers la plage d'Ostie est un endroit habité, alors pourquoi personne n'a appelé la police lorsque Pasolini hurlait sous les coups ? Pelosi l'aurait tué, seul, mais au moment où il est arrêté au volant de l'Alfa Romeo, on n'a pas retrouvé la moindre trace de sang sur lui. Les États-Unis ont l'assassinat de John Fitzgerald Kennedy comme mystère, l'Italie a celui de Pasolini. L'énigme reste entière dès le début de l'enquête.

La dépouille du cinéaste nous raconte sa torture et son malheur, à travers l'autopsie réalisée dans les heures qui suivirent le meurtre, à travers les deux expertises mandatées plus tard pour le procès et à travers ce qu'ont pu reconstituer notamment les journalistes qui ont, eux, cherché à découvrir ce qui s'était réellement passé, cette nuit de Toussaint, sur la plage d'Ostie.

L'agression s'est déroulée en trois temps, preuve d'un acharnement féroce. Le cinéaste a d'abord été roué de coups de bâton à soixante-dix mètres du lieu où son corps a été retrouvé. Les experts des parties civiles affirment que dans cette première phase, outre les bâtons, d'autres instruments contondants ont été utilisés. Pasolini présente alors des plaies du cuir chevelu, qui saigne abondamment. Il a dû être effrayé. À ce moment-là, il était encore debout et a réussi à s'échapper. Il va rejoindre sa voiture et s'appuie sur le toit, où seront relevées des petites traces de sang.

C'est alors qu'il est rattrapé par d'autres agresseurs, au nombre de sept selon les dernières enquêtes journalistiques. Il a dû essayer de se protéger de leurs coups avec ses bras et ses avant-bras, ce qui explique une partie de ses hématomes, la fracture des phalanges de la main et la plaie au pouce gauche. Là, il enlève sa chemise tachée de sang sur le col et les manches. C'est à ce stade qu'ils le frappent avec une planche qui sera retrouvée elle aussi à soixante-dix mètres du cadavre.

Les agresseurs sont très violents et agressifs. Ils l'insultent, le traitent de « sale pédé, sale communiste ». Pasolini hurle. Son corps portera la trace de deux très grandes ecchymoses sur le front pouvant correspondre aux coups de bâton ou de la planche. Il présente aussi dans la région occipitale-pariétale droite une double série de plaies linéaires, presque transversales et parallèles les unes aux autres, de deux centimètres et quatre centimètres et demi de longueur.

Le tabassage se poursuit de plus belle. Sans doute finit-il par perdre connaissance. L'autopsie constatera que le nez est déplacé de la gauche vers la droite avec une fracture des os propres du nez et de la pyramide nasale. Autrement dit la preuve d'un coup de poing violent de gauche à droite probablement assené par un droitier habitué à frapper ainsi. La fracture en deux points de la branche horizontale gauche de la mandibule et la luxation de l'articulation temporo-mandibulaire gauche montre un deuxième coup de poing tout aussi violent au regard du zygomatique gauche où s'est formé un hématome. De larges ecchymoses aux testicules prouvent qu'il a aussi été sauvagement frappé aux parties génitales. Un pur acte de barbarie pendant lequel il a dû hurler de douleur. Mais toutes ces blessures n'entraînent pas la mort.

C'est alors que le supplicié est traîné là où son corps sera retrouvé.

La première autopsie a montré qu'il n'y a pas eu d'hématome intracrânien, donc pas de lésion au cerveau – ce qui n'élimine pas la perte de connaissance par les chocs répétés à la tête. Difficile de concevoir qu'un agresseur unique ait pu causer toutes ces lésions. Face aux lacunes béantes et aux innombrables pistes inexplorées au cours de l'instruction, le juge Alfredo Carlo Moro (qui n'était autre que le frère d'Aldo Moro, homme politique membre de la Démocratie chrétienne qui mourra assassiné en 1978) commande pour le procès une contre-expertise au Pr Faustino Durante, une sommité de la médecine légale. Comme lui, il est convaincu que la multiplicité des lésions induit que le meurtre a été commis par plusieurs hommes. En outre, vu l'état du cadavre, tous ces coups auraient dû tacher Pelosi si c'était bien lui qui avait frappé or il n'avait aucune trace de sang sur lui au moment où il a été arrêté (les dernières enquêtes auraient révélé qu'il avait nettoyé son pantalon et qu'il y avait bien des traces !). Mais les premiers légistes avaient peur ou étaient manipulés, alors ils ont rédigé leur rapport d'autopsie de sorte qu'il puisse coller avec un seul assassin. Il faudra attendre une deuxième autopsie, l'exhumation du corps en 1976, pour obtenir des conclusions plus proches de la vérité, révélant notamment l'empreinte des pneus sur le corps.

Vu la position du corps, Pasolini était déjà sur le ventre et donc probablement inconscient lorsque la voiture lui a roulé dessus. Des traces de métal de voiture ont été relevées sur son maillot de corps. Nouveau fait étrange : l'Alfa du cinéaste ne portait aucune trace, bien que Pelosi ait affirmé l'avoir écrasé avec ce véhicule. En réalité, c'est une autre voiture qui a roulé sur Pasolini, avec les deux roues du côté gauche. Sans doute était-elle semblable à l'Alfa Giulietta 2000 de Pasolini, afin d'accréditer la version de Pelosi. Cela démontre surtout que le meurtre était prémédité, et bien organisé.

Les meurtriers savaient parfaitement comment rouler sur un corps pour tuer ! La voiture est partie de la fosse iliaque droite en regard de l'épine iliaque et a eu un trajet oblique vers l'épaule gauche en roulant sur le dos de Pasolini. Ce qui a fait exploser les organes vitaux : « Lacérations capsulaires du foie de quinze et sept centimètres de long affectant la surface antéro-latérale du lobe droit et la surface du lobe gauche », dit le rapport d'autopsie, c'est-à-dire que le foie a été sectionné en deux. Il indique également une fracture du sternum en son milieu avec un total de dix fractures costales. Ce qui a fait éclater le cœur. La mort a été instantanée avec une infiltration hémorragique plus accentuée, précisément à cause des lésions situées dans l'hémithorax gauche. La peau était marquée par les traces de pneus : plusieurs excoriations sont nettement visibles, disposées obliquement de bas en haut et de droite à gauche le long du flanc gauche. Au cours du passage, les structures métalliques ont produit de nombreuses lésions lacérées et contuses à la tête : la lésion transversale des pavillons auriculaires, le détachement du pavillon auriculaire gauche de son implantation, les excoriations de la région postéro-latérale gauche du cou et l'oreille droite partiellement arrachée. Sa tête a été tirée par le bas de caisse de la voiture et le bras gauche a aussi été fracturé. Le reste de la région abdominale n'a rien eu, les membres inférieurs non plus. Le corps de Pasolini ne présente pas de zone de défense en dehors des mains et avant-bras, ce qui tend à prouver qu'il était toujours vivant mais inconscient quand la voiture a roulé sur son corps.

Les traces de roues sur le terrain confirment cette trajectoire passant sur le corps de Pasolini.

Trois régions vitales ont ainsi été écrasées : le bassin, le foie et le cœur. Il n'avait aucune chance de s'en sortir. Ceux qui l'ont tué savaient assassiner et ils sont venus pour ça.

« Une société qui tue ses poètes est une société malade », déclara l'écrivain Alberto Moravia le 6 novembre 1975, jour des obsèques. Tenter de faire la vérité sur ce meurtre a fait l'objet de multiples recherches. Si le dernier ouvrage de Simona Zecchi[1], journaliste italienne, a réussi à analyser le plus possible le meurtre, des zones d'ombre subsistent. Condamné au terme d'un procès bâclé où la justice n'a pas mieux traité la victime que ne l'avaient fait ses meurtriers, le jeune prostitué Pelosi a été libéré après neuf ans de prison. Depuis trente-cinq ans, il a parlé, dans la presse, dans des livres, finissant par admettre qu'ils étaient trois pour tuer Pasolini, notamment les frères Borsellino (deux jeunes criminels proches de l'extrême droite) et un homme plus âgé… mais il a changé plusieurs fois de version. Il est probable que les responsables soient la mafia sicilienne associée à des néo-fascistes liés aux mouvements d'extrême droite Ordine Nero et Avanguardia Nazionale, et

1. Simona Zecchi, *Pasolini, massacro di un poeta*, Ponte alle Grazie, 2015.

aussi un jeune très violent appelé « Johnny le gitan », apparu dans l'enquête, puis escamoté… Pelosi dit aussi qu'il endossait le crime et ne pouvait pas dire la vérité par peur des représailles contre sa famille. Giuseppe Pelosi, surnommé « Pino rana » (Pino la grenouille) n'a pas tué Pasolini, mais il a été complice de tous les mensonges autour de cet assassinat et y a participé

La famille Pasolini se bat pour la réouverture de l'enquête après la découverte d'une semelle orthopédique dans la voiture de Pasolini alors qu'il n'en portait pas, ni Pelosi. La recherche d'ADN n'existait pas en 1975, mais les pièces à conviction, les indices et les objets qui restent permettraient aujourd'hui d'en lancer. Des témoins n'ont jamais été auditionnés (pire, Pelosi a tué « accidentellement » le 21 juillet 2010 l'un des rares témoins du meurtre qui était enfant au moment des faits). Les enquêteurs n'ont jamais cherché l'homme blond avec qui le cinéaste a dîné le soir du meurtre au Biondo Tevere et qui ne ressemblait pas du tout à Pelosi. Mais la justice italienne ne veut pas reprendre l'enquête, et ce ne sont pas les politiques actuellement au pouvoir en Italie, qui auraient été des ennemis jurés de Pasolini, qui risquent de la faire rouvrir. Pourquoi avoir tué Pasolini ? Pourquoi Pelosi a toujours menti ? Qui a organisé et prémédité ce meurtre ? Qui a volé les chapitres du dernier livre de Pasolini, *Petrole*, sur son enquête sur le meurtre du patron d'une société d'hydrocarbures, Enrico Mattei ? La loge maçonnique P2 et la CIA ont-elles joué un rôle dans cet assassinat, comme le laissent entendre certaines enquêtes de journalistes ?

Pasolini était un homme aux multiples vies qui n'en faisait qu'une et dont les trois piliers étaient la Culture, la Vérité et la Liberté. Est-ce pour cela qu'il a été assassiné ?

Pier Paolo Pasolini est mort à l'âge de cinquante-trois ans.

LOUIS DE FUNÈS
Atout cœur

Nantes, 27 janvier 1983, à 20 heures, dans l'unité de cardiologie du centre hospitalier universitaire, Louis de Funès de Galarza est à l'agonie. La douleur du nouvel infarctus est épouvantable et il a conscience que la mort est là, son angoisse est extrême. À la lumière de ce début du XXIe siècle, il est saisissant d'analyser la mort de Louis de Funès comme une synthèse des problèmes de santé publique du XXe siècle !

Louis a dû être stressé très tôt par l'immigration de sa famille d'Espagne, puis la recherche d'un travail dans une France de l'entre-deux-guerres qui n'a aucune politique de santé publique en dehors de la tuberculose. Les crises sociales se suivent, l'alimentation est grasse, et il fume beaucoup, du tabac gris sans aucun filtre.

Son caractère volontaire, discipliné au travail, ses angoisses pour le métier, la famille, sont autant de facteurs de risques cardiovasculaires avec les changements d'horaires entre nuit et jour lorsqu'il était pianiste, les tournages, l'alimentation irrégulière.

Il était pourtant bien suivi par les médecins agréés par les assurances des producteurs de cinéma, plus motivés pour toucher de gros honoraires que pour chercher si l'acteur était vraiment en forme. Avant 1975, tous s'accordaient pour dire à l'acteur que tout allait bien. C'est même lui qui avait décidé d'arrêter de fumer vingt ans plus tôt. Difficile de situer le début de sa maladie, sans doute vers 1973, à la reprise d'*Oscar*. De Funès se plaignait de douleurs thoraciques, mais n'en parlait pas trop. Puis elles sont devenues plus fortes, en barre sur la poitrine ou irradiant au bras gauche, dans le dos ou à la mâchoire – douleurs qui correspondent aux moments où les artères du cœur, ou coronaires, se serrent ou se bouchent. Louis signale cela aux médecins qui lui répondent que c'est gastrique ou de l'aérophagie ! Le 18 mars 1975, il consulte un grand cardiologue parisien avant un tournage qui lui confirme que son cœur va très bien. À l'époque, c'est stéthoscope et électrocardiogramme, pas d'échographie ni de biologie spécifique ni d'épreuve d'effort.

Le 21 mars, pourtant, il se sent au plus mal. Jeanne, son épouse, inquiète, rappelle le cardiologue qui lui dit que c'est un problème digestif. Quelques heures plus tard, Louis de Funès fait un infarctus. C'est le médecin des pompiers, arrivés très vite, qui l'envoie en cardiologie à Necker.

L'infarctus est étendu, massif. À cette époque, les cardiologues ne disposent que de morphine, d'anxiolytiques, d'anticoagulants et de diurétiques… bref aucune des techniques d'aujourd'hui qui auraient permis de déboucher ses artères en quelques minutes !

La famille accourt à son chevet. L'arrivée d'une star de la stature de Louis de Funès dans un service hospitalier crée beaucoup d'émotion et est cause de stress pour le personnel. Tout est fait pour protéger le comédien des paparazzi. Les grands mandarins, avec ce qu'ils ont à leur disposition, des visites rituelles, des traitements non évalués, vont le garder hospitalisé deux mois, en restant très inquiets sur le pronostic. Ils astreignent leur patient à un régime carencé et hypocalorique, le prévenant : « Fini la chantilly, le fromage ou le foie gras, sinon vous êtes mort ! » Et le pire bien sûr pour un artiste : il ne peut plus jouer. Tout cela a sans doute aggravé son stress.

Comme le racontent ses fils Olivier et Patrick, Louis de Funès va vivre huit ans ainsi : quasi affamé et privé du moindre effort physique. Grâce au producteur Christian Fechner, il a eu l'autorisation de retourner jouer, sous la surveillance d'un cardiologue. En décembre 1982, il veut aller en vacances à la montagne. Il rentre un peu grippé, très fatigué, au Cellier, son château de Clermont. Le 27 janvier 1983, une terrible douleur le reprend. Une ambulance l'emmène en urgence à l'hôpital avec Jeanne qui ne le lâche pas. Il meurt à 20 h 30.

Trente ans plus tard, la prévention cardiovasculaire donne des résultats formidables. Aujourd'hui, Louis de Funès aurait été pris en charge par des cardiologues interventionnels et ses artères du cœur auraient été débouchées avec une sonde. Puis il aurait eu un traitement d'antiagrégants, des anxiolytiques, une rééducation physique, un régime adapté mais pas mortifère… Mais c'est ainsi. Là-haut, il doit bien se marrer avec Francis Blanche (cinquante et un ans), Lino Ventura (soixante-huit ans), Louis Jouvet (soixante-trois ans), Paul Meurisse (soixante-six ans), Jules Berry (soixante-huit ans)… Tous sont morts comme lui. Tous ces grands acteurs ont été contemporains de la naissance de la technique cinématographique mais la médecine va moins vite que les rêves ! À quarante ans près, ils seraient tous vivants grâce aux progrès de la médecine. C'est la réalité du présent qui ne refera jamais le passé… Reste la joie de les voir et revoir éternellement sur nos écrans, et de rire grâce à Louis de Funès – la meilleure ordonnance du monde pour notre moral et nos petits cœurs, et pour encore longtemps : PAF !… héhéhéhé !

Louis de Funès a quitté la scène à soixante-cinq ans.

CHARB
On lâche rien !

7 janvier 2015. Au journal *Charlie Hebdo*, à Paris, deux ordures de terroristes islamistes ont massacré des innocents, des hommes et une femme, au nom de l'islam. Ils ont mitraillé, avec des kalachnikovs, mes amis, des journalistes humanistes, républicains, laïques, en criant « *Allahu akbar* ». Parmi les victimes, Cabu, Tignous, Honoré, Georges Wolinski, Bernard Maris, Mustapha Ourrad, Elsa Cayat, Frédéric Boisseau, chargé de la maintenance dans l'immeuble, Michel Renaud, venu rendre des dessins, Franck Brinsolaro, Ahmed Merabet, tous deux policiers assassinés dans l'exercice de leurs fonctions, ainsi que ceux qui furent gravement blessés. Ils ont également traumatisé les rescapés, les familles, terrorisés par la violence de cette guerre, inimaginable, en France, en 2015. Sans oublier les autres attaques terroristes islamistes : la mort de la policière Clarissa Jean-Philippe, le lendemain, à Montrouge, puis les victimes de l'Hyper Cacher deux jours plus tard, celles du 13 novembre 2015 à Paris et celles de Nice, le 14 juillet 2016, et

tant d'autres… jusqu'à l'attentat de la préfecture de police de Paris le 3 octobre 2019. Je crains qu'il n'y en ait d'autres. Ces attentats islamistes ont transformé la France, qui s'est réveillée en découvrant la frange terroriste de l'islam, et qu'elle menait un djihad dans notre pays. Ce 7 janvier 2015 était aussi le jour de la parution du livre de Michel Houellebecq, *Soumission.* La réalité avait dépassé l'œuvre littéraire.

Voir son ami assassiné est une tragédie impossible à oublier, la perte de l'insouciance de la vie. Il n'y a pas de hiérarchie dans la mort de ses proches, mais il y a des différences. Charb était mon ami, « mon nord, mon sud, mon est, mon ouest », comme l'écrivait si bien le poète anglais Wystan Hugh Auden dans son poème *Funeral Blues*. Pour ce dernier chapitre, je n'ai pas envie de vous parler de sa mort, ni de l'attentat mais de lui, de Stéphane Charbonnier, alias Charb.

En fait, l'amitié ne craint pas la mort. Elle dure même au-delà, dans les pensées le jour et les rêves la nuit, repoussant l'oubli.

Charb était un homme bon, honnête et droit. Il n'était pas que directeur de journal, dessinateur, journaliste, écrivain, défenseur acharné de la laïcité et des droits humains… Il était aussi un fils, un frère, un ami, un amant, un homme intelligent et bienveillant. L'amitié est sans doute la salle d'attente de l'amour, avant ou après, mais il arrive que les deux se confondent pour ne faire qu'un seul espace, d'une pureté et d'une immensité qui deviennent alors la pièce principale du bonheur.

Charb était très lié à ses merveilleux parents, Denise et Michel, et à son frère Laurent. Il était très fidèle aux rendez-vous de sa famille, il ratait rarement la journée du mardi où il retournait chez eux. Denise faisait une cuisine familiale, dont sa célèbre purée dont j'ai terminé plus d'une fois le plat. Il aimait sa famille, il aimait les voyages avec son père ou ses amies. C'était un homme ouvert au monde.

Fidèle en amitié, fidèle dans ses idées, Charb était quelqu'un de constant qui restait attaché à ses potes du collège ou du lycée où il avait créé un journal, ou à des dessinateurs comme Babouse et Faujour. Il n'y avait pas de courtisans autour de lui.

Ses parents adoraient raconter le jour où, pour Mardi gras, il y était allé déguisé en évêque. Après le lycée, il avait échoué dans une école de publicité, mais il dessinait toujours et il en est vite parti. En 1984, il avait eu un prix, décerné aux journaux lycéens, qui lui avait valu d'être invité dans l'émission de Michel Polac *Droit de réponse*, dont la rédactrice en chef n'était autre que Catherine Sinet, la femme du dessinateur Siné. Charb était allé voir Cabu, qui était en régie, et qui lui avait montré comment dessiner au vidéographe !

Quelle chance pour lui, *La Grosse Bertha* était en cours de création, avec tous les anciens de *Hara-Kiri*, il entra alors dans l'équipe. Il ne vivait que pour ses dessins et le journal. Puis ce fut *Charlie Hebdo*, avec Cavanna. Charb était heureux d'être dans cette famille, car il s'agissait bien d'une famille, avec ses amitiés, ses inimitiés, ses amours, ses joies, ses créations, ses haines, ses colères, ses ruptures et ses retrouvailles… Ce qui comptait par-dessus tout pour Charb était le dessin, l'humour et l'intérêt du journal. C'était une vraie philosophie pour lui.

Il est midi, le soleil brille et la chaleur est lourde en cette énième canicule. Comment l'humanité a-t-elle pu maltraiter la nature à ce point ? De guerre en guerre, de profits économiques en destructions massives des écosystèmes, la nature humaine n'a été que destruction : des animaux, des insectes, des mers, des terres, du climat. Nous nous sommes habitués aux étés sans orages, sans pluie, aux multiples sécheresses, aux migrations écologiques et économiques.

Alors, avec la force de l'humour noir d'*Hara-Kiri* : il faut boire beaucoup… Nous entamons le blanc bien frais car il ne faut pas se laisser aller au désespoir. « La moitié de la France boit et l'autre devrait », telle est ma conclusion de la matinée ! L'air rempli de parfums laisse une douceur s'installer, une abeille en plein travail passe, elle butine la fleur et vole à fond : elle est belle, la Vie !

Le temps est arrêté, ces moments d'amitié apaisent les idées, les vélos dans la tête qui font tourner en boucle les soucis s'en sont allés. Se sortir des problèmes, les solutions fleurissent. J'ai perdu mon verre de blanc à côté du banc, à l'ombre des charmilles. Nous sommes bien, et, comme disait Georges Wolinski, « rien n'est trop beau pour la classe ouvrière ». Charb aurait aimé cette journée.

Je l'ai rencontré en 2001 après un reportage de Sylvie Coma, Mouget et Cabu sur les urgences de Saint-Antoine. Je l'ai revu en 2002 lors des concerts du « KO social » que Christian Olivier, des Têtes raides, avait organisés pour protester contre la présence de l'extrême droite au second tour de la présidentielle. Il était toujours volontaire pour défendre les luttes contre la crise sociale, le racisme, l'extrémisme religieux et l'extrême droite. Les dessins de Charb et d'autres dessinateurs étaient projetés en direct par des rétroprojecteurs pendant le concert. Charb attirait la sympathie du plus grand nombre. Il existe des coups de foudre, en amitié comme en amour. La nôtre en fut un.

Il avait une analyse politique fine et aiguisée, une capacité de synthèse qui lui faisait réussir en un dessin l'explication d'une problématique qui aurait pris des feuillets entiers. Il fallait voir, dans les débats sur la laïcité, le dessin de presse, la démocratie, l'antisémitisme, comment il renvoyait les arguments : les mots comme arme, l'humour comme ponctuation. Charb avait un grand talent oratoire et humoristique, autant comme directeur de journal que dans la vie privée. Il avait toujours de bonnes idées lorsque ses amis avaient des problèmes et il cherchait toujours la solution idéale. C'était un facilitateur.

Communiste, il aimait le côté populaire, social, solidaire du Parti, mais surtout son sens de l'organisation. Certes, chez lui, c'était un rangement fondé sur le temps qui passe : en tas. Il était possible de les dater selon les années ! Il y avait des statuettes de Staline, des têtes de mort, car il trouvait cela drôle et créatif. Pour le dire franchement : c'était un grand bordel. Toujours propriétaire de son petit logis, il aimait être chez lui, son antre, son lieu sans fioritures, sans grandiloquence, simple, efficace, avec dans l'appartement une belle bibliothèque où les bandes dessinées et les livres des copains étaient au premier plan.

Son plaisir était de faire du rameur en regardant des séries : *The Wire*, *Orange is the New Black*, *Misfits*, *Homeland* et *Malcolm.* Pour sûr, il en a traversé, des mers, sans quitter son salon et face à son écran ! Il aimait aussi aller au cinéma, le dernier film qu'il avait adoré était *La Route.* Très éclectique, il ne ratait jamais un dessin animé. Il voulait adapter en dessin animé sa BD en trois dessins qu'il faisait dans *Charlie* : « Maurice et Patapon ». Il travaillait à de nouveaux personnages.

En 2007, nous étions allés à Cannes montrer un film qui avait été réalisé suite à la « une » de Cabu, *C'est dur d'être aimé par des cons.* Le film montrait l'affaire des caricatures du Prophète. La présentation au Festival de Cannes avait donné lieu à une montée des marches des dessinateurs. Nous étions tous en *tuxedo* et nous avons fait la fête toute la nuit. Quelle belle époque de combat et de détermination, sans nous rendre compte que nos ennemis étaient de véritables fascistes déterminés à tuer.

Le déjeuner se termine à l'heure où d'autres boivent le thé. Ainsi, nous pouvons attendre le dîner avec sérénité. Il fait déjà plus doux, le soleil semble dégoûté par l'ambiance de cette belle tablée, alors il décline ! Quel rabat-joie, il fait cela tous les jours.

Pourrait-on rire un peu dans ce livre, s'il vous plaît ? Comment le soleil, astre des astres, celui qui a été tellement adulé, glorifié, voire qualifié de Dieu, s'en va-t-il chaque soir ? C'est lassant, cette régularité, elle montre son peu d'imagination ! Et la bonne blague éculée : sans lui, le noir va tout envahir.

Pourquoi paniquer, puisque la fin du monde sera comme une fin du jour, comme l'agonie d'un être, une lenteur angoissante… Mais le temps passe et presse, jeunes ou vieux, animaux comme êtres dits humains, l'heure tourne pareillement, inexorablement, alors profitons de l'instant présent.

Le soleil tombe à l'horizon désormais rougeoyant. Le ciel éclate de teintes comme si le peintre avait renversé sa palette de couleurs : une belle fin en feu d'artifice ! La couleur et les formes des arbres se confondent avec leurs ombres, elles absorbent la lumière. Calmement, des nuages apparaissent, tous différents, tous élégants, une beauté, une grandeur, au-dessus de nos petites têtes. Regardez ! La nature est belle mais nous appelle au secours.

Je range mes bonnes résolutions du début de journée, tout le travail inachevé est désespérant. Mes regrets sont aux portes de mon crâne.

Doucement, le soleil s'éloigne comme une première partie de spectacle. Souvenirs, soyez les bienvenus : cette odeur de soupe de patates, carottes et poireaux qui cuisait dans la cuisine de ma mère, et mon père qui refaisait le monde en regardant Antenne 2 dans le petit pavillon de Combs-la-Ville. Les odeurs de chien mouillé, du lilas au printemps, du foin coupé, du gazon tondu, les feuilles de toutes les couleurs de l'automne, les débuts de garde à l'hôpital Saint-Antoine avec une bonne équipe vaillante et courageuse, une ambulance du Samu qui part pour sauver un malade… Triste petit Terrien que je suis, il est l'heure de regarder la réalité en face : le soleil est loin, ainsi la nature, comme détruite, se devine.

Mais ne soyons pas désespérés, des amis arrivent, nous allons atteindre cet état généreux qu'est l'ivresse, rire encore et beaucoup, parler de tout, massacrer des chansons en faisant croire que nous jouons mal du piano alors que nous en jouons très mal ! Charb serait déjà là car il était toujours à l'heure, un verre de rouge à la main, profitant d'un merveilleux plateau de charcuteries garni de saucissons basques et corses.

Il avait eu une amitié forte avec le dessinateur Siné, dit Bob, qui l'appelait son neveu, et lui tonton. Charb faisait de nombreux déplacements en province avec Siné, ce qui lui permettait d'aller jouer au casino avec son épouse Catherine, car Charb avait cette passion. Il allait toujours passer le 31 décembre chez Bob, il s'y marrait dans des fêtes où il n'y avait jamais d'eau. Pour Siné, Charb était le dessinateur de sa génération. Après l'éviction de Siné de *Charlie*, en juillet 2008, ils ne se sont plus jamais revus, sauf à l'enterrement de Cavanna, en 2014. Cela n'empêcha pas Siné d'écrire, quelques mois avant de mourir, que Charb était son héritier.

Un automne, en 2008, nous avions décidé tous les deux de faire un disque, Charlie *saute sur Noël*. Nous avions transformé le journal en studio d'enregistrement et réussi à faire chanter tout le monde. Charb avait adoré cet exercice et fait un rap, *Christmas dans ton* ass.

Le ciel est calme, quelques oiseaux rentrent au nid pour laisser l'espace à ceux de la nuit. Trois milliards d'oiseaux ont disparu en cinquante ans en Amérique du Nord, selon les évaluations scientifiques de l'université Cornell et le centre de recherches national de la faune du Canada parues en septembre 2019. À Paris, 73 % de nos amis à plumes, dont les moineaux, se sont volatilisés en vingt ans, selon des études de la Ligue de protection des oiseaux. Une vie sans oiseaux est une vie sans rêve ni poésie. Le ciel devient sombre, les couleurs vives ont fait place aux pastels, irrésistiblement confondus vers l'opacité uniforme : la nuit arrive, tirée par la première étoile. La fin ou le début des choses ? À chacun son idée. La fraîcheur se fait sentir. Les gros pulls sont de sortie, le dîner a fait oublier que le ciel a totalement changé, comme un plateau de théâtre.

Charb et moi allions souvent dîner chez des amis restaurateurs. Nous buvions beaucoup, car l'ivresse était prolifique et nous aimions les idées qui fusaient.

Nous n'étions pas alcooliques mais épicuriens, jouisseurs, rabelaisiens, profitant de chaque instant, aimant comme tout le monde les bonnes choses de la table ! Ainsi le livre *J'aime pas la retraite* est-il né au coin d'une table chez Christian Constant ou chez Yves Camdeborde, après plusieurs bouteilles de sancerre ou de pommard. Un soir, nous avions fêté nos anniversaires ensemble, car il était né le 21 août et moi le 19. Chaque fois, on disait : on fête pas ce truc de société de consommation… et on se retrouvait à table à se faire des cadeaux !

Nous partagions ce qui est une des marques du bonheur : des fous rires. Il ne faut jamais les arrêter. J'adore le fou rire, c'est si rare… Comme la fois où nous avions, avec Luz, plongé nos têtes dans les mille-feuilles commandés pour le dessert, et après nous les avions mangés. J'en ris encore. D'autant que nous avions chanté *L'Internationale* comme chanson d'anniversaire ! Vous devriez essayer, les paroles sont bien adaptées à cette fête. Bon… les autres tables ne riaient pas du tout, il me faut bien l'écrire.

Un jour, je sortais de chez l'ophtalmo. Je devais visiter un appartement, mais je ne voyais rien à cause des collyres dilatateurs. Charb le visita pour moi et me dit, il est parfait, alors j'ai signé le bail sans l'avoir vu. Étions-nous fusionnels ? Non. Nous respections les espaces de chacun mais l'un comme l'autre était au courant des belles choses, des soucis, des joies et des peines.

Pour les moments importants, nous nous épaulions. Dans la nuit du 2 novembre 2011, lors du premier attentat contre le journal, incendié par deux cocktails Molotov, il me réveilla à 4 heures du matin. Je le rejoignis à moto, toute la presse arriva peu à peu. Premier attentat contre un journal en France depuis l'époque de la guerre d'Algérie. J'ai vu Charb faire tous les médias et ne rien regretter, se battre comme un soldat au front, avec courage et détermination, emmenant toute la rédaction avec lui. Invité à l'émission *On n'est pas couché*, il dit : « Rien que ce terme d'islamophobie, ça veut dire quoi ? Personne n'a peur de l'islam. » Il était l'homme qui se battait contre l'extrémisme religieux. Un jour, un chauffeur de taxi, probablement salafiste, le reconnut et arrêta le taxi pour le dénoncer à la foule. C'était dans le quartier de Belleville. Il a eu très peur et ne comprenait pas, lui qui luttait contre le racisme, que les musulmans ne puissent pas comprendre ni la caricature ni le blasphème. Il y avait une sorte de résistance à l'oppression religieuse en lui.

Ainsi, le jour où j'allais relire mon texte sur l'agonie de Jean Moulin[1] à Raymond Aubrac, vint-il avec moi. Nous étions tous les deux très admiratifs de ce grand résistant, de cette époque de combat, d'idéologie forte, intransigeante, et de la volonté de détruire le nazisme. Raymond écoutait le texte en hochant la tête ou corrigeant des passages. Après quelques corrections, nous avons passé la journée dans les années 1940, l'écoutant nous raconter toutes

1. Voir *On ne meurt qu'une fois et c'est pour si longtemps. Les derniers jours des grands hommes*, t. 1, Robert Laffont, 2013.

ses anecdotes sur la Résistance, de Gaulle, la Libération. Charb avait adoré cette rencontre.

Changement d'acte : Actrices ! Acteurs ! Debout, la nuit est là ! Les lumières électriques tentent d'éclaircir la situation bien sombre mais rien n'y fait : le ciel a tourné et s'il n'y avait pas la pollution lumineuse et atmosphérique, vous verriez les constellations d'étoiles, l'infini, l'espace, la relativité de nos êtres, un message invisible mais écrit en grand au-dessus de nous : profitez de la vie, être est mieux qu'avoir, soyez bienveillant, protégez la nature et construisez un monde meilleur, écologique... Il n'est jamais trop tard ! Le ciel étoilé nous grandit par la sérénité et les souvenirs du passé qu'il apporte. Il faut connaître le passé pour vivre le présent, ce que l'immédiateté de notre époque néglige. Il n'y a pas d'ancien ou de nouveau monde mais une tolérance et une continuité à avoir.

Il pleut ? Il fait froid ? Il fait chaud ? Il y a du vent ? Tous ces épisodes climatiques me conviennent et ont tous un intérêt. Patience, patience, la nature est patience comme ce blues *We Are Climbing Jacob's Ladder*.

Et vous savez, comme nous sommes dans les dernières pages de ce livre, vous tenez la conclusion : ça finira un jour. Dans mon métier d'urgentiste au SAMU de Paris, j'ai tellement accompagné et vu de cadavres que j'ai fini par croire aux forces de l'Esprit, comme le disaient Mitterrand et Victor Hugo. C'est l'heure des discussions interminables et passionnantes. Ils nous manquent, ceux qui sont partis. Comme aurait dit Jack Ralite en citant Aragon dans *Feu de joie*, « le monde à bas je le bâtis plus beau ». Et comme aurait ajouté Charb, « faut pas se faire chier ».

Nous allions souvent au théâtre, notamment au Théâtre du Rond-Point, où Jean-Michel Ribes nous accueillait amicalement. Je me souviens de notre mobilisation contre les intégristes religieux et autres imbéciles qui avaient voulu empêcher la pièce *Golgotha Pic-nic*.

Nous aimions tant aller voir jouer les pièces avec Claude Aufaure et François Morel. Après, nous allions les saluer dans les coulisses et, comme il se doit, nous ne pouvions nous empêcher de nous déguiser avec les costumes et perruques.

Lors des dédicaces dans les Salons du livre ou les librairies, Charb aimait rire avec les gens, il dessinait toujours pour tout le monde, même pour celles et ceux qui n'avaient pas de sous pour acheter un bouquin. Nous avions une habitude : mettre une bouteille de blanc sous la table et la boire très doucement… et la partager avec quelques lectrices et lecteurs.

Là encore, c'était la convivialité qui était recherchée, comme lors des soirées avec Bénabar, si généreux et bienveillant, où nous aimions tant l'écouter chanter et festoyer ensemble. Charb aimait bien pousser la chansonnette, avec sa voix un ton au-dessous de la mélodie, mais au fur et à mesure du tempo personne n'entendait la différence. Ne vous laissez jamais impressionner par ceux qui osent vous dire que vous chantez faux : ce sont des bourgeois !

Charb avait une passion pour les enfants, il demandait toujours des nouvelles de « mes mômes ». Il ne ratait jamais une occasion de les faire dessiner, de jouer avec eux, de leur chanter quelques mélodies de sa voix de ténor basse. Quant à sa vie sentimentale, il n'aimait pas la raconter, alors elle reste son secret. Il convient de le respecter.

Lors d'un week-end d'été dans le Luberon, nous faisions tous les jours une course à pied de trois kilomètres de montée d'un petit col de montagne et nous redescendions à fond. J'écoutais Springsteen, les Stones, Bowie, Elvis, Indochine, Arcade Fire. Lui écoutait les chants du Hezbollah et les Pogs, car il trouvait que ça rythmait la course et dynamisait ainsi les foulées. Il courait très bien, il aimait cela, ainsi que le vélo dans Paris. Il aurait adoré ce qu'a fait Anne Hidalgo avec les pistes cyclables. Son truc, avec son frère Laurent, était toujours le sprint final… Il gagnait presque chaque fois.

Nous ne sommes plus très nombreux autour de la table. Le ciel est un peu moins sombre vers l'est. Et le hibou qui ululait au loin ne dit plus rien… boude-t-il ? Un merle seul, impossible à voir avec sa tenue digne des plus beaux *tuxedos*, chante ! Sans avoir pris un cours de chant ni de solfège, cet oiseau de quelques centaines de grammes interprète une partition parfaite, mélodique, fine, raffinée, avec des variations de tempo, de gamme, de tonalité, des contre-ut, des pauses, des notes tenues. Cette boule de plumes au bec jaune semble avoir la sono des Rolling Stones dans le fond de son gosier, il sonorise tout le coin ! Le ciel noir devient pastel. Et si c'étaient les oiseaux qui levaient le jour ? Après tout, et si les volatiles faisaient tourner le monde avec leurs ailes… Le rêve et la poésie sont les espaces de liberté du bonheur.

La lumière revient doucement. Ma chatte, Miss Marple, se lève, et elle semble poser la question essentielle, alors qu'elle vient de dormir quatorze heures d'affilée : pourquoi n'ai-je pas dormi de la nuit ? Moi, je n'ai toujours pas sommeil. À cette heure, Charb aurait fait des dessins sur les assiettes et la nappe. Il aurait dessiné des bites sur les épaules des filles. Il aurait aimé cette soirée. Le jour est là. J'entends un coq au loin chanter, merveilleusement, la libération du jour.

Le lundi soir, après le bouclage du journal, il aimait y boire un coup, et même plusieurs, avec l'équipe. Je lui avais prêté un mégaphone, il hurlait dedans ou téléchargeait des appels à la prière pour rire de tout ! Puis nous buvions des coups et nous mangions gras. Le mercredi, c'était la conférence de rédaction, qu'il menait avec intelligence et compréhension, mais toujours déterminé à faire un grand journal. Il avait un savoir-faire pour construire le chemin de fer du numéro et aider les dessinateurs et les auteurs à faire leur travail. Il savait fédérer comme personne et conduire le groupe vers du mieux. Je rendais souvent mon texte au dernier moment, tout comme Zineb !

Avec Charb, nous aimions l'ivresse. Ce moment où vous parvenez à des idées impossibles, à casser les règles, qu'elles soient littéraires, graphiques, picturales, morales. Nous avions inventé, dans un restaurant tenu par notre ami Alexandre, une chanson pour célébrer notre adoration de la mozzarella di bufala. Sur un air d'opéra, on chantait « La mozzarella de Santa Lucia / La mozzarella di bufala ». Bon, d'accord, ce sont des paroles bien courtes, mais qui nous faisaient beaucoup rire. Nous ne pouvions pas être déprimés avec tous les projets que nous avions et la joie d'être ensemble et avec les amis. C'est toujours lui qui faisait les dessins de mes chroniques, ils avaient une sorte de fulgurance qui résumait toujours parfaitement le propos. Il avait adoré les recueils de chroniques que nous avions faits ensemble.

Charb plaçait une valeur au-dessus des autres : celle du travail. Il avait un respect infini pour les travailleurs, sans nul doute le signe de son attachement au côté populaire et militant du Parti communiste et aux syndicats. Il dessinait toujours gratuitement pour la CGT ou pour le Parti communiste, ainsi que pour *L'Humanité*, qu'il lisait tous les jours. Charb votait toujours pour le Parti communiste.

D'ailleurs, nous ne rations jamais la fête de l'Humanité avec les amis de l'association Cuba si. Ces jours-là Charb, auteur de *J'aime pas les fumeurs* et qui faisait la chasse aux fumeurs… fumait des cigares de La Havane, avec délice et passion ! Les moments de dédicaces aux mojitos avec Luz, Catherine, Honoré, Tignous, Wolinski et même Cabu étaient grandioses. Tignous était toujours avec nous, travailleur acharné et si gentil avec ses lecteurs. Les gens étaient contents de nous voir, de rire. Souvent Charb dédicaçait directement sur la peau des gens… Une fois, Luz a même dédicacé, avec talent, sur un pénis !

Comme le dit François Morel dans une des scènes sur le bonheur de son spectacle, *La fin du monde est pour dimanche* : « Il se cache, il se camoufle, on ne sait pas qu'il est là. Salaud de bonheur ! Il entre par effraction. Il est malin… Il est maquillé, il ne dit pas son nom. Mais c'est quand il part qu'on s'aperçoit de son absence… C'était donc ça le bonheur… »

Lorsqu'on dansait, enfin je veux dire lorsque nous nous agitions sur de la musique, Charb adorait depuis son adolescence le pogo. Il était très doué, mes ecchymoses s'en souviennent !

Ah, te revoilà, toi : le soleil ! Responsable du réchauffement climatique ? Non. Ce sont les hommes les responsables, leur course à la richesse, à la société de consommation, du toujours plus, de la jalousie, de la négation de la science, leur avidité qui détruit la nature… Est-ce trop tard ? Les hommes trouveront la solution, ou bien les drames planétaires s'enchaîneront comme les feux en Amazonie et ce drame absolu du continent en plastique.

Mais rien n'arrête la Terre de tourner et le ciel d'un jaune pâle devient lapis-lazuli (merci le dictionnaire des synonymes). Van Gogh aurait tant aimé regarder ce spectacle grandiose, cette mise en scène phénoménale, avec cette discipline philosophique : chaque jour est différent mais recommence presque à l'identique. On croyait à la fin de tout et c'est le début de tout.

Les gens sont partis, les textos arrivent pour remercier de la soirée, le chat manifeste pour avoir des croquettes, protestation sociale animalière estimable. Pourquoi dormir alors que la vie attend, tous ces livres à lire, tous ces spectacles à regarder, toutes ces pièces de théâtre à voir, toutes ces musiques à écouter, j'aimerais peindre, faire du théâtre, marcher, devenir, écrire, inventer, planter des arbres, découvrir d'autres cultures… tout recommencer, tout faire pour un monde meilleur. Mais le sommeil sous le chêne vert m'emporte dans de doux rêves.

Charb était généreux, partageant ses dessins pour la ligue de protection des oiseaux ou avec le comité radicalement anticorrida. La défense des animaux était très importante pour lui, il en parlait très souvent avec notre si merveilleuse amie Luce Lapin, chroniqueuse militante de la cause animale.

Il aimait faire des blagues, par exemple en faisant semblant de toucher les deux seins et en faisant le geste comme d'appuyer sur deux poires tout en imitant un bruit de corne qui faisait chaque fois rire tout le monde. Son truc pour les reportages était de se fondre dans les manifestations qu'il contestait. Ainsi il a fait semblant de prier avec des catholiques intégristes contre une pièce ! Il était courageux.

Il donnait toujours des conseils aux jeunes dessinatrices et dessinateurs des écoles comme aux autodidactes. Il répondait le plus souvent aux messages et au courrier car il respectait les lecteurs. Son truc était aussi de répondre au téléphone du journal et de faire le standardiste en imitant tous les accents possibles.

Charb était très attaché aux problématiques de l'école. Quelques mois avant l'attentat, il avait participé à un débat dans un lycée technique d'Aubervilliers. Il avait expliqué aux lycéens le dessin de presse, la laïcité, la liberté. Et, chaque fois, à la fin de la conférence, il faisait des dessins aux mômes… Ils riaient tous de ses bonshommes aux grosses mains, au gros nez, aux yeux globuleux, aux grosses bites, avec une dynamique, un mouvement qui caractérisaient ses dessins, et quelques mots en guise de slogan, « comme un poing dans la gueule », disait Cavanna.

Généreux est un mot qui collait bien à Charb. Il était l'opposé de tous ces gens qui ne sortent jamais l'argent pour régler la note, qui sont des pinces, qui filent aux toilettes au moment de payer… Charb régalait même si ses finances n'étaient pas au beau fixe.

Au restaurant, nous commandions beaucoup trop, comme à l'Ambassade d'Auvergne. Lorsque les plats arrivaient, Charb disait toujours, en joignant les mains comme pour une prière : « Ça va jamais rentrer ! » Combien de pelles d'aligot avons-nous englouties ? Mes bourrelets s'en souviennent !

Les souvenirs sont si nombreux et joyeux, comme le soir où, avec notre ami Patrick Mille, nous sommes passés chez un caviste boire l'apéro au moment du beaujolais nouveau. Celui-ci voulait nous servir cette piquette, et quand nous avons refusé, il a voulu nous casser la gueule ! Alors nous sommes partis bien vite et avons atterri dans un pub irlandais. Il faut toujours se réfugier chez les Irlandais, les Basques ou les Corses en cas de coup dur !

Charb avait un projet, qui était de partir combattre au côté des femmes soldats kurdes, avec Zineb El Rhazoui. Il avait une grande admiration pour elles. Il voulait m'emmener avec eux pour soigner les soldats kurdes. L'idée était à l'étude dans ma petite tête, même si je voyais plus les risques que lui, et surtout le danger de se rendre sur une zone de guerre, nous pour qui l'entraînement de soldat se résumait à des courses à pied au bois de Boulogne ou de Vincennes ou à un parcours en Vélib' dans Paris afin de lutter contre nos prises de poids… Nous soutenions et je soutiens toujours le peuple kurde.

Dans ce combat contre l'islam radical et son oppression religieuse, celle qui incarne aujourd'hui la pensée de Charb et ses idées, c'est bien Zineb El Rhazoui, comme les francs-maçons. Il les aimait bien, et s'était mis en quête de trouver un symbole pour la laïcité. Il cherchait un truc simple, un dessin, un attribut. Il voulait faire de la laïcité un objectif politique. Il l'avait même dit à François Hollande lorsque le président nous avait reçus à l'Élysée, le 29 juillet 2014, pour parler des difficultés que rencontrait

Charlie. À ce rendez-vous il y avait aussi Bernard Maris, qui avait parfaitement argumenté sur l'importance de soutenir la presse, et Cabu. Charb avait très bien expliqué au chef de l'État la nécessité d'avoir une presse de caricatures, qui utilise le blasphème sans racisme, sans haine, sans manipulation. C'était le sens de son dernier livre, qu'il venait de terminer le dimanche 4 janvier.

Le lundi 5, nous avions dîné dans le restaurant de notre ami Alexandre avec Luz. Charb était confiant en l'avenir, nous expliquant que les musulmans avaient compris l'humour et acceptaient les caricatures et le blasphème. « Ils ne feront jamais d'attentat contre nous, car ça ferait un tel barouf ! » Pour lui il ne craignait plus rien, il voulait même renoncer à sa protection policière. Sa crainte était que le journal coule, car il n'y avait plus d'argent. Il espérait trouver des financements, sinon tout risquerait de se terminer dans les mois suivants. Ce soir-là, nous avons beaucoup parlé tous les trois, et rigolé tant et plus…

Le dernier dîner eut lieu le lendemain, le mardi 6 janvier 2015, dans un tout petit restaurant italien de la rue Tiquetonne, avec notre amie Valérie Martinez. Nous avions comme à notre habitude pris les pâtes du jour et ce qui fut notre dernière bouteille d'un vin italien. Ensuite nous étions allés au Silencio où il y avait une exposition de magnifiques photos d'Agnès Varda. Nous devions assister à un concert de jazz yiddish. Nous avons eu un fou rire, le dernier, juste parce que j'ai dit qu'on venait voir Elvis ressuscité en chanteuse. Blague ridicule, mais qui nous a fait tellement rigoler… Et nous nous sommes quittés dans ce fou rire.

L'humanité est à la croisée des chemins de son histoire. Il va falloir défendre la nature et lutter contre les religions car il faut que le XXIe siècle soit laïc et scientifique ou il ne sera pas, pour désavouer Malraux. Les guerres menacent toujours de l'apocalypse. Mais aujourd'hui lentement le dérèglement de la nature engendre inexorablement l'enfer sur Terre.

Ne vous tournez pas vers la santé pour trouver des solutions. Il sera impossible de soigner tout le monde : le manque d'eau, le développement de maladies tropicales en Occident, les épidémies, les cancers, la malnutrition… Un exemple : le 6 juin 1944, la médecine moderne débarquait avec les Alliés sur les côtes normandes avec la pénicilline. En soixante-quinze ans, les bactéries sont devenues résistantes à cet antibiotique qui guérissait presque tout et qui désormais ne soigne presque plus rien ! La bataille de la macroécologie est visible mais la microécologie, celle des bactéries, des écosystèmes est peut-être pire, et ne se voit pas. Nous pourrions croire que tout s'arrête mais les idées secouent le monde établi. La révolution écologique mondialisée a commencé. Que serons-nous dans cinquante ans, dans cent ans si nos démocraties laissent faire encore le seul pouvoir de l'argent avec des gouvernants complètement fous ? Un vrai monde meilleur sera écologique, pétri d'amour, de laïcité et de liberté.

Charb et moi, nous avions toujours une conversation à partager, un rire à inventer. Une fois, sur un coup de tête, nous sommes partis à La Rochelle. Arrivés dans le tout petit hôtel qui longe la route et la mer nous sommes allés boire l'apéro pour nous rendre ensuite chez André. Et lorsque le maître d'hôtel a apporté la note, nous avons dit : « Ah, mais, nous n'avons pas fini ! Garçon, nous allons prendre un homard ! » Nous adorions faire la blague du repas qui redémarre après le dessert !

Et puis il y a les regrets. À cause d'une garde au Samu je n'ai pas pu accompagner Cabu et Charb à Châlons-en-Champagne, où ils dessinaient pendant le concert de François Morel. Ce fut une soirée magnifique. Les chansons étaient illustrées avec brio et une grande poésie par ces deux génies. C'est ce que ne comprennent pas les cons. Un dessin est une poésie, un art : l'aimer ou pas, c'est comme les goûts et les couleurs… mais ce n'est pas, jamais, une raison pour tuer.

Le 8 janvier 2016, nous nous sommes rendus au château de Versailles avec Éric Porteault, l'administrateur de *Charlie*. Alain Baraton, unique roi des arbres et des jardins de ce château, m'avait dit : « On plantera un chêne pour lui, pour eux. » Au milieu du magnifique parc, dans un trou très profond entouré de terre succulente pour les racines, me voilà bottes aux pieds. Au fond, dans un autre trou plus petit, je posai tous les journaux de l'année 2015 dans un grand sac avec dans une bouteille une lettre manuscrite pour expliquer aux racines et aux vers de terre de quoi il s'agissait. Peut-être que, dans quatre cents ans, l'intelligence artificielle la trouvera… Les pieds dans la boue, Charb me regarde et il rit. Si vous n'êtes pas là au moment de la découverte de cette bouteille scellée, ce qui est possible, j'y ai écrit que la vie est plus belle et que l'amour est la plus grande des causes, que rien n'est au-dessus des valeurs humanistes et que la grandeur n'est pas dans l'argent ni les richesses, mais dans l'attention aux autres et la bonté d'âme.

Charb est à côté de moi. Je continue en étant le mieux possible. Mes amis sont tout aussi merveilleux que lui et tout aussi précieux, essentiels, et nous buvons toujours en pensant à lui, à eux.

Je savoure chaque instant, comme il aurait aimé, en me disant sans cesse que les valeurs fondamentales pour nous autres vivants sont l'Amour, la Liberté, l'Égalité, la Fraternité et la Laïcité.

Charb n'aurait pas dû mourir à quarante-sept ans.

SOURCES
ET BIBLIOGRAPHIE SÉLECTIVE

MAHOMET

CHARBONNIER, Stéphane et EL RHAZOUI, Zineb, *La Vie de Mahomet*, Hors-Série *Charlie Hebdo*, Bois-le-Roi, 2013.

MASSON, Denise, *Le Coran*, Gallimard, coll. « Bibliothèque de la Pléiade », Paris, 1967.

MORDILLAT, Gérard et PRIEUR, Jérôme, *Jésus selon Mahomet*, Éditions du Seuil/ARTE éditions, Paris, 2015.

–, *Jésus et l'Islam* (série documentaire), ARTE France, 2015.

OUARDI, Hela, *Les Derniers Jours de Muhammad*, Nouvelle édition Albin Michel, Paris, 2017.

CHARLES VIII

DEBLAUWE, Jacques et FERRAND, Franck, *De quoi sont-ils vraiment morts ?* Pygmalion, Paris, 2013.

LABANDE- MAILFERT, Yvonne, *Charles VIII : Le vouloir et la destinée*, Fayard, Paris, 1986.

FRANÇOIS IER

Dr CORLIEU, Auguste, *La Mort des rois de France : études médicales et historiques*, Hachette livre BNF, Paris, 2017.

SURCOUF, Françoise, *François Ier*, Éditions OUEST-FRANCE, Rennes, 2015.

Dr WITKOWSKI, Gustave-Joseph, *Comment moururent les rois de France*, Bibliothèque des curieux, Paris, 1920.

HENRI II

Dr CABANES, Augustin, *Les Morts mystérieuses de l'Histoire,* Éditions de l'Opportun, Paris, 1954.

Dr CORLIEU, Auguste, *La Mort des rois de France : Henri II*, Hachette livre BNF, Paris, 2017.

ROMIER, Lucien, « La Mort de Henri II », Revue du *XVIe siècle*, Société des études rabelaisiennes, Slatkine, Paris, 1974 (1re édition Genève, 1913).

DE RUBLE, Alphonse, *Antoine de Bourbon et Jeanne d'Albret,* suite de *Le Mariage de Jeanne d'Albret*, t. 1, Adolphe Labitte, Paris, 1881.

MARIE-ANTOINETTE

BARATON, Alain et DE CHANTAL, Laure (avec la collaboration), *L'Amour à Versailles*, Grasset & Fasquelle, Paris, 2009.

BARATON, Alain, *L'Amour au jardin*, Grasset & Fasquelle, Paris, 2014.

COFFE, Jean-Pierre et BARATON, Alain, *La Véritable Histoire des jardins de Versailles*, Plon, Paris, 2007.

CHEVRIER, Françoise, *La Conciergerie, petites anecdotes et grandes tragédies*, Sutton, Tours, 2017.

KUNSTLER, Charles, *La Vie quotidienne sous Louis XVI*, Hachette, Paris, 1950.

LENOTRE, G., *La Captivité et la mort de Marie-Antoinette*, Perrin, coll. « Tempus », Paris, 2016.

LEVER, Évelyne, *Marie-Antoinette*, Fayard, Paris, 1991.

–, *C'était Marie-Antoinette*, Fayard, Paris, 2006.

–, *Marie-Antoinette : Journal d'une reine,* Tallandier, coll. « Texto », Paris, 2008.

ZWEIG, Stefan, *Les Grandes Vies*, traduit de l'allemand par Olivier Bournet et Alzir Hella, Grasset & Fasquelle, Paris, 2009.

NAPOLÉON

HOUSSAYE, Henry, « La Route de Sainte-Hélène – Les derniers jours de Napoléon en France/02 », *Revue des Deux Mondes*, 5e période, tome 20, 1904 (p. 5-34).

LEDOUX, Bruno et coll., *Napoléon intime*, Seuil, Paris, 2018.

TRANIÉ, Jean, *L'Épopée napoléonienne : les grandes batailles*, Tallandier, Paris, 2001.

TULARD, Jean, *Les Français sous Napoléon*, Hachette, coll. « Pluriel », Paris, 2019.

Post-Mortem : L'état du corps de Napoléon en 1840 – les rapports médicaux. Disponible sur : http://napoleonprisonnier.com/postmortem/rapports.html.

LOUIS XVIII

LEVER, Évelyne, *Louis XVIII*, Fayard, Paris, 2012.

LA COMMUNE DE PARIS

AUDEBRAND, Philibert, *Histoire intime de la Révolution du 18 mars*, Libraire-éditeur E. Dentu, Paris, 1871.

DITTMAR, Gérald, *Histoire des femmes dans la Commune de Paris*, Dittmar, Paris, 2003.

GUILLEMIN, Henri, « La Commune de Paris », Conférence télévisée, 1971. Disponible sur : https://www.youtube.com/watch?v=PwXwDp3Ze7Q.

GUIVARC'H, Marcel, *À propos de l'assistance publique et des chirurgiens pendant la Commune 28 mars-28 mai 1871*, Mémoires de l'Académie nationale de chirurgie, 2009, 8 (1), p. 59-63, 2009.

LISSAGARAY, Prosper-Olivier, *Les Huit Journées de mai derrière les barricades*, Bureau du *Petit Journal*, Bruxelles, 1871.

MARTINEAUD, Jean-Paul, *Une histoire de l'Hôpital Lariboisière : le Versailles de la misère*, L'Harmattan, coll. « Histoire de Paris », Paris, 1998.

–, *La Commune de Paris, l'assistance publique et les hôpitaux en 1871*, L'Harmattan, Paris, 2004.

ROUGERIE, Jacques, *Paris insurgé : la Commune de 1871*, Gallimard, Paris, 1995.

VALAT, Éloi, *Le Journal de la Commune*, Doin Éditions, Paris,1988.

–, *Le Journal de la Commune*, Bleu autour et Paris Bibliothèques, Paris, 2007.

VINCENT VAN GOGH

BAKKER, Nienke, *Vincent Van Gogh et Montmartre*, Van Gogh Museum, Amsterdam, 2011.

BOIME, Albert et Van Gogh, Vincent, *La Nuit étoilée : l'histoire de la matière et la matière de l'histoire*, traduit de l'anglais par Dominique Férault, Adam Biro, coll. « Un sur Un », Paris, 1990.

FONDATION PIERRE GIANADDA, *Van Gogh*, Fondation Pierre Gianadda, Martigny, Suisse, 2000.

HAZIOT, David, *Van Gogh*, Gallimard, coll. « Folio biographies », Paris, 2007.

HOMBURG, Cornelia, *Van Gogh : De Près*, National Gallery of Canada, Ottawa, 2012.

MUSÉE D'ORSAY, *Splendeurs & Misères : Images de la prostitution 1850-1910*, Flammarion, Paris, 2015.

VAN HEUGTEN, Sjraar, PISSARRO, Joachim et STOLWIJK, Christ, *Van Gogh : Les couleurs de la Nuit*, Van Gogh Museum, Amsterdam, The Museum of Modern Art, New York, Actes Sud, Arles, 2008.

VAN DER VEEN, Wouter, *Van Gogh : écrits & pensées*, Cherche-midi, Paris, 2013.

SITTING BULL

AGNEW, Jeremy, *Life of a Soldier on the Western Frontier*, Mountain Press Publishing Company, Missoula, Montana, 2008.

BENT, Georges, *Mon Peuple les Cheyennes : Lettres de George Bent à George E. Hyde*, traduit de l'anglais par Gilbert David, O.D. éditions – Indiens de tous pays, coll. « Nuage Rouge », Paris, 2011.

LAMARRE, Daniel, *La Roue de médecine des indiens d'Amérique*, Ambre, Genève, 2012.

ROYAL B. HASSRICK, *Les Sioux, vie et coutumes d'une société guerrière*, traduit de l'anglais par Laurence Fritsch, Albin Michel, coll. « Terre Indienne », Paris, 1964.

UTLEY, Robert M., *Sitting Bull, sa vie, son temps*, traduit de l'anglais par Alain Deschamps. Albin Michel, coll. « Terre Indienne », Paris, 1997.

VERLAINE

VERLAINE, Paul, *Poésie complètes*, t. VII, Éditions d'Art Les Heures Claires, Paris, 1968.

–, *Mes hôpitaux et autres textes sur l'hôpital*, Fayard, coll. « Mille et une nuits », Paris, 2003.

FÉLIX FAURE

BLUYSEN, Paul, *Félix Faure intime*, Félix Juven éditeur, Paris, 1898.

BILLARD, Thierry, *Félix Faure*, Julliard, Paris, 1995.

LANOUX, Armand, *Madame Steinheil ou la connaissance du Président*, Grasset, Paris, 1983.

JEAN JAURÈS

Actes du procès Villain : première audience du 24 mars 1919 et quatrième audience du 27 mars 1919.

Hors-série Jean Jaurès : une vie pour changer le monde, *L'Humanité*, Saint-Denis, 2014.

LALOUETTE, Jacqueline, *Jean Jaurès : l'assassinat, la gloire, le souvenir*, Perrin, Paris, 2014.

MUSÉE JEAN JAURÈS et ASSEMBLÉE NATIONALE, *Jean Jaurès : l'époque et l'Histoire*, Centre national et musée Jean Jaurès, Castres, 1994.

RABAUT, Jean, *1914, Jaurès assassiné*, Complexe, Paris, 2005.

REBÉRIOUX, Madeleine, *Jaurès : La parole et l'acte*, Gallimard, coll. « Histoire », Paris, 1994.

CLAUDE DEBUSSY

CHARTON, Ariane, *Debussy*, Folio-Gallimard, coll. « Folio biographies », Paris, 2012.

Claude Debussy, biographie. Ouvrage consulté à la bibliothèque de la villa Médicis, Académie de France à Rome.

FRIDA KAHLO

BURRUS, Christina, *Frida Kahlo : Je peins ma réalité*. Gallimard, Paris, 2007.

HERRERA, Hayden, *Frida. Biographie de Frida Kahlo*, traduit par Philippe Beaudoin, Librairie générale française, coll. « Le livre de poche », Paris, 2003.

TAYMOR, Julie, Frida, Studio Canal, États-Unis, 2002.

ZAPATA, Maruicio, *Frida Kahlo Cancion La Bruja*, Vidéo faite à partir d'archives privées, 2011. Disponible sur : https://www.youtube.com/watch?v=5ykzQC2lJ3Mà.

BILLIE HOLIDAY

GREEN, M., *Billie Holiday : A Biography. S.l.*, Greenwood Biographies, 2007.

HOLIDAY, Billie, *Autobiographie : Lady Sings the Blues*. S.l., William Dufty, 1956.

SAGAN, Françoise, *Avec mon meilleur souvenir*, Gallimard, coll. « Folio », Paris, 1984.

PIER PAOLO PASOLINI

DE CECCATTY, René, *Meurtre de Pasolini, dernières lueurs sur un cas irrésolu*, Les lettres françaises, 2015. Disponible sur : http://www.les-lettres-francaises.fr/2015/12/meurtre-de-pasolini-dernieres-lueurs-sur-un-cas-irresolu/.

PASOLINI, Pier Paolo, *Écrits corsaires*, traduit de l'italien par Philippe Guilhon, Flammarion, Paris, 1976.

PIGNON-ERNEST, Ernest, *Face aux murs*, Delpire, Paris, 2018.

ZECCHI, Simona, *Pasolini, massacro di un poeta*, Ponte alle Grazie, Milan, 2018.

CHARB

CHARBONNIER, Stéphane, *Lettre aux escrocs de l'islamophobie qui font le jeu des racistes*, Les Échappés, Paris, 2015.

HOUELLEBECQ, Michel, *Soumission*, Flammarion, Paris, 2015.

Table

MIEUX VAUT MOURIR DEBOUT QUE VIVRE À GENOUX

*Cet ouvrage a été composé et mis en pages
par Étianne Composition
à Montrouge.*

Imprimé en France par CPI
en novembre 2019

Dépôt légal : novembre 2019
N° d'édition : 54054/01 – N° d'impression : 3036103

MIXTE
Papier issu de
sources responsables
FSC® C003309
FSC
www.fsc.org

L'Éditeur de cet ouvrage s'engage
pour la préservation de l'environnement
et utilise du papier issu de forêts gérées de manière responsable.